일본인론(下)

—메이지(明治)에서 오늘까지—

NIHONJIN RON(일본인론 上, 下)
by Hiroshi Minami

Originally published in Japanese
by Iwanami Shoten, Publishers, Tokyo, in 1994.

한림신서 일본학총서 41

일본인론(下)

—메이지(明治)에서 오늘까지—

미나미 히로시 지음

이관기 옮김

小花

한림신서 일본학총서 41
일본인론(下)

초판 발행 ▪ 1999년 1월 20일
2판 발행 ▪ 2003년 2월 20일

지 은 이 ▪ 미나미 히로시
옮 긴 이 ▪ 이관기

발 행 인 ▪ 고화숙
발 행 처 ▪ 도서출판 소화
등 록 ▪ 제13-412호
주 소 ▪ 서울시 영등포구 영등포동 94-97
전 화 ▪ 2677-5890(대표)
팩 스 ▪ 2636-6393
홈페이지 ▪ www.sowha.com

ISBN 89-8410-221-0
ISBN 89-8410-105-2 (세트)

잘못된 책은 언제나 바꾸어 드립니다.

값 6,200원

차례

일본인론(上)

머리말

일본인만큼 스스로 국민성을 논하기 좋아하는 국민은 달리 없다. 일본인에 관한 저서 · 논문 · 기사는 이미 헤아릴 수 없을 만큼 발표되었고 지금도 우리들은 이를 흔히 볼 수 있다. 이 책에서는 메이지 유신 이후 오늘까지의 일본인론의 흐름을 객관적으로 더듬어볼 생각이다. 결과적으로 일본인이 가지는 자의식의 근대사라고 할 수 있을 것이다. 일본인론은 당연히 일본 문화론 · 일본론과 중복되지만 여기에서는 주로 국민성에 초점을 맞춘 것을 다루었다. 외국인이 쓴 일본인론은 일본에서 번역되어 큰 영향을 준 것으로 한정했다.

저자는 수십 년에 걸쳐 일본인의 생활 · 문화 · 심리에 관해 여러 각도로 고찰하고 '일본인학' 을 구축해 보려고 마음먹어 왔다. 개인적인 체험을 말하자면 저자는 전전(戰前)부터 전후(戰後)에 걸쳐 미국에서 연구 생활을 계속하였다. 그 동안 아무래도 일본인으로서 자신과 미국인 사이에는 개인심리와 사회심리 면에서 크게 다른 점이 있다는 것을 통감했다. 그런 경험이 있었기 때문에 1947년에 귀국했을 때 저자는 꽤 객관적으로 일본인의 국민성을 생각할 수가 있었다. 동시에 전후의 일본인이 장래 어떻게 '의식혁명' 을 실현할 수 있을까에 가장 큰 관심을 가졌다. 우선 일본인의 심리에 강한 영향을 끼친 당시의 히트 영화나 유행가 · 연극 등에 반영되는 객관심리 조사를 일본여자대학 · 히토쓰바시대학 학생들과 같이 실행했다. 또한 1949년에 저자가 회장이 되어 설립한 '전통예술회' 에서 가부키(歌舞伎) · 노(能) · 교겐(狂言) · 분라쿠(文樂) 분야의 젊은 예술가들과 일본의 전통적 예술에 관해서 연구하기 시작했다.

이러한 성과를 바탕으로 일본인의 심리에 관한 고찰을 진행하고 1953년에 『일본인의 심리』를 발표했다. 그 이후 일본인의 생활 · 문화 · 심리 · 행동에 관한 연구를 계속하고, 30년 뒤에는 일본인의 심리와 행동을 자아의 분석을 통해 밝혀 보자는 『일본적 자아』(1983)를 내었다.

이 책은 이러한 연구의 과정에서 접하게 된 천 수백 편에 달하는 국민성에 관한 논저 가운데서 대표적인 것이라 생각되는 것을 골라 소개를 한, 말하자면 일본인론의 집대성이라고도 할 수 있다.

이 아래부터는 일본인론의 흐름을 쫓아가는 데 주안을 두고, 논저를 남김없이 다루는 것은 가급적 피하기로 했다. 따라서 그 당시 화제가 된 저서라고 하더라도 일본인론으로서 독자적인 견해를 갖지 않는 것은 다루지 않았다. 인용은 신자체(新字體) · 신카나(新假名)로 통일하고 방점 · 루비 등은 적당히 바꾼 경우가 있고, 책제목에서 부제를 생략한 경우도 있다. 현재 우리 나라의 국제화가 진행되고 세계의 눈이 일본인에게 쏠리고 있다. 일본인의 국민성이 국제적으로 관심의 대상이 되고 있다고 해도 과언이 아닐 것이다. 스스로 국민성을 다시 생각해 볼 때 과거의 다양한 일본인론을 되돌아보는 것도 필요할 것이다. 이 책이 여러 분야의 여러분들에게 읽히기를 바라 마지않는다.

이 책이 완성될 때까지에는 노가미 마사코(野上まさ子) 씨 등 많은 분들의 협력을 얻었다. 그 열의와 노력에 다시금 감사의 말씀을 드린다. 또한 방대한 자료의 수집 · 정리 및 저술에서, 처음부터 끝까지 성의껏 공저자(共著者)라고도 해야 할 역할에 수고를 아끼지 않으셨던 이와나미서점의 오가와 도시오(小川壽夫) 씨에게 진심으로 감사를 드리는 바이다.

1994년 6월

미나미 히로시

현대(1)

Ⅶ. 종합적 일본인론의 흐름

앞 장에서 보았듯이 점령기의 일본인론은 패전이라는 사회적, 심리적인 쇼크를 반영하고 패전의 직접적인 원인인 물량과 전력의 부족뿐만 아니라, 국민성의 결함에 대한 반성이 일본인론의 새로운 방향을 낳았다. 다시 과거로 거슬러 올라가 일본인의 심리적인 전통의 추구와 재평가의 기회가 되기도 했다.

그 동안 일본 사회의 부흥은 순조로이 진행되었다. 강화조약·미일안보조약의 체결로 점령은 종결되어 드디어 텔레비전 시대, 기술 혁신의 시대를 맞아 일본 경제는 고도 성장의 단계에 돌입한다. 1956(쇼와 31)년 7월에 발행한 『경제백서』에서는 "이미 전후는 아니다"라고 하는 평론가 나카노 요시오(中野好夫)의 말(『문예춘추』1956. 2)을 결어(結語)로 하기에 이르렀다.

점령기의 일본인론이 거의 패전의 해인 1945년에서 1960년 사이에 쓰였다면 1961년경부터 현재까지는 국민성의 여러 모습을 고찰하여 그 긍정적인 면과 부정적인 면을 여러 가지 형태로 포착하려는 수많은 연구·논고가 나왔다. 그것들 가운데 종합적 시야에서 쓰인 것을 이 장에서 정리해 보려고 한다. 그 밖에 자연풍토·경제사회·문화예술 등 각 채널을 통해서 국민성을 논한 저서는 다음 장에서 다루겠다. 다만 이 분류는 어디까지나 편의적, 상대적인 것이다.

아래에 점령기 이후 현재까지의 종합적 일본인론의 흐름을 일단 세 개의 시기로 나누어 해설하기로 하겠다.

제1기는 1960년부터 73년경까지의 사이로, 일본의 사회와 문화의 구조로부터 규정되는 대인 관계를 다룬 것이 두드러진다. 이 시기를 편의상 대인 관계론의 시기라고 부르겠다.

제2기는 1974년부터 85년까지의 10여 년간으로, 특징적인 것은 일본인의 집단심리적인 측면, 거기에 공통되는 심층심리의 문제가 왕성하게 제기되었다는 것이다. 이 제2기를 집단심리론의 시기로 한다.

제3기는 86년부터 현재까지로, 주로 국제화 가운데서 일본인의 생활심리가 논해지는 것이 특징적이다. 그리고 시간 의식, 고집(意地〈いじ〉), 미련 등 국민성의 세부에 걸친 면을 드러내어 다룬 연구도 보인다. 일본인론이 그만큼 분화되고 각각의 테마를 파헤치는 경향이 주목된다. 이 시기를 생활심리론의 시기라고 부르기로 한다.

1. 제1기—대인관계론

이 시기는 1960년의 안보조약개정과 이케다(池田) 내각의 소득배증 정책으로 시작되고, 대외적으로는 국제 교류의 기회로 도쿄 올림픽 · 만물박람회가 개최되었다. 다시 국제 경제적 측면에서는 자본거래의 자유화가 67년에 실현되고 또한 69년에는 GNP가 세계 제2위가 되어 경제대국으로 약진한다.

이와 같이 패전의 쇼크로부터 일전해서 대국 의식이 서서히 국민 사이에서 확산되고, 일본이라는 국가 사회를 구성하는 국민의 심리가 사회 구조의 가장 중요한 인간적인 유대라는 면에서 주목되기에 이르렀다. 여기에 국민을 단결시켜 국가라는 집단을 성립시키는 조건으로서의 대인 관계가 문제가 되기 시작한다. 다시 68년의 일대투쟁(日大鬪爭) 이후의 69년 야스다(安田)강당, 70년 요도호 납치사건, 72년의 아사마(淺間)산장 · 연합적군(赤軍)이라는 일련의, 청년들에 의한 반체제 운동이 세대간의 심각한 대립을 국민에게 인식시키고 세대간의 대인 관계 문제가 다시금 일본인론에 투영되었다. 그것들의 반영으로서 다음과 같은 저서가 큰 반향을 불러일으켰다.

우선 세계 속의 일본인을 생각한다는 입장에서 이사야 벤더슨의 『일본인과 유대인』(1970)을 들 수가 있다. 이 책을 하나의 계기로 해서 '일본인론 붐'이 일어났다. 다음으로 일본인의 대인 관계를 사회구조와 사회 관계의 면에서 들춰낸 나카네 지에(中根千枝)의 『종적(縱的) 사회의 인간 관계』(1967)와 개인의 정신 구조로 본 대인 관계론으로 도이 다케오(土居健郞)의 『「아마에」(응석)의 구조』(1971)가 있다.

이 시기에 최초로 나타난 중요한 일본인론 중 하나는 서양 문화와의 사상적인 접촉에서 볼 수 있다. 일본인의 심리적, 사상적 특징을 정밀하게 논한 정치학자 마루야마 마사오(丸山眞男)의 『일본의 사상』[245)]이다. 마루야마는 정치사상사의 각도에서 일본의 사회와 문화를 '사사라'(대솔 : 잘게 쪼갠 대나무를 다발로 묶은 용구)형과 '문어 항아리'(문어 잡을 때 쓰는 항아리)형으로 나눈다. 사사라형은 서양 문화와 같이 그리스 이래의 문화적 전통이 뿌리에 깔려 그 말단이 세분화되어 있다. 이에 대해서 일본에서는 서양 문화가 하나 하나의 테두리 속에 들어 있어 문어 항아리형이 된다. 근대적인 기능집단, 예컨대 회사 · 관청 등이 한 개의 폐쇄적인 문어 항아리형이 되기 쉽고, 구성원이 각 집단에 꼭꼭 싸여 조직의 안팎이 확실하게 구별된다. 에도 시대에는 신분제 때문에 인간 관계에서 "그가 무엇인가" 가 중요했다. 근대 사회에서는 생판 모르는 사람끼리 노동 등의 장소에서 '무엇인가를 할 목적' 으로 인간 관계를 맺는다. 신분 사회는 '이다' 인 것, 근대 사회는 '한다' 는 것이 원리가 된다. 일본인은 '이다' 와 '한다' 의 행동 양식이 뒤범벅이 된 가운데 노이로제 증상을 나타내고 있다고 논했다.

다음으로 서양적 자아와는 다른 국민성의 일반적 특징을 들고 나온 것은 교육학자 이나토미 에이지로(稲富榮次郎)의 『일본인과 일본 문화』[246)]이다. 그는 일본 문화의 특징으로서 공개성, 혼혈성, 모순성, 급템포성, 소음성(騷音性)을 들었다. 또 일본인의 자아 의식을 일상 생활로부터 보면 '무자아성' 이라고 한다. 예컨대 옷의

245) 丸山眞男, 『日本の思想』(岩波書店, 1961. 11)
246) 稲富榮次郎, 『日本人と日本文化』(理想社, 1963. 10)

격식은 누구에게나 맞게끔 '보자기 옷'이고, 만나 사귀는 술자리가 많고, 칸막이가 없는 가옥에서 산다. 다시 사회 생활에서는 눈이 높고 남에게 뻐기고 자랑하기 좋아하고, 세상의 평판이나 유행에 지배된다. 국어는 품사 · 수 · 성 · 인칭 · 격 등의 구별은 확실하지 않고 주어의 생략, 경어 등이 눈에 띈다. 무자아성의 원인에 대해서는 일본인이 이민족의 잡종으로 민족적 개성이 없는 것, 섬나라 근성으로 배타적 독선적인 소아(小我)로 굳어진 것, 다시 쇄국의 영향으로 남을 모르고, 남과 비교해서 자아가 인식되지 않는 것, 메이지 시대에 들어와서 서양 숭배로부터 오는 열등감을 가진 것, 오랜 세월에 걸치는 봉건 제도 아래에서 몰아(沒我) · 멸사(滅私) 등이 강조된 것을 지적하고 있다. 그러나 서양적 자아와 같은 적극성은 없어도 일본적 자아는 역으로 무아(無我) · 대아(大我)에 귀일하는 목표를 가지고 있다고 평가했다.

이때까지의 주된 일본인론을 소개하면서 그것들이 주관적 측면을 가진다는 것을 지적한 것은, 심리학자 세라 마사토시(世良正利)의 『일본인의 마음』[247]이다. 세라에 의하면 일본인의 성격 특성을 구할 경우, 자각성과 사회성이라는 두 가지 인간성의 본질을 전제로 하지 않으면 안 된다. 그리하여 일본인의 '고질병적 성격'으로서, 자각성에는 '몰아성', 사회성에는 '숙지성'(熟知性)이 대응된다. 몰아성은 유교적인 가족 생활에 있어서 권위와 공순(恭順)의 사회 관계에 보이는 원리로서, 수동적으로 강제된 당위의 형태를

247) 世良正利, 『日本人の心』(日本放送出版協會, 1965. 12)

취한다. 역부족으로 당위의 실현이 가망이 없을 때에는 '체념할 수 없는 심리' → '신에 의지하려는 심리' → '의지하는 것의 지시에 따르려고 하는 심리' → '체념의 심리' 라는 과정으로 진행된다. 숙지성은 민중적인 가정 생활에 있어서 평안하고 익숙한 사회 관계에 보이는 있는 원리로서 비선택적, 폐쇄적인 인간 결합에 기초를 둔다. 양자는 서로가 관련되면서 일본인의 성격을 형성하고 있다고 말한다.

일본 사회의 인간 관계를 일반화해서 논하고, 뒤에 번역되어 해외에서도 잘 알려진 것은, 문화인류학자 나카네 지에의 『종적(縱的) 사회의 인간 관계』(영역, *Japanese Society*, 1972)[248]이다. 나카네는 상하의 대인 관계로부터 일본인의 국민성을 특징지으려 했다. 여기에서는 개인의 자격보다 집단의 '장'(場)이 중시된다. 개인의 집단귀속이 단일적이며, 그 집단 가운데서는 상하의 서열이 엄격하게 형성되어 있다. 그것은 능력차를 인정하지 않는 능력평등관에서 유래한다고 설명된다.

나카네는 일본의 종적 사회에 대해서 서구 여러 나라를 횡적 사회라고 했지만, 이 나카네 설에 대해서는 여러 가지 비판이 있다. 예컨대 영국은 학교를 비롯 여러 집단에서 오히려 종적 사회적인 인간 관계가 많고, 미국에서도 빈부 · 인종차별 등의 종적 사회적

248) 中根千枝, 『タテ社會の人間關係』(講談社, 1967. 2), 역서 『일본 사회의 인간관계』(도서출판 소화, 1996. 3)

인 요소는 여전히 남아 있다. 사회주의 국가의 경우에도 권력의 대소에 의해서 종적 사회적인 면은 대단히 강하다. 이와 같이 종적 사회론은 대기업 · 관청이나 대학 등의 엘리트 집단에는 적용되지만 서민의 집단에는 적용되지 않고, 일본 사회 전체에 적용될 것인지 여부는 문제다(뒤에 나오는 요네야마 도시나오〈米山俊直〉, 『일본인의 집단 의식』〈1976〉 참조). 다시 가장 중요한 점은, 나카네가 종적 사회를 논하면서 전형적 종적 인간 관계 위에 서 있는 천황 제도의 문제를 회피한 것이며 이것은 치명적인 결함이라고 할 것이다.

사회학자 사쿠다 게이이치(作田啓一)는 『수치의 문화재고(再考)』[249]에서 루스 베네딕트의 『국화와 칼』의 비판으로부터 출발하여 '수치의 문화'를 보다 깊이 기저층에서부터 파악하지 않으면 안 된다고 했다. 베네딕트는, 공개된 장소에서의 비웃음에 대한 일본인의 반응에 지나치게 구애되었다. 그것은 수치의 한 경우이다. '공적 수치'라고 불리는 측면에 불과하다. 이에 대해서 소속 집단의 기준에서 볼 때 특히 경멸할 만한 가치가 없는 행위에 관해서도, 혼자 수치의 염에 고통받는 경우로서 '사적 수치'가 있다. 그 예로 사유 농지를 해방한 아리시마 다케오(有島武郎)의 경우와 같은 '부르주아로서의 수치'를 들 수 있다. 막번(幕藩) 체제 이후의 일본 사회에서는 사회와 개인의 중간에 위치하는 집단의 자립성이 약하다는 것이 구조적 특색의 하나이며, 이것이 수치의 문화와 중요한 관계를 가진다. 예컨대 가족 집단에서, 그 성원이 심판받으

---

249) 作田啓一, 『恥の文化再考』(筑摩書店, 1967. 9)

면, 가족은 그를 지키기보다도 세상의 그에 대한 비난에 동조한다. 이것은 가족의 자립성이 약한 데서 온다. 사쿠다는 우리들이 가정 밖에서 부모와 마주쳤을 때의 설명하기 어려운 수치를 예로 든다. 인간의 행동이 선악보다 우열의 기준에서 규제되는 사회에서는, 수치심이 발생되기 쉽다. 수치에 의한 행동의 규제는 외부로부터가 아니라 자아의 내면으로부터도 행해진다. 공적 수치는 달성이나 자기 주장의 동기를 강화하지만, 사적 수치는 사람을 고독한 내면 생활로 끌어넣는다고 했다.

대인 관계의 심리를 과학 · 기술자의 경우를 놓고 고찰한 것이 고기토(枯木陶 : 물리학자 야마구치 유키오〈山口幸夫〉, 우메바야시 히로미치〈梅林宏道〉의 공동 필명)의 『과학 · 기술과 일본인』[250]이다. 이에 의하면 일본인에게는 "무슨 일이든지 진정한 달인(達人)은 인격자가 아니면 안 된다"는 인격주의가 있다. 그러나 인격주의에는 자아가 약한 것을 미덕으로 하는 결점이 있다. 일본인은 상대방의 의향에 신경을 쓰기 때문에 자기 주장을 하지 않는다. 예컨대 복장은 물론, 아이들의 학교 다니는 데까지 겉치장이 지나치고 남들의 평판에 좌우된다. 마찬가지로 과학 · 기술자도 많은 사람들이 무엇을 하고 있는가에 신경을 쓰고, 그 흐름에 들어가면 안심한다. 자기의 가치 기준에 비추어 부끄럽게 생각하는 자율적인 수치와, 타인의 가치 기준을 상상해서 부끄럽게 생각하는 타율적인 수치를 구별한다면, 겉치장은 타율적인 수치이다. 그리고 겉치장 · 의리 ·

---

250) 枯木陶, 『科學 · 技術と日本人』(講談社, 1967. 1)

인정도 의사(疑似)가족적 사회로부터 생겨난 국민 감정이다. 폐쇄적이며 중간색을 좋아하고 굴곡된 방법으로 중간 정서를 나타내고 담백하고 여정(餘情)을 즐긴다. 그것이 과학 · 기술에 반영되면 훌륭한 솜씨로 개량을 해내는 공업을 낳지만 그러한 개량에는 한계가 있다. 교과서가 없는 혼돈에 직면했을 때 일본인의 섬세한 감각은 예리한 귀납적 능력이나 직감적 능력을 발휘하여 창조와 연결될 가능성도 있지만, 직감적 능력과 논리성의 결여는 서로 반대이다.

고기토가 일본인의 직감력을 평가한 것과 마찬가지로, 구로다 아키라(黑田亮)의 『감(勘 : 직감력)의 연구』(1933)를 전후의 일본인론으로까지 연장한 것은 공학자 나카야마 마사카즈(中山正和)의 『감(勘)의 구조』[251]다. 나카야마에 의하면, 일본의 사장(師匠)이 가르치는 방법은 예(藝)의 주변을 가르친다. 사장의 몸 주위를 돌보고 심부름하는 것은, 예와 직접 관계는 없지만, 전혀 관계가 없는 것도 아니다. 그것에 의해 제자의 머리속에는 주변 기억이 축적되고, 정보의 산이 높아지면 직감력이 작용하기 시작한다. 어느 순간 갑자기 깨닫는다. 스승이 무엇 하나 가르치지 않아도 제자는 스스로 자신의 예를 발견하는 것이다. 현대의 경영에서도, 하나의 측면은 '말없이 얘기 없이' 로서, 직감력이 높으면 컴퓨터로서는 되지 않는 정보 감지가 가능하다. 저자는 국민성으로 보아도 일본의 기술자 개인의 직감력은 대단히 뛰어나다고 기술하고 있다.

일본인의 직감력의 날카로움은 예능이라든가 기술면에서 발휘

---

251) 中山正和, 『カンの構造』(中央公論社, 1968. 10)

되는 경우에는 긍정적이지만, 외국인을 대할 때는 눈치 살핌이 너무 빨라서, 과민한 반응으로 나타나는 부정적인 면이 있다.

오늘날에도 일본인의 심리적 특징으로 되어 있는 의리 · 인정을 문화사적인 입장에서 논한 것은, 미나모도 료엔(源了圓)의 『의리와 인정』[252]이다. 저자는 일본 문화를 '정과 공감'의 문화라고 규정하고, 의리와 인정의 역사를 사이카쿠(西鶴) · 지카마쓰(近松)로부터 메이지 이후의 문학작품을 분석하여, 의리의 원초적 형태를 다음과 같이 정리하였다. (1) 의리는 기본적으로 호의에 대한 보답이요, 습속으로서는 오랜 옛날부터 농촌에 있었으나 관념으로서는 근세 봉건 사회가 되면서부터 형성되었을 것이다. (2) 호의에 대한 보답의 전제는, 신뢰에 호응하는 의리로서, 최초에 사이카쿠가 『무가의 의리 이야기』(武家義理物語)에서 들고 나와 다루었다. (3) 의리를 갚지 않는 사람은 폐쇄적인 공동체에서는 치욕을 당하고 배제된다. 그래서 체면을 보존하고 비난받는다든가 자신의 이름을 더럽히지 않기 위하여, 고집스러운 의리가 성립한다.

표면적인 인간 관계에서 성립하는 이익 사회와 세상이 가져다주는 불안에서 도피하기 위하여, 의리와 인정의, 사적(私的)인 심정의 세계에 심리적인 유착을 구한다. 오늘날에도 그러한 마음의 움직임은 변하지 않을 것이라고 결론 내렸다.

저자는 유대인이라고 자칭하고 있지만, 실은 발행자 야마모토

252) 源了園, 『義理と人情』(中央公論社, 1969. 6)

시치헤이(山本七平)가 썼다는 이자야 벤더슨 『일본인과 유대인』[253)] 은, 한때 베스트셀러가 되었다. 유대인과 대비해서 일본인을 논한다는 착안 때문에 유명해졌지만, 논지는 극히 독단적이다. 예컨대 일본인이 목축을 전혀 경험하지 않은, 실로 진기한 민족이라고 하지만 이것은 역사적 사실에 반한다. 또한 일본 특유의 것으로 법밖(法外)의 법, 정상을 참작한 양형(量刑), 즉 정상작량(情狀酌量)을 들어, 그 토대에 인간미 · 인간성을 둔다. 이것을 저자는 일본인의 종교로서 '일본교' 라고 부르고 세계에서도 가장 강고한 종교라고 한다. 그러나 그 '종교' 의 개념 규정은 애매하다. 사이고 다카모리(西鄕隆盛)를 일본교의 성자(聖者)라고 '세인트 사이고' 라고 이름붙인다든가, 민중이 사랑하는 순교자로서 아카호 로시(赤穗浪士)를 꼽는 등의 생각이 나온다. 또한 일본인의 '말하게 놔두면 된다' 라는 관용성이 다양한 평론가의 존재를 허용하고 있다고 하지만 이 의견도, 매스컴이 표현 · 언론의 규제를 받는 현실을 고려하지 않았다.

대인적인 심리 관계의 결함을 들어, 일본인 열등설을 다른 각도에서 논한 것은, 서양사학자 아이다 유지(會田雄次)의 『일본인의 의식 구조』[254)]이다. 그는 처음으로 일본인의 '배후주의' (背後主義)를 지적하였다. 일본인은 등뒤의 표정을 깊이 감지한다. 표면은 굳게 닫고 있지만 옆문은 열어 놓는다. 이런 자세의 결점은 적인지 자기 편인지도 판단할 수가 없고 적의 장점도 단점도 모르고 나아

253) イザヤ ベンダサン, 『日本人とユダヤ人』(山本書店, 1970. 5)
254) 會田雄次, 『日本人の意識構造』(講談社, 1970. 11)

가 경쟁할 경우, 집단의 안쪽에서 적을 찾는 것이다. 바깥으로 향하는 자기 PR은 결여되어 있지만 패거리 의식은 금방 성립하고 또 종적 인간 관계가 발달한다. 고용인으로서는 우수하지만, 피고용인으로서는 전혀 틀렸다는 것이다. 커뮤니케이션에는 상대방의 입장이 되어 생각하는 '눈치' 와 '남을 동정해 주는 것' 을 수반한다. 차츰 변화해 가는, 빚을 조금씩 갚아 나가는 식의 변화가 일본 역사의 특질이다. 일본인의 수치(羞恥) 의식은 믿음직하지 못한 것으로서 근본적으로는 세상에 대한 체면을 중시하기 때문이다. 또 사고가 수동적이며 열등의식과 감상주의가 결부되어 있다. 악의 근원은 자기 몸 밖에 있다고 하여 공격하고, 책임을 추궁당하면 사회 탓으로 돌려 피해자로 탈바꿈하는 인간만이 정의의 인간으로 칭송을 받는다고 했다.

마찬가지로 일본인의 대인심리를 논하여 가장 큰 반향을 부른 것은, 정신의학자 도이 다케오(土居健郎)의 『'아마에'(응석)의 구조』(영역, *The Anatomy of Dependence*, 1973)[255]이다. 도이는, 남에게 의지하고 싶은 욕구를 '아마에' 라고 부르고 특히 아이들이 모친에 대한 의존심이 강하고 어른이 되어도 심리적인 모자 분리가 곤란한 현상을 일본인 특유의 경향이라고 생각했다. 그리하여 '아마에' 가 일본인의 정신 구조, 일본의 사회 구조를 이해하는 데에는 열쇠가 되는 개념이라고 했다.

도이에 의하면 아마에 없이는 모자 관계는 성립하지 않는다. 아

---

255) 土居健郎, 『'甘' の構造』(弘文堂, 1971. 2, 第2版 1981. 3) ; 『'甘え' 雜稿』(1975. 11)

마에라는 행위는 모자 분리를 심리적으로 부정하려 하였다. 아이들뿐만 아니라 어른의 경우에도 새로이 인간 관계를 맺을 때 적어도 최초의 얼마 동안은 아마에가 필요하고, 그것이 정신 건강에 필요하다고 했다.

이 아마에이론에서는 아이들의 성장에 아마에가 필요하다고 기술하고 있으나, 그것은 일본인의 독특한 현상이라고 할 수 있는가라는 비판이 있다. 예컨대 한국의 어느 연구자(뒤에 나옴)는 한국인의 경우 아마에의 경향은 일본인보다도 강하고, 또 아마에에 상당하는 말이 대단히 많다는 것을 지적하고 있다. 또 어른의 인간 관계에서 아마에의 필요성도 당사자간의 지위나 역할에 따라서, 때로는 부하가 상사에게, 학생이 교사에게 의존적으로 되는 경우는 있지만, 일본인 전체에 일반화하는 것은 무리라는 비판도 있었다.

도이는 『'아마에' 잡고(雜稿)』에서, 아마에는 본질적으로 양가감정적(ambivalent, 兩價感情的)인 것이기 때문에, 그 반대, 즉 원한으로 전환되게끔 운명지워져 있다고 했다. 또한 역으로 원한에서 아마에로 전환되는 경우도 있을 수 있다. '무스카루'(보채며 울다), '고네루'(생트집을 부리다), '스네루'(앵돌아지다), '히가무'(비꼬이다) '히네쿠레루'(성질이 비뚤어지다)는 원한의 계열이며, '도리이루'(아첨하여 마음에 들게 하려고 애쓰다) '데네루'(열없어 하다, 조금 부끄러워하다) '고다와루'(구애되다)는 아마에를 지향한다는 의미에서 아마에의 계열이다. 아마에는 보편적인 의미를 가지고 있다. 그리하여, 구미인의 경우 이 심리가 일본인보다 억압되어 있거나, 혹은 극복하는 수단이 원래부터 구비되어 있는지도 모른다.

또 본질적으로 권위의 실추라든가 부친상실은 신뢰의 위기, 즉 그 상실을 의미하고 있다. 아마에를 상호성의 원리로 한 전통적인 도덕규범을 전후에 급속히 잃어버리게 되었기 때문에, 원한과 뒤섞인 절망적인 아마에가 되어 버렸다. 에릭슨의 '자아 동일성' 이론은 자아로부터 집단에 이르는 길을 발견하기 위한 것이지만, 아마에이론에서는 관계, 즉 집단에서 출발해 자아에 이르는 길을 발견하는 것이라고 말한다.

또한 도이는, 『'아마에'의 구조』 제2판에서 「'아마에' 재고」를 부록으로 첨가하고 있다. 거기에서는 아마에의 개념을 근본적 의미로는 감정이라고 하고 다시 욕구적 성격을 가지며 그 근저에는 본능적인 것이 존재한다고 정리했다. 도이는 이와 같이 아마에가 일본적 감정이라고 하면서도 그 근저에는 인간 보편의 의존 욕구가 있다고 했다. 이 모순에 대해서는, 일본인은 의존적인 인간 관계가 사회적 규범에 들어가 있는데, 구미에서는 그것을 배제하기 때문에 아마에가 발달하지 않았다고 설명하고 있다. 다시 아마에와 프로이트가 말하는 동일화는 같은 것으로, 일본인이 집단주의적인 것은 아마에 · 동일화의 경향이 있기 때문이라고 한다.

사회학자 미다 무네스케(見田宗介)는 『현대 일본의 심정과 논리』[256]에서, 현대 일본의 정신 상황을 정밀하게 정리하고 있다. 그에 의하면, 자연촌(自然村) 질서가 해체되고 대가족제가 실질적으로 붕괴했기 때문에 농촌에서 도회로 나오는 사람들의 '나가서 벌

---

256) 見田宗介, 『現代日本の心情と論理』(筑摩書房, 1971. 5)

이하는 형태'의 사회 구조 · 생활 구조 · 의식 구조의 기반이 붕괴되었다. 농촌으로부터 도회에 나온 사람들은 되돌아갈 '고향'을 잃어버리고 아노미(무질서)의 의식에 빠져든다. 이들 하이마트로스('고향' 상실자)의 불안은, 다음과 같은 세 가지의 대응 양식을 취한다. (1) 불안을 갖고 절망한 사람들이 서로 접촉하는 기회가 많아지므로 아노미 상황이 한층 더 높아진다. (2) 새로운 '고향(家鄕)'의 창조로써 체제 전체를 변혁한다. (3) 아노미를 부득이 인정하고, 개인별로 '단란한 고향'을 만든다.

1960년대에 퇴로를 차단당한 노동자나 화이트 칼라의 주류가 (3)의 방향으로 흘러 '가정화 시대'가 도래한다. 이와 같은 사회심리의 흐름과 동시에, 불안의 에너지에 한층 물길을 터 주기 위해 정치적인 대안으로서, '소득배증' 정책을 들고 나온 이케다(池田) 정권이 등장한다. 다시 개별적인 '고향'을 창설하기 위해서 마네빌 등 가산(家産)의 형성, 정신적인 거점으로서의 애정공동체의 형성이 목표가 된다. 이 새로운 '고향'은 자연촌의 고향이 아니라, 새로이 구축해야 할 미지의 세계이다. 1960년대는 일본인의 '심정의 전구조'가 전회(轉回)하는 과정 가운데 있었다고 미다는 결론지었다.

도이의 아마에이론을 들여와서 일본인의 대인심리를 논한 것은, 문화인류학자 후카사쿠 미쓰사다(深作光貞)의 『일본 문화 및 일본인론—원숭이 흉내와 털다듬기의 생태학』[257]이다. 일본인은 "친목 · 기분을 서로 통하는 것 · 상호 위로 · 서로 돕기 · '인(人)'

---

257) 深作光貞, 『日本文化および日本人論—猿マネと毛づくろいの生態學』(三一書房, 1971. 12)

의 화(和)… 등 명목의 테두리를 만들어 응석(아마에)을 부리든가 응석(아마에)을 받아 주든가 하고 있다." 이러한 관계가 정서적일수록 집단은 잘 정돈되고, 좋은 일을 할 수가 있으며 업적도 올라간다. 이것을 후카사쿠는 '사회적 털다듬기' 라고 부른다. '사회적 털다듬기' 는 어른의 것으로서 아마에를 중요한 요소로 하고, 거기에 사회적 관계 · 생활 양식 · 상호적 혹은 집단적 이익 등이 짜여 들어가, 때로는 구조화된 것이다. '털을 다듬어 주는' 본능을 자극하기 위해서 '아첨' 하는 일이 있다. 아첨 신호의 최대 무기는 눈으로서, 예컨대 이로메(色目 : 추파), 우와메(上目 : 얼굴을 숨기고 눈만 위로 쳐다보기), 후시메(伏目 : 머리를 숙이듯이 눈을 아래로 향하게 하다) 등이 있다. 기업 · 관료 등의 사회집단에서는, 구미와 같이 능력주의 기구(機構)주의만으로는 잘되어 나가지 않기 때문에 나와바리(세력 범위) 의식이나, 털을 다듬어 주는 욕구를 이용하여, 그 조직 전체에 '다가' (통테 : 나무통의 주위를 두른 대나무)를 끼운다. 일본의 순위제(順位制)는 변칙으로서, 최상위자는 오히려 나약하고 생각이 없고 유치할수록 좋은 리더인 것이다. 리더는 방침 · 계획 · 운영 · 관리 등 모든 것을 하위자에게 맡긴다. 그리하여 모가 나지 않는 포용력이나 가문 · 혈통 · 출신 성분이 중시된다고 기술했다.

전후 처음으로 일본 정치사상사를 정리하고 일본인의 사고 방법의 특징을 정밀하게 추구한 마루야마 마사오(丸山眞男)는 『일본의 사상 6, 역사사상집』의 해설 제1장 '역사 의식의 고층(古層)' [258)]

258) 丸山眞男, 「歷史意識の '古層' 」(『日本の思想6 歷史思想集』, 筑摩書房, 1972. 11)

에서, 기기 신화(記紀神話) 이래의 역사 서술의 기저에 울려 퍼지는 집요한 지속 저음(持續 低音 : Basso obstinato)을 역사 의식의 '고층' (古層)이라고 부르고 아래와 같이 기술했다.

세계의 여러 신화에 있는 우주창조론의 발상에는, 세 가지 기본 동사 '만들다', '낳다', '되다' 가 같은 의미로 사용된다. 일본 신화에는 '되다' 의 발상이 강하고 '낳다' 를 '되어가다' 라는 의미로 변화시켜 버리기 때문에, 압도적 다수의 신들이 태어나는 것이 아니라 자연히 생성된 성신(成神) 또는 화생신(化生神)이다. '고층' 의 우주는 부단하게 생성되는 세계이며, 나중에 '되다', '되어가다' 가 그대로 일본어로서 역사적 추이를 표현하는 기본 범주가 된다. 또 신화에는 '다음' (次)이라는 글자가 많이 쓰이고 '그 다음 그 다음' 의 발상이 '되다' 의 논리와 친화하여 혈통의 연속적인 증식 과정을 표현한다. '만세일계' (万世一系)의 이데올로기적인 강점은 '그 다음 그 다음' 의 무궁한 연속성으로 지탱된다는 것이다. 또한 일본의 가치 의식에서는, '이키호히' (勢)는 바로 '도쿠' (德)이며, '천황의 덕' (天皇之德)은 '스메라미코토노 이키호히' 라고 읽는다. '이키호히' 의 왕성함에 대한 찬사가 '덕' 이다. '이키호히' 는 '되다' 와 연동해서 한층 가치를 높인다. 무사(武士)의 등장으로 '이키호히' 와 그 관련 여러 범주는 병학적(兵學的) 리얼리즘의 기초 개념이 되며 동시에 치란흥망(治亂興亡)의 역사적 역학을 표현하는 용어로서 쓰이게 된다. 일본의 역사 의식의 '고층' 을 한마디로 표현하면 '다음 또 다음으로 이루어져 가는 이키호히(勢)' 인 것이다.

고층의 역사상(像)의 중핵은 과거도 미래도 아니며 '지금' 으로

서, 현재는 모든 과거를 대표하고, 미래는 '지금' 부터의 '첫 출발'(初發)에 불과하다. 일본의 신의 성격 때문에 '지금' 의 입장에서 자유로이 조상의 영혼을 불러내는 일을 가능케 하고, 새로운 변혁이나 적응을 그것들 '원초' 의 확실한 나타남(顯現)으로써 연속적으로 파악한다는 특이한 사고 양식이 성립되었다. 외국 문명을 모델로 한 변혁은 부드럽게 천신(天神 : 아마쓰카미)의 고도요사시(事依さし : 말씀, 전언)와 연결된다는 식으로, 메이지 유신 이후 재현되었다. 번정개혁(藩政改革)의 전국적 확대로서는 너무나 큰 전환이지만 전체적인 혁명으로서는 너무나 미온적이며 유신 혁명은 '지금' 존중의 논리에 내재하는 양면성과 깊이 관련되어 있었다고 마루야마는 말한다.

마루야마에 의한 일본인의 정신 구조론을 보다 한정된 각도에서 고대로 소급하여 추구한 것은 문화사가 사이토 쇼지(齋藤正二)의 『'야마토다마시' 의 문화사』[259]이다. 사이토는 고대 · 중세의 문헌에 나타난 '야마토다마시' 의 용례를 정리 · 비교하고, 다음과 같은 일반 법칙을 도출해 냈다. (1) 섭관(攝關 : 섭정과 관백정치) 시대, 특히 궁정 사회와 긴밀하게 관계되는 인물에 대해서 말하는 정신적 능력. (2) 한재(漢才 : 한학의 지식, 재능)와 한 세트가 되고, 그러면서도 한재와는 별개로 작용하는 기능을 가지는 정신적 능력. (3) 임기응변으로 현실적, 즉, 정치 문제를 해결할 수 있는 정신적 능력. (4) 복잡한 대인 관계에서 일어난 사회적 갈등을 처리할 수

259) 齋藤正二, 『'やまとだましい' の文化史』(講談社, 1972. 1)

있는 정신적 능력. (5) 인생의 문제, 대인 관계의 문제를 해결하는 데에 개인 · 동족의 행복 안전을 도모하는 공리주의의 입장을 취하는 정신적 능력. (6) '야마토다마시'는 개인이나 사태의 조건에 따라 나타나는 양태가 다르고, 종교 체계와 같이 개인 · 집단의 생활 전체를 일관해서 지도하는 정신적 원리로까지는 높아지지 않았다. (7) 문화 창조의 장면에서는, 마나몬(眞名文 : 가나에 대해서 한자, 남자의 글자)적 지향에 대항해서 가나몬(假名文 : 가나글자, 여자의 글자)적 사고라고 하는 독자적인 형태를 취한다.

야마토고코로(大和心)는, 헤이안조(平安朝)의 뛰어난 여성들의 '여심'(女心)을 내용으로 하고 있다. 야마토다마시는, 중세 이래 5백 년이나 공백이 있었고, 모토오리 노리나가(本居宣長)에게는 헤이안 시대의 여성적인 마음을 의미했지만, 히라타 아쓰타네(平田篤胤)에 의해 '용감하게(武), 바르게(正), 곧게(直) 태어나는' 마음으로 야마토고코로(大和心), 미쿠니다마시(御國魂)의 의미로 역전되고 그것이 막말(幕末)부터 메이지 시대가 되어서는 무사도와 연결되었다고 결론짓고 있다.

위와 같은 야마토고코로의 영속성과 대조적으로, 일본인이 외래 문화와 접촉했던 계보를 더듬어 본 것은 사회학자 쓰루미 가즈코(鶴見和子)의 『호기심과 일본인』[260]이다. 그 책에 의하면 외래의 종교, 이데올로기, 제도에 접했을 때 탐욕스런 호기심으로 모든 것을 취해 받아들이고 그것들을 전통 위에 쌓아 올렸다. 그것은 샤머

260) 鶴見和子, 『好奇心と日本人』(講談社, 1972. 4)

니즘의 비(非)배타적인 종교적 태도가 필터 역할을 했기 때문이다. 일본인은 자기의 집단 밖에서 발생한 사물에 대한 호기심이 강하고, 외국 여행 · 외국어 습득에 대한 욕구가 강하다. 호기심이 강한 일본인은 고도의 근대 사회에서 원시적인 인간 관계의 구조를 보존하고, 어른 가운데에서 어린이의 심성을 지속시키는 장치가 있다. 인간 관계의 폐쇄성과 외래의 사물에 대한 개방성이 혼재하고, 외국에 대해 폐쇄적 강제와 개방의 지향이 번갈아 나타나고, 폐쇄성과 개방성의 다중 구조가 보인다. 메이지 초기 이래의 서구 문명에 대한 폭발적인 호기심은, 쇄국으로부터 급격한 해방에 의한 에너지의 재(再)분출이다. 일본 문화의 근저에는 현재도 샤머니즘이 잠재해 있으며 다중 구조 자체가 샤머니즘의 구조와 형태적으로 동일하다. 사물이나 사상에 대해서는 개방적이지만, 인간 관계는 '비의(秘儀)의 성격' 을 띠므로 폐쇄적이 된다고 논했다.

일본인의 부정적인 면을 사회학적으로 분석한 것이 사쿠타 게이이치(作田啓一)의 『가치의 사회학』에 수록된 '일본인의 연속관'[261] 이라는 논문이다. 그 논문에 의하면, 죄악감이 약한 것은 일본인의 특징으로, 중국에서의 잔학행위에 대해서도, 전쟁은 결국 그런 것이라고 보는 '자연주의' 가 반성을 방해했다고 말한다. 또 아미타(阿彌陀)와 자기, 가족과 국가의 사이를 연속적으로 보기 때문에 심리적인 긴장에 빠지지 않고 인생과 조화롭게 살 수가 있다. 일본의 가족이 자립성을 가질 수 없었던 것은 어버이의 권위가 약하기

261) 作田啓一, 「日本人の連續觀」(『價值の社會學』, 岩波書店, 1972. 8)

때문에 자율적, 주체적인 인간을 다수 키우는 데는 맞지 않았던 것, 전후까지 친자 관계가 중심이 되는 가부장가족이 전형적이었으므로 주체성이 약한 인간을 형성한 것, 초월신을 가지는 기독교에 상당하는 종교가 없었던 데 기인한다. 비연속관은, 결국 자기와 세계 사이의 위화감으로 환원되고 그것은 어떤 집단을 형성할 때 하나의 에너지원이 된다고 말한다.

시인의 감각으로 일본인이 물려받은 심리를 논한 것은 가네코 미쓰하루(金子光晴)의 『일본인에 대해서』[262]이다. 그에 의하면, 패전으로 낡은 일본이 붕괴하는 듯이 보인 것도 일시적인 것으로 표면상의 변모 아래에는 원래대로의 생활이 지속되었다고 한다. 대개의 일본인을 평할 때, 정직 · 청결 · 활담하다고 말하지만, 소(小)감정 · 강인근성(岡引根性) · 무조리(無條理)라고도 할 수 있다. 일본인의 외모는 무릇 인류 가운데서도 보잘것없다. 미덕으로 여겨지던 것은, '이 한 몸 중요하지 않고 임금의 명(命) 무겁도다' 라는 정신이었다. 일본인은 선민이라는 자부심이 강하고, 외국보다 뛰어난 나라라는 긍지를 갖지 않고는 못 배긴다. 일본인의 미(美)는 모두 빌어쓰는 물건이며, 진 · 선 · 미에도 체질적으로 강한 욕망은 갖지 않았다. 돈을 모으는 데는 어떠한 괴로움도 마다하지 않으며, 권력에 대한 공포에 대해서 무력하지만 그 권력을 그대로 제멋대로 하게 놓아 두는 마음 구석에는, 순위매김을 좋아하고 높은 자리에 대한 선망이 있다. 그 근저에는 유교적인 인물 순위의 표준이

262) 金子光晴, 『日本人について』(春秋社, 1972. 11)

동양에 있고 오히려 일본식이라기보다 동양식이라고 했다.

일본인의 대인 관계의 특징을 정신병리학적 입장에서 고찰한 것은 정신의학자 기무라 빈(木村敏)의 『사람과 사람 사이—정신병리학적 일본론』[263]이다. 기무라는, '우리들 일본인' 이라는 말에 나타난 일본인의 집합적 아이덴티티는, 초개인적인 혈연적 더구나 혈연사(史)적인 아이덴티티라고 했다. 자기가 자기가 아닌 것과 마주쳤을 때 자기는 자기가 아닌 것을 인정하고 자기를 자각한다. 그 자기와 자기 아닌 것이 생기는 장소를 '사람과 사람 사이' 라는 말로 표현하고 있다. 일본적인 죄의식은 모두가 수치 의식, 일본적인 수치 의식은 모두가 죄의식인 것이다. 못 다한 미제(未濟)의 감정, 남에게 뒤지거나 빚을 진 체험, 즉 '죄책 체험' 은 일본적인 수치의 체험인 것이다.

일본의 풍토는 열대적인 동시에 한대적, 계절적인 반면에 돌발적이며, 계절적 변화가 생활의 기초를 받쳐 주므로, 계절 그 자체를 사랑하는 일본적 미의식을 낳았다. 단절적 변화 그 자체를 '연민' (憐憫)으로 느끼고 '날리는 꽃잎이나 떨어지는 잎새' (飛花落葉)로 유추하여 무상을 느꼈다. 다시 구체적인 우연에 좌우되는 즉흥적 궁리를 잘 하며, 자연의 변화를 피부로 느끼고 임기응변의 조치를 취한다. 일본인에게 가장 결여된 것은 대결을 통한 전진이라고 하는 자세라고 했다.

심리학적인 접근 방법으로 고대로부터 일본인의 성격을 논한

263) 木村敏, 『人と人との間—精神病理學的 日本論』(弘文堂, 1972. 3)

것은 심리학자 미야기 오토야(宮城音彌)의 『일본인은 무엇인가』[264)] 이다. 그는 일본열도의 주변 및 도호쿠지방에는 분열질(分裂質)이 많고, 기나이(畿內)-세토나이카이(瀨戶內海) 연안 및 간토(關東) 오지(奧地)에는 조울성(躁鬱性)이 현저하게 보인다고 말한다. 일본인 전체로는 새로운 문화의 채용이나 그것에 대한 적응력도 있지만 근저에는 분열질적 요소가 있고 그 경향의 기초는 조몬(繩文) 시대인에 있다. 분열질의 특징은 내폐성(內閉性)이며 주위와의 사이에 틈을 만들지만 그 근저에는 민감과 둔감의 두 개의 경향이 있다. 민감한 인간은 정동적(情動的)이어서 신체의 변화를 낳기 쉽지만 일본에는 체감(體感)을 나타내는 말이 극히 많다. 일본인의 정동흥분은 언어나 관념과 결부되지 않기 때문에 만성적 열정으로는 발전되지 않는다. 집념을 가진 행동이 일어나지 않고 버럭 화를 내면서 일시적으로 발산한다. 조몬 시대의 최후로부터 야요이 시대에 걸쳐서 일본열도에 도래한 인종은 조울질을 보인다. 일본인을 활동적으로 만들고 호기심을 갖게 하고 외래 문화의 수입을 적극적으로 행하게 한 원동력은 이 요소이다.

일본에는 망상증(paranoia) 환자가 적고 히스테리 반응이 많다. 히스테리 성격은 허영심이 강하고, 자기를 실제 이상으로 보이게 하려고 하며 자기 중심적이다. 일본인은 표면적으로는 내향적이고 계획력, 용감, 부동(不動), 자제 등 장점이 있는 반면, 신용을 중시하지 않고 비타협적이고 지기 싫어하고 자기 중심적이라는 등의

264) 宮城音彌, 『日本人とは何か』(朝日新聞社, 1972. 12)

단점이 있다. 일본인의 광신적인 행동은 종종 외국인을 놀라게 하는데, 이러한 광신성은 투쟁 망상증과 같은 것으로 보이지만 실은 투쟁 히스테리적인 것이다. 패전 때에 최후까지 싸우려고 한 일본인의 열광적 신념은 그 자리에서 사라지고, 그때까지의 적인 미국과 그 문화에 대한 절대적 복종과 칭찬이 일본 전체를 지배했다고 한다.

정신의학자 미야모토 다다오(宮本忠雄)는 대담집『두 개의 일본』가운데 사에키 쇼이치(佐伯彰一)와의 대담「심층의 일본적 성격」[265]에서, 아마에의 심리에는 타인에 대한 공격성이 그 이면에 있고 그 충동은 무의식 속에 잠재하여 끊임없이 해방되기를 기다리고 있다고 한다. 공격의 대상이 눈에 잘 띄지 않으면 자벌적(自罰的)으로 자기를 아프게 한다. 우울병은 아마에가 비상할 정도로 많은 사람에게 많이 나타나고 어떤 질서나 보호된 환경에 잘 짜여 들어가 있을 때는 괜찮지만, 분리되었을 때 일어나기 쉽다. 또한 멜랑콜리형 문학자가 표현하는 우수 · 비애 · 절망은, 비상한 공감으로 받아들인다. 헤이안 조(平安朝) 이래의 '사물에 대한 연민', '와비', '사비'는, 멜랑콜리형 문화라고 불러도 좋다. 우울증에서는, 구미인에게 많은 죄책감, 죄업망상이 일본에서는 거의 보이지 않고, 그 대신에 누구 누구에게 '미안하다', '죄송하다'라는 수치의식에 가까운 것이 잘 보인다. 분열증에서는 인간이 아닌 초월자

---

265) 宮本忠雄,「深層の日本的性格」(對談集『ふたつの日本』, 集英社, 1973. 12)

가 박해자로서 선택되는 일은 없고 이웃 사람이라든가 회사 사람이 자기를 노리고 있다는 등 막연한 피해 의식을 가진다. 우울증에서는 빈곤불안, 신체적 불완전감이 보인다. 일본인의 의식과 무의식의 경계는 대단히 애매하여, 무의식이 의식화되기 쉽다. 무의식이 의식의 층에 침투하면서 사고도 회화도 진행된다. 예컨대 술에 취하면 금방 무의식에 있던 관념이나 행동이 나오고 그것을 '술 때문에 생긴 일' 이라고 용서하는 것은 일본인의 특징이라고 기술하였다.

위에서 본 바와 같이, 국민성일반론의 제1기로서 정리한 1960년부터 75년경까지 사이에는 이자야 벤더슨의『일본인과 유대인』이 불을 붙이는 역을 맡아 '일본인론 붐' 이 일어나고 한편에서는, 뒷날 두고 두고 논의의 대상이 되는 마루야마 마사오(丸山眞男)의 '대솔(잘게 쪼갠 대나무를 다발로 묶어 그릇 등을 씻을 때 쓰는 물건)형과 '문어잡는 항아리형', 나카네 지에(中根千枝)의 '종적(縱的) 사회', 도이 다케오의 '아마에'(응석) 등의 핵심 개념이 제시되었다. 70년대 후반 이후는 제1기의 성과를 전제로 하면서 그 비판적 발전이라는 형으로 여러 가지 일본인론이 전개된다.

2. 제2기 — 집단심리론

제1기의 시대에 연속적으로 일어난 젊은 세대에 의한 반체제적 활동은 70년대 후반에 들어서서 좌절되고 급속히 쇠퇴했으나, 그것이 국민에게 던져 준 심리적 쇼크는 그 뒤에도 얼마 동안 꼬리를 물었다. 대신 1976(쇼와 51)년에 록히드 문제를 중심으로 하는 정치부패가 드러나 국민 전체에 정치적인 무관심과 외면을 불러일으켰다.

이와 같은 국민심리의 상황을 배경으로, 청년심리 혹은 집단심리, 다시 그 표층의 바탕에 깔려 있는 심층심리의 문제가 다루어지게 되었다. 그 대표적인 것으로서, 가와이 하야오(河合隼雄)의 『모성 사회 일본의 병리』(1976), 오코노기 게이고(小此木啓吾)의 『모라토리엄 인간의 시대』(1978), 우치누마 유키오(内沼幸雄)의 『대인공포의 인간학』(1977) 등이 있다.

일본 문화론을 다루면서, 집단과 개인의 상호작용을 논한 것은, 인류학자 가와키타 지로(川喜田二郎)의 『일본문화 탐검』[266]이다. 일본은 신불혼효(神佛混淆)의 나라로서, 공동체주의의 원리와 개인주의의 원리가 병존하고 있었다. 이와 같이 두 바퀴를 가지고 있던 일본의 사회와 문화는, 수레의 외바퀴에 의한 전복을 면하고 유연하게 역사적 세계에 대처해 왔다. 일본의 불교는 민중의 에너지 발산을 촉진하는 역할을 해내고 평민이나 하층민도 스님이 되면 재능을 발휘할 수 있었다. 일본이 역으로 개인주의적 정신의 경향을 강화한 것은 무로마치 시대부터 전국 · 에도 시대 초기에 걸쳐서인데 국가가 가장 쇠퇴해진 시대에 개인으로서의 민중은 가장 활발하게 활동했다. 일본에는 '천황신사'(天皇神社)가 있고, 신앙

266) 川喜田二郎, 『日本文化探檢』(講談社, 1973. 3)

의 고마움을 우지코(氏子 : 같은 씨신을 모시는 사람들)에게 설교하고 있다. 그 신불(神佛)의 혜택 가운데 가장 유력한 '복지국가' 라는 표어가, 공동체적 정신과 신사를 좋아하는 일본인에게 어필하고 있다. 이와 같이 개인은 집단에 매몰되고 지나치게 의존하며 또 '역할적 인격' 을 지나치게 구별하여 사용하기 때문에 어느것이 진짜 자기 자신인지 모르게 된다. 일본은 '관습의 나라' 로서 자기들의 좁은 체험이나 경험을 비상하게 신뢰하고, 지연 · 혈연 등이 사람들 사이의 협력을 지탱해 주고 있다. 혈연에 의한 협력 방식은 이미 다이카노가이신(大化改新 : 고토쿠〈孝德〉 천황 때의 정치개혁) 이전에 그 세력이 급격히 꺾였지만 지연은 오래 면면히 지속되었다. 소집단인 촌(村)이 향토주의의 강력한 기반이 되고, 관습의 승계는 개인끼리의 오랜 사귐, '얼굴과 얼굴' 의 원리로 계속 행해져 왔다고 한다.

마찬가지로 집단과 개인의 관계를 민속사의 입장에서 다룬 것은, 민속학자 아라키 히로유키(荒木博之)의 『일본인의 행동 양식—타율과 집단의 논리』[267]이다. 그는 집단의 논리가 규범이며, 타율적으로 그것에 따라 행동하는 것이 일본인의 기본적 속성이라고 했다. 그리고 다음과 같은 '목축 문화와 농경 문화의 도식' 을 생각했다.

A. 목축민적 기층 문화—목축적 이동적 개인 사회—
자율적 개성(個의 논리)—남성원리

267) 荒木博之, 『日本人の行動様式—他律と集團の論理』(講談社, 1973. 5)

B. 농경민적 기층 문화—농경적 정주적 공동 사회—
타율적 개성(집단논리)—유아원리—여성원리

개(個)의 논리는 본심(本音 : 혼네)이요 집단의 논리는 명분(建前 : 다테마에)이다. 자아 회복의 작업에 집단이 개입하고, '서로가 힘내어 열심히 하자' 라는 집단적 발상이 생겨나서 전원일치지향적인 동조적 행동이 중시된다. 타율은 자아의 부재와 연결되고 자아의 부재는 외적 · 내적 유인(誘因)으로 항상 변화될 수 있는 자기를 의미한다. 판단의 포기로 라벨에 의뢰하는 라벨주의나, '생각한다' 라는 표현보다 '생각된다' 라는 표현에 기울어지는 것은, 자기부정 · 자기 포기가 집단논리적으로 환영받기 때문이라고 했다.

일본인의 발상의 특징을 사회적, 역사적 조건과의 관련에서 구명한 가미시마 지로(神島二郎)는, 『일본인의 발상』[268]에서, 일본인의 애니미즘적 사고는 물질 숭배로부터 영혼 숭배 · 조선교(祖先教) · 군주 숭배를 거쳐 국가 숭배(nationalism)로 발전했다고 한다. 애니미즘에서 출발하는 조선교는 '나의 신은 거룩하다' 라는 관념을 일찌감치 부정하고, 전지전능한 신에 대한 선망을 끊어 버린다. 천황도 또한 전지전능성을 부정하고 지배보다도 아래로부터의 귀복(歸服)에 의존한다. '의리인정' 은 명분으로서의 의리와 본심의 표현(本音 : 혼네)으로서의 인정을 갖다 붙인 것으로서, 대립하고 모순되면서 동전의 양면처럼 결부된다고 말했다.

융의 심층심리학에 의해 국민성을 논하고, 현재까지 영향을 끼

268) 神島二郎, 『日本人の發想』(講談社, 1975. 9)

치고 있는 것은 가와이 하야오 『모성 사회 일본의 병리』[269]이다. 그에 따르면, 모성 원리는 '포함' 하는 기능으로 나타나고, 모든 것을 절대적인 평등성을 가지고 감싸안는다. 또한 그것은 모자 일체가 근본 원리이다. 모성 원리는 긍정적인 면에서는 낳고 키우는 것이요, 부정적인 면에서는, 마구 삼키려 들고, 함부로 덤비고, 죽음에 이르게 한다. 그것에 대해 부성 원리는 '절단하는' 기능에 특성이 있으며, 주체와 객체, 선과 악, 상과 하 등으로 분류된다. 예컨대 아이를 능력이나 개성으로 구별한다. 청소년의 신나(환각제)놀이를 보더라도 반사회적, 반체제적이라고 할 수 있으나, 구하는 것은 모성에의 회귀이며, 이것은 부성 원리에 기하는 자아를 확립할 수가 없기 때문이다. 관음보살, 야마우바(山姥 : 산에 산다는 전설의 여자 괴물), 긴보(鬼子母 : 남의 아이를 잡아먹는 신이었으나 부처님의 교화로 자식 기르는 신이 됨) 등 다이호소(太母像 : 조모상)는 모성 원리의 표현이다. 다이호 가운데서 커 나온 자아는 다음으로 부와 모, 하늘과 땅, 빛과 어둠, 낮과 밤 등의 분리를 체험한다. 영웅 신화는, 무의식으로부터 분리하여 자립한 자아가 인격화의 표현이요, 그것은 영웅의 탄생, 괴물 퇴치, 보물(여성)의 획득으로 이야기된다.

외국의 사상이나 예술 등은 다이호의 자궁을 통과하여 일본화되어 버린다. 다이호적인 절대평등관에 기하여 그것에 원형으로서의 '영원의 소년' 의 상승 경향이 가해지면, 일본인 전체가 능력차

269) 河合隼雄, 『母性社會日本の病理』(中央公論社, 1976. 9)

를 무시하고 무한의 가능성을 믿고 상승하려고 한다. 여기에 일본의 종적 사회의 구조가 성립된다. 부성 원리에 근거하는 사회는 서양의 근대 사회와 같이 상승을 허용하지만 자격에 대한 강한 제도를 가지며 능력차 · 개인차의 존재를 전제로 하고 있다. 일본 사회는 모성 원리를 기초에 깔고 있는 '영원한 소년' 형 사회라고 해야 할 것이다.

일본인의 자아는 서양인보다도 타인에 대해서 열려 있고, 상사와 부하도 때로는 이심전심으로 동의에 도달한다. 의식과 무의식의 경계도 확실하지가 않고 의식의 구조도 오히려 무의식 내의 자기를 중심으로 하여 형성된다. 그것을 종종 외계(예컨대 천황 · 군주 · 가장 등)에 투영하고, 그 앞에서 전적으로 자기를 비하시킨다든가 절대 복종한다. 인간 관계의 기본 구조는 무의식 내의 자기를 서로 공유하고 무의식적인 일체감을 토대로 한다. 바람직한 좋은 관계는 계약 관계가 아니라 '상대방을 잘 생각해 주는 관계' 라고 논한다.

일본인과 서양인의 국민성 차이를, 외래 문화의 수용이라는 관점에서 논한 것은 인류학자 소후에 다카오(祖父江孝男)의 『문화와 퍼스낼리티』[270)]이다. 그에 따르면 일본인은 상하 관계를 중히 여기고, 뛰어난 문화를 가졌다고 생각되는 인접 여러 민족에게는 극히 강한 콤플렉스를 가진다. 그와 같은 경향은 에도 시대에 유교에 의해서 강화된 것은 틀림없지만, 석기 시대 같은 역사의 처음부터 있

---

270) 祖父江孝男, 『文化とパーソナリティ』(弘文堂, 1976. 10)

었다고 추정되고 그것이 일본인의 수용성의 출발점이 되었다. 외래 문화를 받아들이는 데는 세 가지 형태가 있다. 첫째 형태는 완전한 동화, 둘째 형태는 동화를 수반하지 않는 직접적인 수용, 셋째 형태는 전통적인 것과의 병존이다. 첫째 형태는 적응이 가장 빠르고 수용도 대단히 순조롭고, 셋째 형태도 적응이 금방 이뤄지고 저항이 없지만, 둘째 형태에서는 가장 적응이 늦고 수용도 어렵다. 정신 문화에 있어서 첫째 형태의 전형은 불교의 도입이며, 메이지 이후 구미로부터 전해진 사상은 셋째 형태의 메커니즘에 의한 것이라고 했다.

제1기에서 도이가 제언한 '아마에' 현상에 대해서, 심리학적 견지에서뿐만 아니라 사회과학자의 견해도 첨가한 것으로, 오쓰카 히사오(大塚久雄) · 가와시마 다케요시(川島武宜) · 도이 다케오(土居健郎)의 토론 기록 『'아마에' 와 사회과학』[271]이 있다. 여기에서 오쓰카는, '아마에' 와 비상하게 닮은 개념으로서 막스 웨버의 '피에테이트' 라는 말을 제시하였다. 구미의 사회과학이 전제로 하는 인간행동의 타입과 일본인의 그것과는 무엇인가 다르다. 그 다름은 '가산제지배' (家産制支配)를 받쳐 주고 있는 정당성(正當性) 의식, '패밀리엔 피에테이트' (가족적 공순)가 농촌에는 아직 순수에 가까운 형태로 남아 있다고 하는 게 아닌가. 이 '피에테이트' 의 개념으로 보강하지 않으면 일본인의 행동 양식을 충분히 이해할 수

271) 大塚久雄 · 川島武宜 · 土居健郎『'甘え' と社會科學』(弘文堂, 1976. 10)

가 없다. '피에테이트'를 '아마에'로서 재해석하면 웨버의 사회이론이 살아난다고 말한다.

마찬가지로 제1기에 발표된 나카네의 종적 사회론을 비판하여, 횡적 대인 관계의 심리면을 중시한 것은 요네야마 도시나오(米山俊直)의 『일본인의 집단(仲間 : 나카마) 의식』[272]이다. 요네야마는 '패거리를 둘러싼 사회의 구도'로서 다음과 같은 도식을 보이고 있다. 세로축은 오른쪽이 혈연적, 왼쪽이 비혈연적이며, 횡축은 위가 큰 집단 · 집합으로 비한정적, 아래가 소집단으로 한정적인 것으로 한다.

일본인이 만드는 나카마는, 종종 가족을 모델로 하여 구성된다. 예컨대 직장에서도 사장은 집안의 바깥어른이 되고, 유능한 전무는 그 마누라 역이다.

세간(世間)	동포
나카마(仲間)	친척

서남 일본에서는, 횡적 연대로서 자(座) · 가부나카마(株仲間) · 무라소시키(村組織) · 마치구미(町組) 그 밖에 다양한 고(講) 등이 있으며 간토 · 도호쿠에서는 동족단(同族團)적인 혈연 일족의 개발

272) 米山俊直, 『日本人の仲間意識』(講談社, 1976. 11), 역서 『일본인의 집단(나카마) 의식』(도서출판 소화, 1997. 6)

이 진행되고, 선주(先住)-후주(後住), 우두머리(親方 : 오야가타)-졸개(子分 : 꼬붕) 등의 상하 관계가 생기기 쉽다. 도쿄는 종적 사회형, 간사이는 횡적 사회형이라고 말할 수가 있다. 종적인 형은 무사 대 농민, 횡적인 형은 직인(職人) · 상인의 나카마(仲間)이다. 종적 사회적 집단 편성은 서민의 것은 아니며, 대기업이나 중앙관청, 강좌제(講座制)가 남아 있는 대학과 같은 말하자면 엘리트 사회에서 확실하게 볼 수 있다고 지적했다.

일본인의 집단심리를 일본 특유의 '세간'(世間)이라는 사회집단과 개인의 관계로부터 본, 사회학자 이노우에 다타시(井上忠司)는 『'세간체'의 구조—사회심리사(社會心理史)로의 시도』[273]에서 일본인은 바깥의 '세간'에 준거하여, 자기의 행동을 통제하고 판단하는 경우가 많다고 했다. '세간'의 동향에는 특히 민감하고, 바깥을 아는 데는 비상하게 열심이다. 바깥에 보이지 않게 하려는 방위의 경향이 내부의 집단주의적인 경향과 결부되어, 독특한 '내집단'(內集團)을 형성한다. '미소'가 '자제(自制)의 웃음'이라면, '웃음'은 '공격의 웃음'이다. 또한 유일 절대신(초월자)을 갖지 않기 때문에 세간의 눈길을 받았을 때 자기를 부끄러워하는, 극히 상황적인 윤리를 내면에 배양해 왔다고 말한다.

이노우에가 대인 관계에서 세간체(世間體)가 중하게 보인다는 것을 지적한 데 대해, 보다 민감한 타자와의 심리 관계를 다룬 것

---

273) 井上忠司, 『'世間體'の構造—社會心理史への試み』(日本放送出版協會, 1977. 4)

은 정신의학자 우치누마 유키오(內沼幸雄)의 『대인공포의 인간학—치(恥) · 죄 · 선악의 피안(彼岸)』[274)]이다. 그는 '대인공포' 증상의 단계적 발전은 수치→치욕→죄→선악의 피안이라는 윤리적 추이로 환원될 수 있다고 말한다. 우선 '낯가림' 단계에서 보이는 낯가림 · 수줍음 · 쑥스러움 등이 수치에 속한다. '적면공포'(赤面恐怖) 단계로 옮겨지면, 환자가 얼굴이 붉어지는 자기 자신을 안타까워하며 부끄러운 얼굴빛을 띠게 된다. '적면공포' 단계로부터 시선공포 단계로의 이행기에 표정공포가 발현되면, 단순히 표정이 일그러질 뿐 아니라, 상대방에게도 불쾌감을 준다는 의식으로 변하여 추모(醜貌)공포 · 이형(異形)공포에 가까워진다. 예컨대 전동차 안에서 얼굴을 신문으로 가린다든가 부끄러움의 의식이 눈에 두드러지게 된다. 죄의 단계의 다음은 선악의 피안의 단계가 되는데 여기까지 오면 치료의 문제와도 관련되게 된다.

집단과 개인의 개념 대신 '간인'(間人)이라는 새로운 개념을 제시한 것은, 사회심리학자 하마구치 에슌(浜口惠俊)의 『'일본다움'의 재발견』[275)]이다. 하마구치에 의하면 서양의 개인 중심의 인간관에 대해서 일본에서는 인간으로서의 사람, '대인 관계 가운데 내재화된' 사람, '간인'이라고 말한다. 간인의 세 가지 기본 속성으로 상호 의존주의, 상호 신뢰주의, 대인 관계의 본질시(本質視)를 든다. 첫째 것은, '사람은 서로서로'라는 생각이다. 둘째 것은, 상호

274) 內沼幸雄, 『對人恐怖の人間學—恥 · 罪 · 善惡の彼岸』(弘文堂, 1977. 6)

275) 浜口惠俊, 『'日本らしさ' の再發見』(日本經濟新聞社, 1977. 6)

신뢰감에 뒷받침되어 서로의 사생활에도 접촉하는 교유라든가 뱃속까지 나누는 친교이다. 셋째 것은, 친분(親分) 자체가 본질적인 가치를 띠고, 상호의 관련을 지속시키는 것만을 바라게 된다든가 한다.

일본인은 전통적으로, 집단 속에 속해 있을 때에만 자기가 산다고 생각해 왔다. 그 하나의 예가 품의 제도(稟議制度)이다. 기안자인 중간관리층에게는 제도적으로 자율성이 확보되어 있지만, 관련 부문과 조정(根廻 : 네마와시)하여 조직 전체를 배려한 원안을 만들기 때문에 품의 제도는 확실히 연대적 자율성 위에 서 있다. '수치의 문화'는 외재(外在)하는 개별 : 상황적 기준에 비추어 자기를 제어하는 문화이다. 일본인은 근대적 자아를 갖지 않는 약한 개인이라는 평정(評定)도, 서양인의 시각에서 본 표면적 관찰이다. 각자의 자기 표출은, 속하는 상위 시스템(집 · 지역 사회 · 조직체)과의 관계에서 양호한 평형유지(homeostasis)를 위해서는 전략적으로 한정되지 않을 수 없고 사회적으로 고도로 세련된(sophisticated) 형태를 취함에 지나지 않는다. '수치'는 상황측 요인의 변동치를 예민하게 포착하는 레이다(radar)임과 동시에 그 정보에 의해서 자기의 행동을 제어하는 서모스타트(thermostat) 스위치와 같은 것이라고 했다.

일본인의 현민성(縣民性)을 논한 미야기 오토야의 『일본인의 성격—현민성과 역사적 인물』[276)]에 의하면, 일본인은 외래 문화에

---

276) 宮城音彌, 『日本人の性格—縣民性と歷史的人物』(東京書籍, 1977. 10)

신기애호성(新奇愛護性 : 필로네이즘)을 나타내지만 역으로 신기혐오성(新奇嫌惡性 : 미조네이즘)이라는 형태로 절대적인 반발을 보이기도 한다. 활발 민감하지만 금방 지쳐서 길게 끌지 못한다. 금방 자포자기해 버리고, 전투적 · 적극적이 되면서도 체념해 버린다. 외부의 자극에는 과도하게 민감하여, 무자각의 모방에 빠지기 쉽다고 말한다.

일본인의 정신 구조의 밑바닥에 출세주의가 존재한다는 것을 논한 것은, 사회학자 다케우치 요(竹內洋)의 『일본인의 출세관』[277] 이다. 전후의 성공 붐 시기에 보인 전전과 다른 성공(출세)관으로서, 다음 네 가지 점을 들고 있다. (1) 성공의 수단이 도덕(인격 · 품성)과 무관하게 술(術)로 여겨지게 되었다. (2) 큰 성공(출세)은 유명이라고 하는 파악법이 대두되었다. (3) 성공(출세)의 척도가 차츰 금전적으로 되어 왔다. (4) 안정과 소비가 동기가 된 고모지(小文字 : 정이나 촌을 작게 나눈 지역)의 출세주의가 차츰 강해졌다.

앞의 책 『종적 사회의 인간관계』(1967)가 큰 반향을 불러오자, 나카네는 '종적 사회'의 대인 관계를 보다 실태를 바탕으로 『종적 사회의 역학』[278]에서 논했다. 이에 의하면, 무한하게 여러 요소로 분해할 수가 있다는 인도적(印度的) 사고에 대해, 일본의 사회학적 사고에서는 개개인은 합류 · 일체화할 수 있다는 방향이 강조된다. 개인이 생생하게 긴장을 느끼면서 일을 하고 사교를 즐기는 소집

---

277) 竹內洋, 『日本人の出世觀』(學文社, 1978. 1)

278) 中根千枝, 『タテ社會の力學』(講談社, 1978. 3), 역서 『일본 사회의 力學』(도서출판 소화, 1997. 6)

단의 이상적인 사람 수는 5~7명이다. 일본의 농촌에서는 집 밖의 사람들에 대해서는 이웃 · 친척 · 술친구들에게도 예의바르고 조심성이 깊다. 마을의 모임은 한 집에서 한 사람의 출석이 원칙이며, 개개인은 '가'(家)집단의 단위를 통해서 촌락집단에 참가한다. 가장 엄한 제재는 '친구 무리에서 쫓아내는 것'이다. 동일조직 가운데서도 섹셔널리즘이 강하고 바로 이것이 경쟁 의식의 온상이 된다. 소집단은 상위나 인접집단에 대해서 독립성을 주장하고 저항을 보인다. 대집단은 반드시 내부가 소집단(파벌 · 계열 등)으로 나뉘고 분열이나 파벌투쟁이 항구적으로 구조화되고 리더는 우세집단에서 나온다. 개인이 소집단의 구성원인 이상 상위집단 구성원으로서 규칙에 반하더라도 제재를 받는 일은 드물다.

종(縱)은, 권력 관계보다도 의례적인 서열에 의미가 있고, 소집단에서는 리더조차 권력을 행사하기가 어렵다. 아래가 위에 종속되는 것이 아니라 상하가 잘 조합하는 것이며, 바깥에 대해서는 상하의 예절을 잊지 않는 것이다. 소집단 안에서 행동 양식의 특색 중 하나는, 자기 중심적인 행동 · 발언이 허용되는 것이다. 예컨대 누군가가 먼저 술이 취하면 주위는 취한 사람에 맞추든가 달래는 역할을 맡는다. 사람들은 자기 멋대로인 동시에 참을성이 강하다. '무차별 평등주의', '격차시정'이 규칙이며 비상식적인 행동을 취하면, 개인도 집단도 강력한 사회 제재를 가한다. 나카네는, 일본인의 인생에서 소집단은 결정적인 의미가 있다고 결론짓는다.

일본 청년의 마음에 잠재해 있는 어머니에 대한 의존심을, 정신분석의 입장에서 설명한 것은 정신분석학자 오코노기 게이고(小此

木啓吾)의 『모라토리엄 인간의 시대』[279)]이다. 저자는, 사회 의식의 표층에서 부정하는 '어머니 같은 것' 이 심층심리에서는 오늘에도 사람들을 뒤에서 받쳐 주어 일본 사회를 움직이고 있다고 주장한다. 인도 불전(佛典)에 등장하는 왕자 아자세(阿闍世)의 이야기는, 일본인이 반드시 통과하는 보편적인 모자 체험의 원형이다. 첫째로, '어머니 같은 것' , 즉 이상화된 모친상과의 일체감과 그것을 어머니에서 구하는 아마에가 있다. 둘째로, 어머니와의 일체감이 환상이었다는 환멸과 함께 격렬한 원한이 용솟음친다. 셋째는, 어머니가 자식을 용서하고 자식도 어머니의 고통을 이해하는 상호작용. 이 세 가지로부터 형성되는 아자세 콤플렉스는 일본인에게 특유한 '죄를 용서하고, 용서받는' 모성 원리이며, 구미의 '죄에 대해서 그것을 벌하고 갚게 하는' 부성 원리와 대조적이다.

서양적인 개인주의의 확립이 좌절되었을 때 의지할 곳은 심층심리에 살고 있는 '일본의 어머니' 이다. 그 어머니가 '여자' 가 되는 것은 용서하기 어려운 배신이며 어머니에 대한 아마에는 원한으로 변한다. 이 아마에와 원한의 상반병존(ambivalence)은 일본인이 반드시 심층심리에서 안고 있는 갈등이며, 아버지 어머니도 자식의 원망에 대해서 죄악감을 일으킨다. 에도 이래의 마비키(間引 : 집안에 아이가 많아 키우기 어려울 때 부모가 스스로 산 아이를 죽이는 것), 곧 미즈코(水子 : 갓난아이)의 원념(怨念)이 현대의 임신중절 천국(妊娠中絶天國)에 이어져 은밀한 죄악감을 갖는 모친이

279) 小此木啓吾, 『モラトリアム人間の時代』(中央公論社, 1978. 10)

많고, 원한을 갖는 자식은 어버이의 죄스러움을 간파하고 어버이 답지 않는 어버이를 철저히 책망한다.

절대적인 악인도 절대적 선인도 없고 상황에 따라서 착하게도 악하게도 된다고 하는 것이 일본적 인간관이다. 이심전심의 일본적인 커뮤니케이션은 자연히 상대방의 기분을 살피고 상호성의 대인 관계를 무의식중에 기대한다. 일찍이 모범적인 인간상으로 여겨진 '도덕적 마조히즘'(타인의 쾌락을 우선시키고 자신은 참고 견디는 것)은 극히 일본적인 심층심리의 일례이다. 그것은 ① 상대에 대해 일체감을 갖고 생각해 줌, ② 사사로운 것에 구애되지 않으려는 노력, ③ 상대방이 제멋대로 하는 것을 아마에로 여기고 용서하는 포용력, ④ 언젠가는 상대방이 자기에 대해서 죄악감을 일으킬 것에 대한 암묵의 기대, ⑤ 이런 류의 자기 삶의 방식에 대한 주위의 평가, 감사나 존경을 기대하는 것 등이다. 어머니는 이중(二重)의 의미로 마조히즘적이 된다. '기대되는 어머니상'과 같이 행동하면 할수록 자기 자신을 압살하고, 주위의 기대에 부응하지 못할 때의 자책감이 가정을 겨우 붕괴로부터 지킨다. 다시 상사 · 선생의 마조히즘적인 용서에 접하면 부하 · 학생도 마찬가지로 자발적인 죄악감을 일으킨다. 그 일본적인 형태가 '은'(恩)이다. 자식은 모자 일체감에서 도망치기 위해 단락적(短絡的)으로 공격성을 폭발시킨다. 또한 정을 끊지 못하므로 일본적 공격성은 원한이 되고, 자살이나 배타적인 공격성을 보인다. 가치관이나 사상, 대인 관계의 양식은 관념이나 언어상으로는 수입하더라도, 어느 사이엔가 일본적 모성 원리에 지배되어 버린다.

위와 같은 오코노기의 모성원리론은, 모자 관계의 경우에는 적용된다고 하더라도 그것을 상사 · 교사와 부하 · 학생의 대인 관계에까지 확대하여 일반화하는 것은 복잡한 일본 사회의 조건을 생각하면 의문의 여지가 있다.

일본 근대화의 특성 분석을 지향한 것은 무라카미 야스스케(村上泰亮) · 구몬 슌페이(公文俊平) · 사토 아키자부로(佐藤誠三郎)의 『문명으로서의 이에(家) 사회』[280]이다. 여기에서는, 일본 사회의 조직 원칙을 다음과 같이 논하고 있다. 우선, 일본사(史)의 변동을 두 개의 큰 파동으로부터 생긴다고 본다. 첫째의 파동은 씨족(clan)형의 일본식 발전 형태로, '우지(氏) 사회' 의 사이클이다. 둘째의 파동은 변경(辺境)농경문명형으로, 일본 특유의 집단인 '이에' (家)를 핵으로 하는 '이에 사회' 사이클이다. 이에는 생활을 공동으로 하는 경영체의 독특한 유형을 가리킨다. 이에의 기본적 여러 특성으로, 초혈연성 · 계보성 · 기능적 계통제(階統制) · 자립성이 있다. 분업과 그것에 기초를 두는 기능적 계통제(hierarchy)의 가장 오래된 예는 군사집단이며, 그것이 농경지대로의 침입을 지향하여 기마민족화함과 동시에 명료한 계통제를 발달시켰다. 집단 내에서 집단 구성원의 생활을 지탱하기 위해서는 생활 물자의 자급자족이 필요하고 다시 자기 방위의 전투력을 가짐으로써 강한 자립성이 성립한다.

---

280) 村上泰亮 · 公文俊平 · 佐藤誠三郎, 『文明としてのイエ社會』(中央公論社, 1979. 8)

일본의 근대화에서 이에형 조직의 원칙은 개개인의 마음 가운데 일종의 문화적 유전(遺傳) 정보로서 축적되고 다양한 국면에서 재확인 · 재이용되었다. 그러나 그것은 국가나 가족의 수준에서는 차츰 쇠퇴하고 기업으로 대표되는 중간집단의 수준에서만 강화되고 기능적으로 순화되었다. 패전에 의한 자신감 상실과 일본적 가치의 부정은 구미 선진국을 모델로 하는 유신 이래의 '따라잡기형 근대화' 의 발상을 다시금 강화했다. 또 기업이나 관청의 노동조합은, 반(半)자치적 하위 주체로서 지위를 서로 승인해 줌으로써 '기업 내 마을' 을 만든다. 간인(間人)으로서 일본인들이 자립한 개인으로서 산다는 것은, 경제적으로는 가능하더라도 심리적으로는 큰 부담이다. 심리적인 측면에서 귀속과 일체시(視)의 대상이 되는 친분(親分)을 구하는 '의존인' (依存人)이 생겨나고, 그 때문에 종교 · 이데올로기 단체가 다수 급속히 발달했다. 이리하여 대연합에 의한 의지결정 시스템이 안정되고, 이에형 기업체의 기능적 합리화를 다시 촉진시켰다. 국민의 소득 분배가 고수준에서 평등화되자 생활 양식의 등질화나 생활 의식의 중류화가 진행되고 새로운 중간 계층이 생겼다. 이 중간 계층은 안정감과 불안정감, 만족과 불만 사이를 왔다갔다 하면서, 새로운 삶의 보람을 찾아 철저한 개별화로 내닫는(예컨대 마이홈주의) 방향과, 다른 한편, '관여' (關與)에서 볼 수 있는 조직과의 일체감을 회복하려는 방향으로 분열한다. 전후의 일본 사회는 친교(間柄)주의적인 분권적 사회이며, 마을 원칙과 구미형 민주주의의 결합에 의한 '마을형 민주주의' 와 다르지 않다고 논했다.

일본인 사회에 본질적으로 내재하는 '삶의 보람'의 문제를 제기한 것은, 심리학자 호리에 기요시(堀江清志)의 『현대 일본인의 삶의 보람』[281]이다. 그에 의하면, 메이지 정부가 씨신신앙(氏神信仰)을 천황신앙으로 돌아서게 하는 데에 성공한 때부터 패전에 이르기까지, 일본인은 천황신앙에서 삶의 보람을 구하도록 길들여졌다. 그것은 천황을 위해서 태어나고, 살고, 싸워서, 죽는 것이었다. 종적 조직은 파벌을 낳기 쉽지만 일체화의 정신에 기초하여 파벌을 해소하는 기능을 해내는 존재가 천황이다. 고도경제성장으로 일본인의 대다수가 생활 그 자체의 문제에서 해방된 1960년대 후반부터 '삶의 보람론'이 유행했다. 죽음은 인간에게 '구극적 좌절'이며 '삶의 보람'은 이것을 극복하고 자기의 생의 영원성을 확신하는 곳에서 생겨난다. 죽음을 극복하는 데는 두 가지 방법이 있다. 하나는 직접적 · 과학적 방법으로 의학의 진보가 인간을 불사의 존재로 한다는 것이다. 이 과학신앙은 죽음을 부정적으로 평가하는 생사관과 결부되어 있다. 또 하나인 간접적 · 종교적 방법에서는 죽음을 인간적 존재에 필연적인 것으로 감수하고 삶과 죽음을 조화시켜 죽음을 극복한다. 이 생사관은 전통적, 동양적이다.

도이의 아마에이론에 영향받아, 사는 방식의 심층심리에 대해서 고찰한 것이, 정신과의사 사사키 도키오(佐々木時雄)의 『내셔널리즘과 일본인—정신분석의 시점(視點)에서』[282]이다. 사사키는 오

281) 堀江清志, 『現代日本人生きがい』(酒井書店, 1981. 3)

282) 佐々木時雄, 『ナルシシズムと日本人—精神分析の視點から』(弘文堂, 1981. 5)

쿠라(憶良), 사이교(西行), 바쇼(芭蕉) 등의 고난에 찬 생애를 '유리(流離)의 미학' 으로 파악한다. '유리' 란 '막역한 친구' 도 잃어버리고 그렇다고 독립한 자기 의식도 가질 수 없는 자들의 행동 양식이다. 이것은 아마에를 할 수가 없는 인간이, 아마에할 대상을 구하는 것인지, 진정한 자기를 구하는 것인지, 스스로도 확실하지 않은 채로 헤매는 심적 방위(心的防衛)이다. 한편, 유리는 희구하는 대상과 표리가 되어 유랑은 오히려 공동체에 뿌리박고 싶어하는 갈망이 중심이 되어 있다고 했다.

가와이 하야오(河合隼雄)는, 사회 제도로서의 부권제(父權制)에 대해서 일본의 옛날 이야기의 내용에서는 일관되게 여성상(像)이 강하게 나타나는 것을 『옛날 이야기와 일본인의 마음』[283]에서 지적했다. 서양의 이야기는 그 자체가 완결된 형(形)을 가지고 그 완결성이 독자의 마음을 움직인다. 그에 비해, 일본의 이야기는 그 자체로는 완결되지 않은 것처럼 보이고, 듣는 이의 감정을 고려함으로써 처음으로 완성을 보는 것으로 되어 있다. 일본인인 이상 가만히 사라져 가는 여성상에 대해서 느끼는 '연민' 의 감정을 빼놓고, 이야기의 전체를 논할 수는 없다. 사라져 가는 여성은, 그것에 대한 저항으로서 '원한' 을 남긴다. 옛날 이야기에서는 사라져 간 여성이 또 한 번 힘을 얻어 일상의 세계에 다시 돌아오는 일조차 기대할 수가 있다. 이와 같은 여성상이 예로부터 문화의 존재 방식에 새로운 무엇인가를 가져오려는 움직임을 상징하고 있다. 일본

283) 河合隼雄, 『昔話と日本人の心』(岩波書店, 1982. 2)

의 옛날 이야기는 '남성의 눈'으로가 아니라 '여성의 눈'으로 볼 때에, 전모가 차츰 보인다. 일본인의 자아는 여성상으로 나타내 보이는 쪽이 보다 적절하고, 사회 제도로서의 강한 부권제는 이와 같은 심리적 사실을 될 수 있는 한 숨겨 왔다. 그러나 옛날 이야기에서는 여성 영웅들이 자유로이 활약하고 아주 적극적이었는가 하면 때로는 태양까지도 될 수 있는 존재였다고 말한다.

위의 저서와 거의 같은 시기에 가와이는 논문집 『중공 구조(中空構造) 일본의 심층』[284)]을 간행하고, 그 가운데에서 『모성 사회 일본의 병리』(1976)에서 전개한 논의를 수정하고 있다. 즉, 일본의 사회를 '모성 사회'로 부른 것은 구미와 비교했기 때문이며 보다 모성적인 심리를 가지는 아시아 여러 나라와 비교하면 일본은 오히려 부성과 모성의 밸런스 위에 서 있다고 할 수 있다. 가와이는, 그 구조의 모델로서 고지키(古事記) 신화를 제시하고 있다. 아메노미나카누시 등 삼신(三神)은 일본 신화 가운데 극히 중요한 위치를 차지하고 있지만, 그 중심에 무위(無爲)의 신을 갖는다는 일관된 구조이다. 이것이 일본 신화의 '중공성'(中空性)으로, 일본 신화의 가장 기본적인 사실이다. 어떠한 원리가 중심을 차지하는 일은 없고, 비어 있는 가운데 둘레를 순회하고 있다. 중심이 비어 있다는 것은 선악 정사(正邪)의 판단을 상대화한다. 통합을 원리나 힘으로 행하면 서로 용납되지 않는 것을 주변부로 쫓아내게 되지만 공을 중심으로 한다면 통합자를 결정하는 싸움을 피할 수가 있고 대립

284) 河合隼雄, 『中空構造日本の深層』(中央公論社, 1982. 1)

자의 공존을 허용하게 된다. 그러나 중공성이 문자 그대로의 허(虛) 혹은 무(無)로서 작용하는 때는 극히 위험하다. 또한, 다른 자가 중심에 침입하는 것을 허용하기 쉽다. 이 결점을 보완하는 시스템으로, 중심이 되는 것은 존재하지만, 그것은 전혀 힘을 갖지 않는다는 시스템을 생각할 수가 있다. 중심은 공성(空性)의 체현자로 존재하고, 쓸데없는 침입에 대해서는 주위에 있는 자가 그 중심을 옹호하여 싸운다. 천황제를 이와 같은 존재로 생각하면 잘 이해가 될 것이라고 논하였다.

일본인의 집단주의적 성격을 제기한 것은, 사회학자 가와모토 아키라(川本彰)의 『일본인과 집단주의—토지와 피』[285]이다. 저자에 의하면 일본인의 전통 문화 가운데서 육성되어 온 집단주의는 결코 전체주의는 아니며, 개인의 확립도 부정하지 않는다. 일본 문화에서는 집단과 개인은 서로 허용하고, 보완한다. 메이지 유신의 정치 지도자는, 집(이에)과 마을(무라)을 체제 속에 짜 넣은 집단주의를 이용해서, 일치단결성, 조작 가능성만을 최대한으로 활용했다. 한편으로는, 의도적으로 서구화에 광분하는 듯이 보이게 하면서, 비상하게 기능적이면서 전통적이기도 한 새로운 체제, 기구, 집단의 창작에 성공했다고 말한다.

하마구치의 '간인(間人)은 곧 친분(間柄)주의'의 개념을 사회적 조직으로 넓혀 논한 것이, 하마구치 에슌(浜口惠俊)·구몬 슌페이(公文俊平) 편 『일본적 집단주의—그 진가를 묻는다』[286]이다. 하마

285) 川本彰, 『日本人と集團主義—土地と血』(玉川大學出版部, 1982. 3)
286) 浜口惠俊·公文俊平 編, 『日本的集團主義—その眞價を問う』(有斐

구치에 의하면 "일본적 '집단주의'란, 각 성원이 일을 할 때 서로가 직분을 넘어서 협력하고 이를 통해서 조직목표의 달성을 도모함과 동시에 자기의 생활상의 욕구를 만족시키고 집단 차원에서의 복지를 확보하고자 하는 자세"이다. 여기에서는 '개인'과 '집단'의 상리공생(相利共生)을 목표로 하고 성원간의 협조성(인화)이 중시된다. 그것은 복지조직의 확립으로 자기 충족을 꾀하는 '협동단체주의'라고도 할 수 있다. 일본인의 조직에서는 일의 수행 단위는 전문적 기능과 권한을 가지는 성원이 아니라 직장 그 자체이다. 직장집단(예컨대 課)을 단위로 하여 업무가 수행되므로 구성원은 협력해서 직장을 지킬 필요가 있다. 집단 차원의 행동주체성을 '연대적 자율성'이라고 부른다. 이러한 특징을 가지는 일본인은, 인간모델로서 '관여적 주체'의 전형이며, 구미인의 '단독적 주체'와 대조적이다. 구미인이 '개인'인 데 비해, 일본인은 자타의 친분(間柄) 자체가 자기를 규정하는 '간인'(間人)주의이다. 간인은 친한 친분(間柄) 그 자체의 유지 · 충실을 도모하고 그 관계성에 어느 의미로는 신성(神性)을 주는 그러한 강한 가치 의식을 가진다. 이것이 '간인주의'(間人主義)이다.

구몬(公文)은 친교(間柄)주의적인 사회집단의 조직 · 운영의 원리를, 소우(惣 : 패거리 · 집) 중심주의, 소속의 원칙, 응분의 원칙, 과분의 원칙, 애매와 무상의 원칙, 경합의 원칙 등으로 정리하고 있다.

閣, 1982. 11)

앞의 책에서 '대인공포' 를 논하고, 개인의 심리를 다룬 우치누마 유키오는 『수치의 구조—대인공포의 정신병리』[287]에서 대인공포를 일본 문화와의 관련 속에서 다루고 다음과 같은 기본 구조로 요약하고 있다. (1) 일본 문화는 중층적(重層的)이며 그 중층성의 기저층을 끈덕지게 살려 나가고 있다. (2) 심리학적으로는 그 기저층은 구순기적(口脣期的)인 것으로 그것이 일본인의 마음을 강하게 움직이는 힘이 된다. (3) 일본 문화는 수치→치욕 →죄라는 윤리적 추이의 중층성에서 구할 수 있지만, 구순기에 나타나는 수치가 정신 구조의 중핵이 된다.

미나미 히로시(南博)는 『일본인의 심리』(1953) 이래, 계속해서 일본인의 문제를 연구의 중심 테마로 삼아 왔다. 이 동안에 일본인의 생활과 문화에 대해 다양한 각도에서 제기한 고찰은 두 개의 논집 『일본인의 심리와 생활』, 『일본인의 예술과 문화』(둘 다 勁草書房, 1980. 7)에 정리되어 있다. 미나미는 그것들의 고찰에 공통되는 일본인의 정신 구조의 기본적인 특징을 파악하려고 『일본적 자아』[288]를 정리했다. 그 '서문' 에 의하면, 일본인의 행동에 동기를 주고 여기에 일관된 방향과 색채를 주는 심리적 기반은 바로 일본인의 퍼스낼리티에 공통되는 자아 구조이다. "일찍부터 필자는 일본인의 자아 구조의 두드러진 하나의 특징으로, 주체성을 결한 '자아불확실감' 의 존재라는 것을 생각해 왔다. 그 불확실감은 한편에서는,

---

287) 內沼幸雄, 『羞恥の構造—對人恐怖の精神病理』(紀伊國屋書店, 1983. 2)

288) 南博, 『日本的自我』(岩波書店, 1983. 9)

마음이 약한 것(弱氣), 소심(內氣), 사양하는 마음, 체념 등의 소극적인 면에 나타난다. 그러나 또한 그것이 있기 때문에 남을 생각하는 마음, 순하고 부드러움을 낳고 또 불확실감을 극복하기 위해서 열중, 연구심, 향상심, 융통성 등 바람직한 행동 경향의 깊숙한 복합성을 불러오고 있다"라고 말하고, '자아불확실감' 이라는 개념을 강조했다. 여기에서는 일본인의 자아 구조를 생각하는 데에 역사심리학적인 접근을 취하고 있다. 즉 현대 일본의 자아 구조의 여러 특징이 어느 무렵부터 형성되기 시작한 것인가에 대해서 사회심리의 변천 사회심리사를 더듬어 분명하게 밝히려고 했다.

그러나 표면적으로는 유대인이 쓴 일본인론이라고 되어 있던 『일본인과 유대인』에 대해 전문적인 입장에서 행한 엄한 비판이 이 시기에 나왔다. 종교사학자 아사미 사다오(淺見定雄)의 『가짜 유대인과 일본인』[289]이다. 여기에서는, 세부에 걸친 아사미의 지적은 소개하지 않지만 두세 가지 예를 들어 두겠다. 아사미에 의하면, 『일본인과 유대인』은 지어낸 이야기 위에 성립하고 과학이라면 실험 데이터의 날조에 해당한다. 학술적 가치가 없는 것은 고사하고 마이너스로서, 그 책은 범죄적이다. 유대인은 양을 신성시한다고 써 놓았지만 이것은 거짓말이다. 신약성서에는 '신의 어린 양' 이라는 표현이 실로 많지만, 그것도 거짓말로 요한복음 1장 29절과 36절에 두 번 나올 뿐이다. 또 일본은 자기 나라가 전장이 된 경험은 없다고 쓰고 있지만 오키나와는 일본의 국토가 아니라고

289) 淺見定雄, 『にせユダヤ人と日本人』(朝日新聞社, 1983. 12)

믿느냐고 아사미는 묻고 있다.

일본인의 대인 관계 중 큰 특색이 되었으며 오늘날에도 왕성하게 행해지는 증답(贈答) 행동을 연구한 것은, 이토 미키하루(伊藤幹治) · 구리타 야스시(栗田靖之)의 『일본인의 증답』[290]이다. 이토는 「서설」에서 다음과 같이 정리하고 있다. 촌락 사회에서는, 증답이 연말이나 정월, 3월 5월의 셋쿠(節供), 본(盆 : 음력 7월 15일에 죽은 이의 영혼에 제사 지내는 불교행사. 또는 그 전후 며칠) 춘추의 히간(彼岸 : 춘분 추분을 중심으로 전후 3일씩 7일간) 등 그때 그때마다 정기적으로 있고 그 밖에, 생일잔치나 혼례 · 장의 · 호지(法事 : 年忌, 법회, 법요) 등의 통과의례나 신축이라든가 질병 · 화재 · 여행 등의 기회에도 행해지고 있다. 증답에는 축의(祝儀)와 불(不)축의가 있고 내왕하는 친분 관계도 친척, 본가와 분가, 우두머리와 부하, 인근, 우인, 지인 등에 걸치고 있다. 답례는 '오우쓰리' 라든가 '오타메' 등으로 불리고, 반지(半紙)나 성냥 등이 쓰인다. 증물(贈物)이란 본래 제사 지낼 때에 쓰이는 공물(供物)을 의미했고, 신(神)들과 이를 제사 드리며 모시는 사람들이 공식(共食)하는 음식이었다.

증답에는 물(物)의 급부와 그 반대급부를 기조로 한 호수성(互酬性)의 패턴이 있으나 거기에는 등질, 등량 교환에의 지향성이 강하게 작용한다. 사회 관계에는 균형의 원리가 큰 역할을 해내고 있기 때문에 가능한 한 빨리 반제(返濟)의 의무를 다하고 상대방의 잠재적인 기대에 부응하기 위한 문화적인 장치를 만들어 낼 필요가 생

290) 伊藤幹治 · 栗田靖之 編著, 『日本人の贈答』(ミネルヴァ書房, 1984. 3)

긴다. 증물에 대한 '답례물'은 이러한 불균형을 조정하기 위한 문화적 장치인 것이다. 연중행사나 통과의례에서 볼 수 있는 증답은, 주로 '통시적 교환'(通時的 交換)이며 일상 생활에서의 빈번한 주고받음은 '공시적 교환'(共時的 交換)이다. 의리는, 증여에 대한 의례적 반제행위이다. 축의와 불축의는, 의리의 사회적 교환으로서 주는 측과 받는 측 사이에 세간상장(世間相場)이라는 틀이 짜여 있다.

신과 인간은 공물이라는 미디어를 통해서 호수적인 관계를 맺고 공물에 대한 반대급부로서 이익을 기대한다. 특정한 신들로부터 이익을 끌어낼 수가 없다고 판단하면 신들이 확대 재생산되든지, 혹은 버림을 받든지 한다. 이러한 신들과 사람들의 원활한 교류는, 성속이분법론(聖俗二分法論)이 지배적인 사회에서는 허용되기 어렵다고 말한다.

대인 관계에서 '아마에'의 심리를 강조해서, 일본인론에 큰 영향을 미친 도이 다케오는, 『겉(表)과 속(裏)』[291]에서 흔히 사물에는 표면과 이면의 양면이 있다는 설에 대해서, 이 양면이 언어상으로 모순되지만 그것은 관점이 다르기 때문이며 둘 다 진실이라고 생각한다. 표면과 이면의 구별을 해낼 수 있기 전에는 어른이 아니라고 생각하고 일반적으로 섬세한 마음 씀씀이나 남을 생각해 주는 것을 특히 기뻐한다. 아마에적 심정을 가지고 들어갈 수 있는 친분관계는 표면이며 그 경우의 약속사(約束事)가 다테마에(建前 : 명분)이다. 다테마에는 그것이 통용되는 서클에서 아마에가 작용하

291) 土居健郎, 『表と裏』(弘文堂, 1985. 3)

고 있다는 증거로서, 그 아마에적 심정에 뒷받침된 사려(思慮)가 혼네(本音 : 본마음)이다. 다테마에는 사회화의 산물이며 혼네는 자아 의식의 표현이다. 일본인은 개인의 의견을 적극적으로 주장하기보다도 합의를 이루기에 열심이며 품의제라는 방법을 만들어 내었다. 자기가 어느 집단에 속하는가가 언제나 중요하며, 개인은 원칙적으로 집단에 의해 지켜지고 존재한다. 때로는 비굴 · 영합으로 보일 정도로 외국의 풍조에 민감하게 반응하지만, 다른 한편으로는 자기의 기호(嗜好)를 온존(溫存)하여 균형 감각을 보이고 있다. 현대의 개인에게 집단의 뒷받침이 절대 필요하다는 본능적 감각에 기초하여 행동한다. 또 현대의 풍조에 따라서 다테마에를 경시하면서도 유지하는 줄타기도 연출하고 있다고 했다.

이 제2기에는, 제1기의 대인 관계론의 발전으로서 개인과 집단의 관계, 일본적인 집단 구조, 집단 성원간의 심리 관계 등에 착안한 논저가 두드러졌다. 또 '아마에' '종적 사회' 에 대해서는 반론 · 재론이 행해졌다. 다시 개인적 무의식과 집합적 무의식의 일본적 특징을 파악하려고 하는 고찰이 나와, 그 뒤에 하나의 주류가 되었다.

3. 제3기—생활심리론

1980년대 후반에 들어오면, 국제적으로도 '경제대국' 일본의 모습이 점점 뚜렷해진다. 사상 공전의 무역 흑자를 배경으로 미일 경제마찰이 격화되는 한편, 일본 자본의 해외 진출이 확대되고 그것에 촉발되어 외국인 사이에서도 일본인의 국민성이 논의된다. 그러나 '리쿠르트 의혹'에 의한 정변, 천황의 죽음과 쇼와의 종언, 사회주의 체제의 붕괴라는 안팎의 대사건이 서로 잇달아 터진, 그 와중에 일본 경제의 '거품경기'도 붕괴되는 때를 맞이한다.

종합적 일본인론의 제3기는, 통틀어 제2기에 나온 논점들의 연장 · 발전이라고도 할 수 있지만, 특징적인 점은 일본의 국제화 가운데 생활심리의 세부에 관심이 확대되었다는 사실이다. 예컨대, 시간 의식, 간바리(頑張り : 열심히 하는 것), 이지(意地 : 고집), 미렌(未練 : 미련) 등을 논한 저서가 주목된다.

또한, 1980년대에 들어서서부터는 일본인의 해외 진출에 관련된 일본론 · 일본인론이 속속 간행되었지만, 그것들에 관해서는 주로 다음 장의 '일본적 경영론' '국제 사회와 일본인' 절에서 다루기로 한다.

과학기술의 면에서 일본인의 생활심리를 논한 것은 정보과학자 구니이 도시야스(國井利泰)의 『긴타로아메(긴타로의 얼굴을 그려 넣은 엿)의 일본인— '국난'에 어떻게 맞설 것인가!?』[292]이다. 저자에 의하면 균질적인 민중이 모인 긴타로(金太郎)엿 문화의 일본은, 균질되고 얼룩이 없는 제품을 생산하여 세계의 공업제품 시장을 단번에 점령했다. 그 균질성이 재앙이 되어서 아무도 망할 때 탈출구

---

292) 國井利泰, 『金太郎飴の日本人— '國難'にどう立ち向かうのか!?』(はまの出版, 1986. 10)

를 찾을 수가 없다. 어떠한 새로운 방식의 컴퓨터를 개발해야 하는가, 대국적으로는 전혀 모른다. 농업에서는 좁은 토지에서 보다 많은 수확을 올리는 고밀도 재배 방식으로서, 세밀한 관개(灌漑)나 농구를 연구하였다. 그것은 틀림없이 과학이었다. 이에 반해서 일본의 기업은, 다른 사람이 돈과 시간과 인재를 들여 만든 것을 거저 이용하려고 한다. 또, 산업 스파이도 하거니와 국제 시장의 질서를 무시하고 불공정하게, 함부로 만들어 판다. '국민 모두의 행복을 위하여' 라고 하면서 정치 본래의 목적을 잊어버린 정부에 속는 국민도 불쌍하지만, 그런 단순한 것으로 속일 수 있다고 생각하는 정부나 재계도 무정하다. 일본의 역사를 배양해 온 도제 제도나 벌(閥) 등이 아직 엉거주춤하게 뿌리박고 있어 창조성이 저해되고 있다. 교육은 지키는 교육이며, 교과서 검정이 있고 획일적인 긴타로엿 교육이다. 일본이 하는 방식은 가끔 일시적인 속임수이며 국제 사회에서는 전혀 통하지 않는다. 일본의 독자적인 것을 국제 사회에 제시하는 훈련이 되어 있지 않고 그러한 인재도 크지 않는다라고 결론내렸다.

도이(土居)의 『표(表)와 이(裏)』(1985)가, 주의나 겉 명분으로 내세우는 말 다테마에(建前)와 진심의 소리 혼네(本音)의 구별을 문제로 삼은 데 대해서, 집단의 안과 밖의 구별에서 출발하여 남녀 관계나 가족의 문제 등을 논한 것은, 오코노기 게이고의 『인간을 읽는 방법 · 파악하는 방법—일본인의 심리는 어떻게 변해 왔는가』[293)]

---

293) 小此木啓吾, 『人間の讀み方 · つかみ方法— 日本人の心理はどう変わってもたか』(PHP 研究所, 1986. 3)

이다. 저자에 의하면 집 안과 밖의 구별은 마음속에 있고 더구나 이심전심으로 서로가 알고 있다. 누군가와 비밀을 공유하고 밖으로 누설하지 않음으로써 그 그룹은 동지적으로 결합한다. 이것이 집안이다. 일본인은 동일한 인종 · 언어 · 문화라고 하지만 이것도 또한 서로가 다른 것을 무시하고 일체감을 강조하는 집안 환상의 산물일 것이다. 일본적인 '견연'(牽連)의 심리 구조에서는 너무 돌보아 주어 아이들에게서 자립심을 빼앗고 있다. 일본적인 '남자다움'도 모친에게 칭찬을 받아서 채워지는 어린이 같은 자기애(나르시시즘) 심리이다. 어떠한 회합도 남자끼리가 중심이며 부부동반은 극히 드물고 남성 본위의 의사(擬似)동성애의 세계이다. 일본의 남성에게는 여성공포가 잠재하는 것은 아닌가. 여성과 단 둘이 있게 되면 남성은 금방 어린이로 되돌아가 버린다.

일본인은 '죄는 미워해도 사람은 미워하지 않는다'는 생각으로 악이나 죄가 생긴 진정한 원인과 책임의 추급이나 피해에 대한 보상에 대해서는 의외로 깨끗하고 분명하다. 예컨대 혼인 등은 형식적으로는 서로가 자기의 의지로 선택해서 결혼하는 것 같지만 실제로는 계약보다도 연(緣)의 사고 방식이 강하다. 결혼했을 때의 약속을 깨는 것에 부부는 상당히 관대하다. 상대와의 일체감을 갖고 싶어하는 일본인의 상대 본위의 심리가 '일본적 마조히즘'이며, 자기가 피해자로서의 권리를 주장하지 않는 편이 미덕으로 여겨지는 경향이 있다. 자기 실현형의 자기애(自己愛) 인간은 엘리트 코스를 달려가고, 동조형(획일형)의 자기애 인간은 평균적인 대중이다. 현대의 가족은 '요새(要塞)가족' '사나토리움가족' '극장가족' '호텔가족' 에 안주하려고 한다.

도이의 겉과 속, 다테마에와 혼네의 사고 방식에 관해서 경영학자 미토 다다시(三戶公)는 『부끄러움을 버린 일본인—민주주의와 '가(家)' 의 윤리』[294]에서 자기의 전후 · 좌우 · 상하를 보고 주위의 사람들과 서로 돕고 서로 보좌하며 일해 나가는 곳에 일본인의 활동의 진수가 있다고 했다. 겉과 속의 관계가 모든 사물에 존재하는 것에 대해, 다테마에와 혼네의 관계는 집단과 개인의 관계에 반드시 존재하는 것은 아니며, 양자는 한없이 일치시켜야 하는 것이다. 제도상 다테마에 중시, 개인의 혼네 중시 중에 어느쪽이 명확히 내세워지는 한, 그 둘의 양립 · 균형이 논해질 까닭은 없다. 물론, 그 둘의 괴리는 존재하겠지만, 어느쪽인가에 끌려가고 채택되고 다루어진다. 전후의 일본에서도 가(家) 중심 · 제도 중심 · 집단 중심의 논리는 살아남아, 그것들을 대표하는 다테마에는 의연히 계속 살아 있다고 했다.

구니이가 지적한 일본인의 균질성을, 시간 의식의 면에서 다룬 것은 윤리학자 오하라 신(小原信)의 『일본인의 시간 의식』[295]이다. 오하라에 의하면, 일본인의 문화에서는 어떤 '시간' 을 경계로 해서 거기에 맞추어 일제히 발걸음을 나란히 무엇인가를 하는 것이 당연하고 그것이 심층심리와 같은 형으로 대중의 차원에까지 깊이 침투되어 있다. 시간을 지킨다, 또는 지키지 않는다가 선악의 기준

---

294) 三戶公, 『恥を捨てた日本人—民主主義と '家' の倫理』(未來社, 1987. 3)

295) 小原信, 『日本人の時間意識』(三笠書房, 1987. 6)

이 되고 시간이 독특한 가치를 갖는 서민들의 규칙으로서 도덕적인 구속력을 지닌다. 일본인 사이에 '아마에' 가 가능한 것은 앞일을 예측하고 아마에 하고 있을 수 있는 시간의 계속을 암묵의 전제로 하기 때문이며, 시간은 시민의 종교(civil religion)이다. 고래로 일본인은 자연에 자기를 옮겨 태우고 자연의 변화 속에서 사회나 역사에 관한 의미를 깨달아 왔지만, 어느 사이엔가 일본인에게 특유한 시간 의식을 세시기(歲時記) · 역(曆) · 달력에까지 교묘하게 스며들게 하였다. 연령제한 · 적령기 · 길일(大安) 등은 거의 모든 일본인이, 아무런 저항 없이 받아들이고 있다. 그러한 관례의 보편성이 갖는 강제력이 철저해서 시간이 시민의 일상적인 '종교' 가 되어 있다고 했다.

일본인은 정보를 가능한 한 빨리 손에 넣으려고 열심이며, 거기에서 일본적인 정보사회의 특수성을 지적한 것은, 경영학자 하야시 슈지(林周二)의 『일본형 정보 사회』[296]이다. 그는 일본인이 새로운 무드에 약하고 정체를 잘 모르는 것에 관한 것일수록 신자도 많아지고 나도 나도 하는 '집단과열' 의 경향이 있다고 했다. 그것은 대세계(大世界)의 움직임에서 탈락될 불안(대세계의 중심으로부터 이탈된 섬나라의 국민성) 때문이기도 하지만 살아남고자 하는 발상('우리 회사가 살아남기 위하여' 라는 표현 등) 때문이다. 정보가 끊어지면 대단히 걱정한다. 세상의 움직임, 자기 한 패의 움직임에서 뒤떨어지는 것이 아닌가 하는 정보갭 불안은 가장 큰 불안이다. 일

296) 林周二, 『日本型の情報社會』(東京大學出版會, 1987. 5)

상적, 정서적, 감성적인 정보, 예컨대 하이테크 복권, 팩시밀리를 사용한 합격기원 등이 환영받는다. 타인의 감독이나 지시를 받지 않고는 행동하지 못한다. 주체성을 결여한 '지시 대기 인간'이 최근 늘어났다. 또 '눈치'가 조직 내에 미리 빌트 인(built in) 되어 있어, 리더 없는 일본적 집단주의 경영이 훌륭히 기능을 발휘해 왔다. 나쁘게 말하면 무원칙성, 좋게 말하면 융통무애성은 실익 있는, 현실적인 가치 의식에 의한다. 젊은이를 포함해서 사회인류에 봉사한다는 의식이 희박하다고 결론지었다.

대인 관계 가운데 일본 특유의 '간바리(頑張リ)'(몹시 노력하는 것)를 논한 것이, 역사학자 아마누마 가오루(天沼香)의 『'간바리'의 구조—일본인의 행동 원리』[297]이다. '간바리'에는 두 종류가 있다. 하나는, 폐쇄적인 일본인 사회의 내부에서 다른 집단구성원에 지지 않으려고 발휘되는 간바리, 또 하나는, 이국의 땅에서 타국인을 의식하고 접촉할 때 발휘되는 간바리이다. 비일상성 가운데서 민족성은 보다 명확하게 용솟음쳐 나온다. 예컨대 막 이주한 일본인 이민이 일본에 사는 일본인 이상으로 일본인적 성격을 드러낸다. 이 간바리, 간바루한다고 하는 말은 다른 나라 말로 직역이 안 된다. 본래의 '감시한다, 눈을 크게 뜨고 노려보거나 파수를 본다'라는 어의에서 '완강하게 움직이지 않는다'라는 뉘앙스를 가지게 된 것은 아닌지. 일본인은 단기간의 간바리를 발휘하는 대신에 장기간의 '끈기'에는 약하고 장기적 전망에 서서 생각하지 않기 때

297) 天沼香, 『'頑張リ'の構造—日本人の行動原理』(吉川弘文館, 1987. 6)

문에 모든 것이 '단기결전' 이 된다. 열광적으로 되기 쉽고 한쪽 방향으로 몰려서 뛰어가고 억제가 되지 않는다. 무논의 벼농사에서는 모심기와 벼베기의 시기에 노동력을 집중적으로 기울일 필요가 있고 이것이 간바리라는 일본 민족의 핵심적 퍼스낼리티 형성의 원천 중 하나가 아닌가. 일본은 후발 벼농사 민족으로서 꼭 벼의 생육에 적합하다고 할 수는 없는 기후풍토 아래에서 재배하지 않으면 안 되었기 때문에 간바루할 수밖에 없었다. 또 언제나 문화의 주변에 있어 온 일본은, 해외의 문화를 이입하고 진보된 중심을 향해 따라잡자 추월하자 하면서 간바루했다. 근대화를 달성한 일본 민족의 정신적 중심축은 결국은, 즉 간바리라고 했다.

간바리의 정신과 유사한 이지(意地 : 고집)의 대인심리를 설명한 것은, 사타케 히로토(佐竹洋人) · 나카이 히사오(中井久夫) 편 『'意地' 의 심리』[298]이다. 사회학자인 사타케는, 이지(意地)는, 자기가 마음먹은 것을 밀고 나가려는 마음이라고 하는 의미 이외에, '상대방이 저렇기 때문에 자기는 이렇게 하지 않을 수 없다' 라고 하는 마음을 가리킨다고 한다. 이지의 당사자는 어느쪽이나 자아가 강하고 자존심이 높은데도 아마에를 극복하지 못하기 때문에 인간관계를 맺는 방법에서 자기의 패턴을 고집해서 양보하지 않는다. 그렇게 성질이 잘 맞지 않는 관계에서 한쪽 또는 쌍방의 아마에가 충족되지 않으면, 변형되어 원망이 되고 한쪽 또는 쌍방의 성격이 계기가 되어 이지(意地)로 발전한다.

---

298) 佐竹洋人 · 中井久夫 編, 『'意地' の心理』(創元社, 1987. 12)

또, 정신병리학자인 나카이는 이렇게 말하고 있다. 에도 시대에는 모두가 강자가 아니었던 때문인지, 이러한 사회에서는 삽상(颯爽)한 자기 주장은 불가능하고 굴절된 자기 주장의 형으로서 '이지'(意地)가 있었다. 그리하여 현재가 되어서도 에도 시대의 대인관계의 규칙이 살아 있으며, 이지를 밀고 나가기 때문에 대항할 수 없는 경우가 아주 많다. 국제 관계도 이지가 통용된다는 사고(思考)가 있지 않은가.

개인이 타인에 의존하는 경향은 그 타인이 존재하지 않게 되어도 계속 남아 있다. 이러한 일본인 특유의 '미련'(未練)이라는 심정에 대해서 고찰한 것이, 임상심리학자 야마노 야스시(山野保)의 『'미련'의 심리—남녀의 이별과 일본적 심정』[299]이다. 그는 임상심리적으로는, '미련'을 '이미 그 보존이 불가능하게 되어 버린 대상에 대해서 아직도 남아 있는 애착'에 한정해서 생각한다. 미련은 본래 바람직한 심정은 아니지만 일본에서는 옛 이야기나 와카(和歌)에서 볼 수 있듯이 미련의 미화를 허용하는 문화가 있었다. 예컨대, 사랑하는 사람의 행복을 위해 몸을 감추노라고 자기가 자기 자신에게 말하는 것 등이다. 부부나 연인과 사랑하다 이별할 때 미련이 중요한 역할을 해낸다. 유아교육의 단계에서도 아마에를 단념하는 습관이 확립되어 있지 않고 어미도 자식도 의식 수준에서 개(個)의 독립을 지향할수록 무의식 수준에서의 모자 일체는 강화된다. 거기에서 모성콤플렉스의 엘리트 청년이나 자식 곁을 떠나

299) 山野保, 『'未練'の心理—男女の離別と日本的心情』(創元社, 1987. 12)

지 못하는 교육 마마가 증가한다. 그것이 미련을 키우는 온상이 된다고 했다.

일본인이 사물을 생각하는 방식을 종교를 비롯해 넓은 범위에서 고찰한 대저(大著)는, 종교학자 나카무라 하지메(中村元)의 『일본인의 사유방법』[300]이다. 부제를 '제문화 현상, 특히 불교의 수용 형태에 나타난 사유 방법의 특징' 이라고 달고 아래와 같은 항목을 들고 있다. '주어진 현실의 용인' 으로서, 현상계에서 절대자의 파촉(把促), 현세주의, 인간의 자연 성정(性情)의 용인, 인간에 대한 애정의 강조, 관용유화(寬容宥和)의 정신, 문화의 중층성과 대결비판의 정신 박약 등을 들고 있으며, 다음으로 '인간 결합조직을 중시하는 경향' 으로서는, 인간 관계의 중시, 개인에 대한 인간 관계의 우월. 유한한 인간 결합조직의 절대시, 가(家)의 도덕의 존중, 위계적 신분 관계의 중시, 국가지상주의의 문제, 특정 개인에 대한 절대적인 귀의와 투신, 권위의 존중과 외국 숭배, 제왕 숭배, 종파적 · 파벌적 폐쇄성, 힘에 의한 인간 결합조직의 옹호, 사회생활에서 활동의 강조, 도덕적 반성의 예민, 종교의 교의에 대한 태도를 들고, 또 '비합리주의적 경향' 으로는, 비논리적 경향, 논리적 제합성(齊合性) 있는 사유 능력의 결여, 논리학의 미발달, 직관적 · 정서적 경향, 복잡한 표상을 구성하는 능력의 결여, 단순한 상징적 표

---

300) 中村元, 『日本人の思惟方法』(中村元選集[決定版] 第3巻 東洋人の思惟方法 3』, 春秋社, 1989. 1)

상의 애호, 객관적 질서에 관한 지식 추구의 취약성, 그리고 끝으로 샤머니즘의 문제를 언급하고 있다.

나카무라는 결론에서, 이것들은 일본인의 사유 방법의 특징을 전면적으로 망라한 것은 아니며, 반드시 일본 특유의 것은 아니다. 그러나 이상의 특징이 모두 골고루 갖춰져 있는 것은 일본의 경우만이 아니겠는가라고 말한다. 또 일본의 마음, 일본의 사유라고 하더라도, 고정적인 실체는 없고, 모순된 요소를 포함하면서 부단히 변화하고 있다. 거기에는 발전도 퇴화도 있을 수 있다. 전후의 반성기를 거쳐서 경제적 번영을 이룬 현재는, 적어도 아시아 여러 민족 가운데서 일본 민족이 특히 뛰어나다는 우쭐댐이 있지만 결코 그렇다고 말할 수는 없다. 불교가 일본에 가져다 준 것이 크지만, 일본에서 현저히 변용된 것도 사실이다. 그와 같은 변용은 본래의 높은 가치를 잃어버린 것이 아니라 오히려 앞으로의 세계에서 적극적으로 살려 나가야 할 새로운 가치 창조의 맹아가 될 수 있다고 결론내리고 있다.

지금까지 자주 거론되어 온 부끄러움의 개념을, 대인관계의 넓은 범위에 걸쳐서 검토한 비교사상학자 도기 미치코(東儀道子)는 『'부끄러움'의 구조—현대 사회에서 찾는다』[301]에서 이렇게 말한다. 가치 의식에 관계없이 생기는 부끄러움을 수치라고 부른다. 그것은 책임 회피와 보다 깊은 자기 평가를 기피한 데서 시작된다.

---

301) 東儀道子, 『'恥ずかしい'の構造—現代社會に探る』(北樹出版, 1989. 10)

비열, 자존심의 결여, 의지박약 등이 섞인 이 도피원망은, 약자를 압박하면서 달성된다. 부끄러움이 성립하는 근저에는 수치가 있고, 수치는 윤리적인 부끄러움과 동일한 방향을 갖는 에너지임과 동시에, 역방향으로 점화되는 일이 있다. 일상적인 가벼운 수치에도 그 근저에는 근본적인 인간의 바람직한 모습, 개인으로서 사회에 대한 선택의 기본적 태도라는 심층이 잠재한다. 패전의 시련에 의해서 개(個)의 의식, 개의 자각, 대(對) 사회 의식, 대 국가 의식은 비약적으로 진보했지만 '자기 이외의 사람들을 제일로 여기는 사상' 은 현재도 존재한다. '모두에게 폐를 끼친다' 라는 의식은 일본인의 도덕 의식에서 큰 비중을 차지하고 있다. 또, 무리(群) 안쪽에서 방종 · 묵인 · 굴욕은 '내문' (內聞 : 안쪽에서 들은 것을 바깥에 발표하지 않는 것)으로 취급한다. '외문' (外聞 : 바깥으로 들리는 소문, 평판)을 첫째로 두려워하고, 부끄러워하는 것은 그 다음이다. 형편이 안 좋은 일이 생겨도 내문의 방벽에 의해서 보호되고 드디어 유야무야 되는 가운데 소멸해 버린다. 윤리적인 부끄러움은 수직적인 '힘의 윤리' 이며 외문 · 내문은 수평적인 '나약성의 윤리' 이다.

잠재적인 나약성을 공유하기 때문에 한편에서는 죄나 과실의 현재화(顯在化) · 현실화까지도 긍정하고, 다른 한편으로는 약함을 초극해야 하는 것이라고 하여 죄나 과실의 현재화, 현실화를 저지하려고 한다. 인간의 근원적인 나약성(煩惱)의 연대적인 긍정은 그 대극에 있는 이념이라든가 보편적인 정의에 대해 전혀 고려하지 않는, 부끄러움과는 거리가 먼 '내문' 의 형태로 눈앞에 불쑥 나타난다. 그것은 일본적 특수(特殊)일 것이다. 비교-경쟁-달성이라는 현실 사회의 구조 위에서 발생하는 부끄러움을 사회적, 달성적 부끄러움이라고 부른다. 패전 후의 부랑아에게 일본인이 가진 굴욕감이 오늘의 번영의 먼 기점이 되었다. 집단에 큰 공헌을 하는 굴욕이, 동시에 자기의 집단, 타의 집단을 위기에 빠뜨리는 위험성을 안고 있다고 논했다.

아마에 문제를 꾸준히 추적해 온 도이 다케오는, 시야를 한층 넓혀 현대 사회의 여러 가지 면에 언급하고 또한 비판에 대한 반론도 첨가해서 『'아마에' 가지가지』[302]에서 이렇게 쓰고 있다. 일본인은 급격한 근대화를 수행하면서 아직 그렇게 많이 고독으로 괴로워하지 않았다. 전전에는 국가 전체를 하나의 가족으로 여겼고 전후에도 회사 등이 의사(疑似)가족의 형태로 아마에 하는 법을 알고 있기 때문에 근대화의 스트레스를 감당할 수가 있었다. 또한, 아마에는 상대방과의 거리를 단축하므로 한국의 학자 이어령 씨가 말하는 축소지향이 심층에서 '아마에'와 연결되고 있다. '아마에'의 어휘는 일본어에 특이한 것이지만 '아마에'가 일본인에게만 볼 수 있는 것은 아니다. 아마에를 잘하는 일본인이 어른이 된다는 것은 어떤 것인가라는 질문을 받는다면, 소유하면서 소유당하는 관계를 이해하는 것이다라는 한 마디로 우선 대답을 대신한다고 했다.

일본인의 균질성을 현대 사회의 집단성이라는 면에서 논한 사회학자 마니와 미쓰유키(間庭充幸)는 『일본적 집단의 사회학—포

302) 土居健郎, 『'甘え' さまざま』(弘文堂, 1989. 12)

섭과 배척의 구조』[303)]에서 일본인의 집단에는 포섭과 배척의 구조가 있다고 했다. 포섭이란, 일반적으로는 집단이 다른 자(인간이 중심이 되지만 때로는 사물을 포함한다)를 집단규범에 복종케 하여 동질화하고 스스로의 내부에 잡아넣는 것이다. 배척이란, 일반적으로는 집단이 타자를 이질화하여 외부로 밀어내거나 집단 내에서 차이의 표시를 붙여 상징적으로 배척하는 것이다. 일본의 사회는 동질의 것끼리 동조성(同調性)이 강하기 때문에 자기만이 이단시 당하는 것을 극도로 두려워한다. 이단은 결국 고립하고 아무것도 실천할 수 없게 된다. 이단자를 쫓아냄으로써 동조성을 강화하고 포섭력을 높인다. 포섭도 배척도, 즉 동화도 이단도 살아 있는 인간 그대로에 대해서 요구되는 것이며 특별한 이데올로기나 신앙만이 대상이 되는 것은 아니다. 있는 그대로 주의의 기준은 형식주의로서 혈연으로부터 비롯하여, 학력 · 도장 · 브랜드가 있는 상품 등이 중요한 가늠이 된다.

중 · 근세 이래의 전통적인 촌락에서는 일본 문화의 중요한 세 개의 원리로서, '호환적 공동 관계', '집단성화 규범'(集團聖化規範), '동계적(同係的) 서열 관계'가 있다. 메이지 이래로, 개인보다 전체(가문, 국가 등)가 우선하고 정서적인 상하 관계(어버이나 천황에 대한)가 강조되고 '집단성화 규범', '동계적 서열 관계'의 의사(疑似)근대판이 되었다. '호환적 공동 관계'도 천황이나 부모를 매

303) 間庭充幸, 『日本的集團の社會學—包攝と排斥の構造』(河出書房, 1990. 4)

개로 해서 사람들의 주체성을 몰각한 일체화가 요구되는 악용(惡用)이 일어나고, 공동체의 정점에 있는 현인신(現人神)에 대한 '무아의 헌신'을 최고의 도덕으로 여겼다. 고도성장 시대를 맞아, 일본의 개인(주의)은 물건 취하기, 돈벌이주의의 에고이즘으로 변신해 버린다. 원래 해방된 개(個)의 '권리'와 사적 욕망(이권)은 하나였지만, 그것이 후자 쪽으로 중심을 옮겼다고 말할 수 있을 것이다. 근대적 마이홈주의, 기업일가(一家)주의, 조합가족주의, 대국내셔널리즘 등의 새로운 동조집단을 '집렬형(集列型) 공동체'라고 부른다. 국가에 대한 충성심은 기업에 대한 충성심에 의해 대체되어 버렸으나 그전과 같은 희생 위에 성립하는 것이 아니라 개인의 사적 욕망을 잘 짜 넣어, 기업에 대한 충성경쟁에서 그것이 실현된다는 동기부여를 했다고 말한다.

일반적으로 일본 문화의 특수성이 강조되는 데 대해, 문화는 보다 유연하고 외부로 열려 있는 것이라고 주장한 것이, 극작가 · 평론가 야마자키 마사카쓰(山崎正和)의 『일본 문화와 개인주의』[304)]이다. 일본적인 문화와 생활양식이 생긴 것은 무로마치 시대에서 에도 시대에 걸쳐서였는데, 그 중추적 전통은 도시적, 상공업적이며 상당한 정도로 개인주의적이었다. 이 독특한 사회 풍토를 뒷받침한 것은 중세 이래의 일본인의 공적 세계의 관념이며, 이에 대한 신의 · 성실의 감각이었다. 공적 세계란, 보편적 추상적으로 인식된 인간 세계를 말하며 '천하'라는 관념에 가깝다. 중 · 근세의 상

304) 山崎正和, 『日本文化と個人主義』(中央公論社, 1990. 8)

인에게 정직은 근검과 나란히 두 가지 큰 덕목이다. 또 상공업자의 지위를 높인 것은 기술을 중시하는 기풍이었다.

헤이안 시대 이래 개인적인 마음의 영위로서 사생활을 다룬 수필 · 일기문학이 있으며 다시 서정적 단시(短詩) 형식이 대단히 많다. 이것들의 자기 표현은 자기를 미적으로 표현하고 싶다는 의욕과 그 때문에 자기 표현을 자기 확장과 구별하려는 배려가 작용하고 타인과 싸우는 근대 개인주의의 오만이라든가 다른 사람과 서로 친해지는 집단주의의 나태성(懶怠性)은 유연한 개인주의의 자세라고 말할 수 있을 것이다.

일본에는 사회를 움직이는 두 개의 원리가 병존하고 있으며 그것이 서로 보완해 가면서 역사를 만들어 왔다. 그것은 가족 사회와 개인주의의 원리이며, 농민 · 무사적인 조직 원리와 상인의 행동 원리라고 말해도 좋다. 천황가가 중세의 난세를 통해서 보전된 것도 가족 사회의 도의 감각 때문일 것이다. 근대의 일본인은 과거의 어떠한 농민 · 무사보다도 자기 사회를 가족형으로 만들어 내고 농민 · 무사적인 측면을 선택해 취했다고 한다.

일본인의 균질성을 역사적인 조건에서 논한 것은, 역사학자 아미노 요시히코(網野善彥)의 『일본론의 시좌(視座)—열도의 사회와 국가』[305)]이다. 그에 의하면, 현재 일본의 사회는 세계 여러 민족 중에서도 균질도가 높은 것은 의심할 여지가 없다. 4세기 무렵부터 상당히 서민적 수준에서 '일본국'의 사방 경계(시이시 : 四至)가 문

305) 網野善彥, 『日本論の視座—列島の社會と國家』(小學館, 1990. 11)

헌에 나타난다. 그 개념은 순전히 편력(遍歷)하는 예능민(藝能民)에 관계되는 이야기책이나 연기(緣起 : 신사나 절의 유래)에 나타나는 점이 주목된다. 또 '균질'의 배경에 히라가나의 보급이 한 역할을 한다. 15세기 이래 '읽기 쓰기 주판'이 무사뿐 아니라 도시 · 촌락의 상층 주민에까지 보급되고 문서를 통한 지배가 막번(幕藩) 국가를 뒤에서 받쳐 주었다. 일본 열도에서는 노예 · 농노 등과 같이 사적(私的)인 예속민이 되는 것을 거부했다. 해민(海民) · 산민(山民)을 포함하는 공민(公民) · 평민백성 · 백성이 사적 예속민에 비하면 훨씬 많이 있었다. 이 사람들이야말로 일본 민속학에서 말하는 '상민'에 해당한다. '히닌'(非人 : 걸인, 최하층민)은 노예, 하인 · 종 등 사적인 예속민과는 이질적인 존재로서, '히닌'의 차별에는 더러움의 문제가 중세에도 걸려 있었다. '히닌'은 평민 공동체로부터는 배제되더라도 신불(神佛)의 '예속민'이요, 공어인(供御人 : 천황이나 장군의 봉사자), 공제인(供祭人 : 제사 지내는 데 쓰이는 사람), 신인(神人 : 신불에게 봉사하는 사람), 기인(寄人 : 궁중의 어가소〈御歌所〉에 쓰이던 사람)이 되었다. 그들은 평민이 부담하는 과역(課役), 연공(年貢) · 공사(公事) 등을 면제받고, 여러 나라를 자유 통행할 특권을 보장받았다. 그러나 남북조의 동란으로 천황과 신불이 권위를 잃고 '신(神)들의 낙백(落魄)'이 천황 · 신불의 봉사자들(공어인 · 신인)에게 큰 영향을 미쳤다. 이것이 히닌, 가와라모노(河原者 : 천한 인부, 거지), 예능민의 차별을 고정시킨 결정적인 요인이었다.

문자 사회의 주도권을 세속 권력이 장악한 것과, 일본에 종교가 뿌리내리지 못했다는 것과는 깊은 관계가 있다. 다양한 문자 표현을 낳고 문자 사회의 균질화를 근저에서 지탱해 왔던 일본 사회의 뿌리깊고 강인한 내발성(內發性)에 의존하면서 종래 기본적으로는 지배자의 '공적'인 것으로서 계속되던 문자를 우리들 자신의 것으로 할 필요가 있다고 결론지었다.

역사학자 와카모리 다로(和歌森太郎)는 『판관(判官) 역성들기와 일본인』[306]에서, 일본의 민중이 배척된 인간, 특히 영웅의 운명에 동정을 보내는 문제를 다루고 있다. 와카모리에 의하면, 판관 역성들기는 반드시 일본의 국민성은 아니지만, 민중 의식의 역사를 생각하는 데는 중요한 사실이다. 서로 도와야 할 친한 사이인 A가 B를 이용하여 성공한 뒤 B를 추방하여 멸망시켜 버리는 예가 보인다. 판관 역성들기는, 형제나 주종(主從)은 물과 물고기와 같은 교분(水魚之交)을 맺고 살아야 한다는 윤리관이 강화될 때에 농후해진다. 에도 시대에는 마음속으로 히데요시(秀吉)를 애석하게 여기고 이에야스(家康)를 증오하는 자는, 한층 판관 역성들기를 강화했다. 또 사이고(西鄕)의 비극적 몰락을 가엾게 여기고, 죽으면 안 된다고 마음속으로 비는 민중의 기분이, 당시의 국가 권력, 정부의 모습에 의문을 강화시킬 정도로 농후해졌다. 민중은, 어느 시대라도 권력을 흠모하는 한편, 권력을 잡아야 되는데 그렇게 되지 못하는 사람의 몰락, 유리(流離)의 눈물로 지새는 운명에 동정을 보낸다고 말했다.

306) 和歌森太郎, 『判官びいきと日本人』(木耳社, 1991. 6)

그런데, 종합적 일본인론의 흐름을 따라가는 데에 간과할 수 없는 것은, 1987년 5월에 '국제일본문화연구센터'[307]가 설립된 일이다. 이 센터는 국제화 시대에 대응하여 일본 문화를 학제적(學際的)·종합적으로 연구하며 동시에 세계의 일본 연구자에 대한 정보 제공 등을 목적으로 한 학술연구기관이지만, 당시의 나카소네(中曾根) 수상이 이른바 '교토(京都)학파'라고 불리는 학자 그룹의 구상에 기초하여 실현을 강력히 추진한 것으로 알려져 있다. 중심이 된 학자 그룹은 초대 소장인 우메하라 다케시(梅原猛)를 비롯 구와바라 다케오(桑原武夫)·이마니시 긴지(今西錦司)·우메사오 다다오(梅悼忠夫)·우에야마 슌페이(上山春平) 등이다. 현재, 각 분야·해외로부터 수십 명에 이르는 스태프를 모아 연구활동·정보 제공을 하고 있지만, 그 성과의 일부는 기요(紀要 : 대학·연구소 등에서 학술논문 등을 모아 출판하는 간행물)의 『일본 연구』(발매 가도카와서점)에 발표되었다.

이 '국제일본문화연구센터' 설립을 둘러싸고는, 더러 비판이 있었다. 우선 철학자 이와자키 지카쓰구(岩崎允胤)는 『일본문화론과 심층분석』[308]에서, '센터'에 관계된 연구자의 천황제 옹호론을 비판하였다. 나카소네 수상은 근년 '전후 정치의 총결산'을 위해서 '신국가주의' 이데올로기를 내놓고 그 가운데에서 국제 국가와 일본의 아이덴티티를 연결시키려 하고 있다. 거기에서 우메하라나

307) 國際文化硏究センター 設立(1987. 5), 紀要『日本硏究』창간(角川書店, 1989. 5)

308) 岩崎允胤,『日本文化論と深層分析』(新日本出版社, 1989. 11)

우에야마 등이 제창해 온 논설에 주목하고 '센터' 설립으로 일본 문화의 전체상을 종합하여 '일본학'을 창조할 것을 의도했다. 여기에서 계획된 일본의 아이덴티티 확립이란 바로 천황제 이데올로기의 강화이다. 우메하라도 일본의 아이덴티티를 상징하는 것이 천황이라는 것을 되풀이해서 말했다. 우메하라의 사고 양식에는 세 가지 특징이 있다. (1) 비합리적 성격. 일본 문화의 심층에 승혼(繩魂)(조몬 시대 이래의 원령과 진혼)을 본다. (2) 직감적 사유, 단순한 착상, 자의성(恣意性)이라고도 말할 수 있다. (3) 감정적 · 정념적인 체제지향적 경향. 서양의 근대가 막다른 곳에 다다른 데 대해 일본 문화와 그 기층으로서 조몬 문화의 우월성을 대치한다. 또 우에야마는, 일찍부터 '심층문화론'을 주장하였지만, 그것은 "결국, 메이지—쇼와의 두 헌법이 연속적인 것이며(국체도 변하지 않았다), 그 심층에는 율령적 유제(律令的遺制)가 있고, 천황은 국가체제의 정점에서 그 지위는 고대로부터 연면하게 이어지고 있다는, 천황 중심의 일본 국가론을 전개하기에 이르른 것이다." 우에야마는 일본 민족의 자연적인 '운명공동체'라고도 할 수 있는 것이 고대에 생긴 천황을 '핵'으로 해서 오늘까지 보존되어 온 것을 승인한다고 이와자키는 말했다.

마찬가지로, '국제일본문화연구센터'에 결집된 연구자 그룹을 '신교토파'(新京都派)라고 이름 붙여, 그들의 학설이 직접 간접으로 천황제 이데올로기를 보강하는 역할을 해내고 있다고 지적한 것은 아지사카 마코토(鯵坂眞) · 우에다 히로시(上田浩) · 구로다 하루오(黑田治夫) · 구기누키 가즈노리(釘貫和則) · 야마카와 마나부

(山川學)의 『현대 일본 문화론의 연구—천황제 이데올로기와 신교토학파』[309]이다. 여기에서는 '우메하라 일본학', '우에야마 국가론' 에 덧붙여 니시다 철학, 와쓰지 철학, 구와바라 다케오(桑原武夫)의 근대화론 등이 비판의 대상이 되고 있다.

이때까지 다루어 온 논자와는 전혀 달리, 통계적인 방법을 사용한 국민성 연구에는 통계수리연구소 국민성조사위원회 편 『일본인의 국민성』[310]시리즈가 있다. 이것들은 1953년부터 1988년까지 5년마다 모두 8회 행한 '일본인의 국민성 조사' 의 결과에 기초를 둔 것으로 제1판(1961)부터 제5판(1992)까지 간행되었다. 제5판의 '정리' 에서 하야시 지키오(林知己夫)는 몇 가지 질문에 대한 대다수 의견이 시간적으로도 안정된 것을 일본인의 특색으로 보았다. 예컨대 인간 관계의 의리 · 인정에 관해서는 의견 분포가 25년간 거의 변하지 않고 있다고 한다. 또 니시히라 시게키(西平重喜)는 다음과 같이 정리하고 있다. 일본인은 일상 생활에서 만족감이 희박할 뿐 아니라, 가정에 대해서도 일에서도 불만이 많은 국민이다. 다른 국민에 비해서 친자의 관계는 최악이며 가정 환경은 위기라고까지 할 수 있다. 부인 · 노인 · 장애자에 대한 태도도 따뜻한 것

309) 鰺坂眞 · 上田浩 · 黑田治夫 · 釘貫和則 · 山川學, 『現代日本文化論の研究—天皇制イデオロギーと新京都學派』(白石書店, 1991. 9)

310) 統計數理研究所國民性調査委員會 編, 『日本人の國民性』(第1版 至誠堂, 1961. 8, 第2版 至誠堂, 1970. 6, 第3版 至誠堂, 1975. 11, 第4版 出光書店, 1982. 3, 第5版 出光書店, 1992. 3)

이라고는 말할 수가 없다. 종교단체에 대해서 비판적이지만 종교에 대해서는 그다지 특이한 태도를 갖고 있지 않다.

위에 든 계속적인 국민성 조사와 병행한 것으로는, NHK방송세론조사소(뒤에 NHK 세론조사부)가 1973년부터 5년마다 행하고 있는 '일본인의 의식' 조사가 있다. 1988년에 제4회가 행해졌지만, 제2회 이래의 결과는 『현대 일본인의 의식구조』[311] 시리즈에 마무리되어 제1판(1975)에서 제3판(1991)까지 간행되었다.

제3판의 '서문' 에서는, 4회의 조사결과에서 본다면 일본인의 의식의 기본적인 부분은 일정한 흐름을 갖고 변화하고 있으며 일시적으로만 변화하는 항목은 적다고 기술하였다. 눈에 띄는 변화를 굳이 들어보면 ① 생활 만족감이 증가했다, ② '여유' 를 구하는 경향이 강해졌다, ③ 탈정치의 경향이 넓어졌다는 등 세 가지 점이다. 그 밖에 거의 연속적으로 변화하는 의식으로는 가정을 중심으로 한 남녀평등에 긍정적이다, 직장 · 이웃 · 친척의 인간 관계는 적당한 것이 좋다, 일과 여가의 양립을 구한다, 정치의 유효성 감각의 희박화 등을 들 수 있다. 80년대에 들어와서 새로 변화가 나타난 것은, 직장의 동료들과 즐겁게 지내는 것을 중시하는 의식이 확산되고 외국으로부터 보고 배워야 한다는 생각의 강화, 노후에는 손자나 자식과 산다는 생활 방식의 후퇴, 지역의 회합에서 능률만을 구하는 의식의 약화 등의 경향이다.

---

311) NHK放送世論調査所 編, 『現代日本人の意識構造』(日本放送出版協會, 第1版 1979. 6, 第2版 1985. 8, 第3版 1991. 1)

또한 이 NHK방송 세론조사소의 조사결과는 『일본인의 현민성(縣民性)』, 『일본인의 직업관』, 『일본인의 건강관』, 『일본인의 종교의식』[312] 등의 편저에 정리되어 있다.

312) NHK放送世論調査所 編, 『日本人の縣民性』(日本放送出版協會, 1979. 3) ; 『日本人の職業觀』(同前, 1979. 10) ; 『日本人の健康觀』(同前, 1981. 12) ; 『日本人の宗教意識』(同前, 1984. 5)

현대(2)

Ⅷ. 일본인론의 발전과 세분화

앞 장에서 1960년대 이래의 종합적 일본인론의 흐름을 살펴보았지만 거기에서 밝혀진 바와 같이 70년대에 들어와서 일본인론은 하나의 전성기를 맞고, 그 뒤로 관련 저서 · 논문이 속속 발표된다. 단순히 양적으로 많아졌다는 것뿐 아니라, 각 분야의 전문가가 각각의 입장에서 국민성의 특징을 논한다는 일본인론의 심화 · 세분화를 볼 수 있게 되었다. 본 장에서는, 그와 같이 세분화된 일본인론을 장르별로 다루어 나가기로 한다. 다만 관련 저서 · 논문은 극히 수가 많기 때문에 대표적인 것에 한정하기로 했다. 또 장르의 분류는 어디까지나 편의적인 것이다. 각각의 장르에서 논하더라도 다른 장르에 관계되는 경우가 많고 거의 모든 논자가 국민성 일반론을 근저로 하고 있기 때문이다.

우선, 국민성이 형성된 요인으로 자연 · 풍토를 드는 풍토론의 새로운 전개를 개관한다. 다음에 그 자연 · 풍토 가운데서 배양되어 온 생활 문화 · 가족 · 성(性)을 둘러싼 논의를 정리하기로 한다. 아래에, 예술 · 언어 · 종교 · 법 · 정치에 반영된 일본인의 의식을 고찰하는 논저를 들춰 내고 다시 일본인의 해외 진출 가운데서 주목도가 높아진 일본적 경영이나 국제 사회에서 일본인의 문제에 관한 많은 논의를 정리해 보았다. 마지막으로, 일본인론에서 뺄 수 없는 천황제를 둘러싼 갖가지 논의를, 쇼와의 종언에 즈음하여 행해진 새로운 고찰도 포함해서 정리해 보려 한다.

1. 풍토론 · 자연관

1935(쇼와 10)년에 발표된 와쓰지 데쓰로의 『풍토』는, 당시 큰 반향을 불러일으켰지만 그 뒤 오늘까지 되풀이하여 논의의 대상이 되어 왔다. 얼마간의 비판도 나와 있지만 풍토 · 자연이 일본인의 생활과 심리에 어떠한 형태로든 영향을 끼치고 있는 것은 부정할 수 없다.

전후, 큰 발전을 보인 생태학 · 고고학 · 역사학의 입장에서 풍토와 자연이 일본인에 미치는 영향에 대해서 많은 연구가 발표되었다. 우선, 와쓰지 비판에서 한 걸음 나아가서 새로이 전개된 풍토론과, 다음으로 고대로부터 일본 문화의 기층에 있는 자연관을 논한 저서, 그것과 관련하여 농경 문화와 국민성과의 관련을 논한 저서를 다룬다.

풍토론 재론

일본 문명을 서양 문명과 대치시켜 독특한 일본론을 전개하여 화제를 부른 것은, 사회인류학자 우메사오 다다오(梅棹忠夫)의 『문명의 생태사관』[313]이다. 그에 따르면, 구(舊) 세계를 옆으로 긴 타

313) 梅棹忠夫, 『文明の生態史觀』(中央公論社, 1967. 1)

원에 비한다면 두 개의 지역으로 나뉜다. 첫째 지역은 그 동쪽 끝과 서쪽 끝이며, 둘째 지역은 나머지 모든 부분이다. 첫째 지역은 생활 양식이 고도로 발달한 근대 문명이며, 둘째 지역은 그렇지 않은 곳으로서 그 많은 부분은 전전까지 식민지 아니면 반식민지의 상태였다.

메이지 유신 이래 일본의 근대 문명과 서구 문명의 관계는 일종의 평행진화(平行進化)로 보인다. 일본은 반드시 서구화를 지향하였던 것은 아니며 서구 여러 나라와 일본은, 여러 가지 점에서 조건이 유사했기 때문에 평행의 길을 걸었다. 첫째 지역은 혜택받은 지역으로, 중위도(中緯度) 온대, 적당한 우량, 높은 토지의 생산력이 보인다. 대륙의 주체를 차지하는 둘째 지역에는 동북으로부터 서남으로 비스듬히 횡단하는 거대한 건조 지대가 존재하고 그것은 사막과 오아시스 아니면 스텝기후이다. 그것에 접해서 삼림(森林) 스텝 혹은 사바나가 있다. 고대 문명은 건조 지대의 한복판이든가 그 연변에 따른 사바나를 본거로 해서 성립했다. 이 건조지대로부터 몇 번이나 마구잡이 무리들이 나타나 문명 세계를 폭풍우와도 같이 불어 덮치고 지나갔다. 둘째 지역의 역사는 파괴와 정복의 역사이다.

첫째 지역에서는 공동체의 내부로부터의 힘에 의한 자성적(自成的) 천이(遷移)가 진행되고, 둘째 지역에서는 공동체 외부로부터의 힘에 의해 타성적(他成的) 천이가 일어났다.

일본 근대화의 역사는 둘째 지역의 입장에서 모범이 되지 않을 것이다. 일본에는 봉건제를 통해서 육성되어 혁명을 거쳐 해방된 에너지가 풍부한 부르주아가 있었다. 서구의 기술만을 가져왔으나 근대 시민 정신은 일본 나름으로 닮은 것을 만들어 냈다. 즉 서구에서 일어나는 일이 일본에서도 일어났을 뿐이다. 둘째 지역은 봉건제를 경험하지 않고 강력한 부르주아도 없다. 대중의 생활 수준을 향상시키기 위해서 강력한 지도자를 받드는 정부가 부르주아의 부담을 인수한다. 현대는 둘째 지역의 발흥기이며 차츰차츰 근대화 · 문명화의 방향으로 나아갈 것이라고 결론 내렸다.

우메사오(梅棹)의 저서에 이어, 일본 문화를 생태학적 입장에서 고찰한 것은 우에야마 슌페이 편 『조엽수림문화(照葉樹林文化)』[314)]이다. 이 책은, 조몬 문화라는 일본의 원시 문화에 시점(視点)을 두고, 거기에서 일본 문화의 기반을 찾아내려고 한다. 나카오 사스케(中尾佐助) · 기라 다쓰오(吉良龍夫) · 오카자키 다카시(岡崎敬) · 이와타 게이지(岩田慶治) · 우에야마 슌페이에 의한 공동토론의 성과이다. 벼농사 이전의 일본의 원시 문화를 '조엽(照葉)수림 문화'의 일환으로 파악하려고 하는 제언은 나카오(中尾)가 행한 것이지만(『재배식물과 농경의 기원』, 이와나미서점, 1966. 1) 그는 농경 문화의 카테고리의 하나인 '동남아시아 기원의 감자류를 주로 하는 근재(根栽) 농경 문화'의 변형으로, 즉 열대에 성립한 근재 농경 문화의 온대 적응형으로서 '조엽수림 문화'를 생각했다. 일본만큼 조엽수림이 면적을 차지한 지역은 없다. 조엽수림대는 습윤하고 음울하며 사막이나 사바나와 같은 건조하고 쾌활한 느낌과 다르다. 농경

314) 上山春平 編, 『照葉樹林文化』(中央公論社, 1969. 10)

문화는 우선 야생감자류를 이용하는 단계에서 출발하여, 화전으로 감자류 · 잡곡류 · 밭벼(陸稻)를 재배하는 단계를 거쳐 논벼 농사에 이르렀다. 채집 경제 내지는 반재배의 단계가 역사적으로는 무토기 시대로부터 조몬 시대에 해당한다. 즉, 농경을 넓은 의미로 해석하면 그 기원은 조몬 시대로까지 거슬러 올라간다고 하는 생각이다. 이 책에서는, 다시 정신 문화와의 관련에 대해서도 논하였으며 뒤에 신도(神道)로 불리게 된 일본 고유신앙의 원형을 조엽수림대의 고유신앙의 일환으로 고쳐 파악한다는 관점을 제시하였다.

와쓰지의 『풍토론』에 대한 비판에서 출발하여 역사적 관점에서 풍토와 사회발전의 관계를 다룬 것은, 농업경제학자 이누마 지로(飯沼二郎)의 『풍토와 역사』[315]이다. 그에 의하면, 종래의 풍토론은 풍토의 영향을 정태적으로 파악하였다. 확실히 풍토는 인간의 힘으로 거의 바꿀 수 없는 자연이지만, 그 이용은 인간의 주체적인 조건(자본과 노동의 방법 여하)에 따라 변하게 된다. 근대 일본은 '신'으로서 천황이 최고의 권위이며 최고의 권력이기도 하다는 전근대적인 국가 구조 때문에, 국민이 진정한 일본인이 되는 인격적 자립을 방해했다. 요컨대 풍토에 귀천은 없고, 있는 것은 그것과 관계가 있는 인간의 존재 방식의 차이뿐으로, 근본적으로 그것을 규정하는 것은 개인의 인격이라고 논했다.

이누마는 『풍토와 역사』에 이어 『역사 가운데의 풍토』에서 풍토

315) 飯沼二郎, 『風土と歴史』(岩波書店, 1970. 6) ; 『歴史のなかの風土』(日本評論社, 1979. 7)

론을 보다 넓게 역사적으로 다루었다. 그는 바로 천황제가 존재하고 있었기 때문에, 일본에서는 절대왕정에서 지주(地主)왕정으로의 이행과 존속이 가능했다고 한다. 근세에 와서 막부는, 천황은 이용해야 할 것이며 다른 자에게 이용되어서는 안 된다는 것을 십분 인식하고 있었다. 그렇기 때문에 막부는, 천황을 철저하게 밀실에 가두어 두고 엄중하게 감시하여 그 잠재적인 반질서성이 발현되지 않도록 막고 완전한 '비인화'(非人化)를 단행했다. 서민의 일상 생활을 받쳐 온 기본 원리는 조선(祖先)신앙, 씨신(氏神)신앙이며, 그것은 또한 농경민 특유의 곡령(穀靈)신앙, 일신(日神)신앙이 천황신앙과 깊이 결합되어 배타적인 공동체 에고이즘이 형성되었다. 그와 같은 신앙의 중앙집권적 통합이 근대 천황제라고 말한다.

일본의 풍토와 자연이 만들어 내는 국민성의 지역차인 현민성(縣民性)을 분석한 것이, 인류문화학자 소후에 다카오(祖父江孝男)의 『현민성—문화인류학적 고찰』[316]이다. 그 책에서는, 일본의 자연은 평상시는 극히 안온하지만 때로는 갑자기 미친 듯이 거칠어지곤 하므로, 자연을 사모하며 동시에 두려워하여 이에 의지하려고 한다고 지적하였다. 그렇기 때문에 자연을 관찰하지 않았고 과학은 발달하지 않았다. 원래 농경민으로서 여행을 하지 않기 때문에 타민족과의 접촉이 적고 시야가 좁으며 오래 된 것을 남기는 보수성이 강하다. 농경민은 정주하여 자기의 토지로부터 수확을 얻기 때문에 토지만 침해받지 않는다면 서로가 인접하여 평화공존이

316) 祖父江孝男, 『縣民性—文化人類學的考察』(中央公論社, 1971. 10)

가능하다. 따라서 적과 우군이라는 관념이 확실하지 않고 서로가 타협한다. 자연은 인간에 대해서 대단히 온순한 것으로 느껴지고 신들은 매우 정이 깊고 사랑으로 충만한 존재로 인식되었다. 즉 사람들은 신들에게 '아마에'의 감정을 가지고 있다고 했다.

생태학적인 입장에서 선사 시대의 세계관을 고찰한 것은, 우메하라 다케시(梅原猛) 등의 『부나대(帶) 문화』[317]이다. 우메하라는 「일본의 심층문화—부나대에서 산 사람들의 세계관」에서 다음과 같이 말하였다. 조엽수림은 서일본에 많지만 서일본에는 조몬 시대의 유적이 대단히 적고, 오히려 과소(過疎)지대였다. 조몬 문화가 번영된 것은 동일본이지만 그곳에는 조엽수림이 적다. 따라서 조몬 문화론을 전개하는 데는, 조엽수림보다는 부나 · 미즈나라로 대표되는 낙엽광엽수림(부나帶)에 주목해야 하지는 않을까. 또한 불교가 들어왔을 때에 일본인은 특정한 인간만이 성불할 수 있다는 소승불교보다는, 살아 있는 모든 것은 성불할 수 있다는 대승불교를 선택했다. 인간뿐 아니라 모든 동식물, 산천 국토까지도 부처가 될 수 있다는 불교 사상의 일본적 전개는, 조몬 시대 이래의 전통적인 사고 방식이 있었기 때문이 아니겠는가. 그것에 이어지는 농경목축 문명의 탄생과 함께 종래의 인간을 동물이나 식물과 같은 것으로 생각하는 세계관이 없어지고, 인간이 중심인 세계관이 되었다고 말한다.

---

317) 梅原猛他, 『ブナ帶文化』(思索社, 1985. 6)

고대인의 의식

종래의 고고학이 유적 · 유물의 연구에 집중한 데 비해서, 처음으로 심리학을 전공한 고고학자 우에노 요시야(上野佳也)는 『조몬인의 마음』[318]에서, 유적이나 유물에 반영된 조몬인의 심리 변천을 더듬었다. 그에 의하면, 조몬 조기(早期)로부터 전기(前期)에 들어가면 옥내로(屋內爐)가 생겨서 야간이나 비가 와도 더 많은 일을 할 수 있었고 화롯가의 커뮤니케이션, 정보량이 급속하게 증대했다. 증대한 정보는 다룰 수 없기 때문에 신화 · 의례로서 상징화되고, 가소성(可塑性)이 풍부한 토기 문양으로도 상징화된 것 같다. 다음으로 중부지방을 중심으로 동서 문화의 교류가 있고, 동북으로부터 '우상조몬 문양'(羽狀繩文文樣)이 남하하여 토기 자체의 이동도 행해졌다. 특히 간토(關東)지방은 면적이 넓고 많은 정보의 교류가 있었다고 생각된다. 상징화의 방법으로는, 도화(圖化)가 생각되고 그것이 전기 이후의 토기 문양을 복잡하게 했다. 무문자 사회에서 하나의 정보 저장 방법으로서 조형이 있다. 중기의 토기 문양은 외향적 · 동적 · 호장(豪壯)하고, 후 · 만(晩)기에는 내향적 · 정(靜)적 · 섬세하게 된다. 조몬 토기 형식의 전파로 일본 열도 주민의 심성이 제일화(齊一化)되고, 그 결과 현재의 일본인의 마음의 기초가 되어 세계적으로 보아도 독자적인 성격을 갖게 되었다고 생각된다.

종교 · 윤리 · 언어 등에 표현되는 고대인의 심리를 추구한 것은

318) 上野佳也, 『繩文人のこころ』(日本書籍, 1983. 10)

철학자 시바 스스무(芝烝)의 『고대 일본인의 의식』[319]이다. 그에 따르면, 멜라네시아로부터 전해진 남방계의 물(物)신앙이, 일본인의 의식 최심층에 있고 그것은 조몬 시대인 고대 시기로까지 거슬러 올라간다고 한다. 고대 일본인의 의식에서는, 남도적(南島的) 요소가 생명성, 북방 알타이적 요소가 인격성을 지향한다. 전자는 중국 문화 가운데서 방류(傍流)인 도로 사상(道老思想)이나 불교 사상을 수용하는 소지가 되고 후자는 중국적 휴머니즘을 수용하고, 또한 광의의 유럽 휴머니즘을 수용하는 소지가 되기도 하여 일본인의 성격의 양면을 형성하였다. 고대인의 생명적 · 여성적 감정이나 정서적 존재적인 표상은 보다 남방계이며, 인격적 · 남성적인 힘, 의지적 · 행위적인 표상은 보다 더 북방적이라고 할 수 있다. 민족적 계보가 동남 아시아와 동북 아시아와의 여러 민족에 연결되고, 한편에서는 채집적 · 농경적인 성격과, 다른 한편에서는 수렵적 · 유목적 성격과 결합되고 있다. 유교 문화는 중국 문화의 정통으로서 보다 북방적인 기반 위에 성립하고 일본 민족의 북방적 성격에 연결되기 쉽다. 그것에 대해서 불교는 인도에서 시작되지만, 중국의, 보다 남방에서 성립한 노장 사상의 성격으로 소화되어, 중국 불교로서 일본 민족의 남방적 성격에 연결되기 쉬웠다. 일본인은 유교 문화에서는 법적 · 정치적 · 도덕적 지적인 것을, 불교 문화에서는 종교적 · 예술적인 것을 많이 받아들였다. 풍토적 특징으로, 특히 섬나라에서는, 전쟁 때에도 월경이나 망명도, 철저한 교전도 할 수

---

319) 芝烝, 『古代日本人の意識』(創元社, 1985. 4)

없기 때문에 타협적으로 되기 쉽다고 쓰고 있다.

고대 일본인의 의식에 관해서 인류학 · 고고학 전문가들의 강의록을 모은 것은, 인류학자 하니하라 가즈로(埴原和郎) 편 『조몬인의 지혜』[320)]이다. 고고학자인 고바야시 다치오(小林達雄)는 '조몬 문화의 종언'으로서 다음과 같이 쓰고 있다. 사쿠라(벚꽃)가 피는 시기에, 도미가 잡히기 때문에 꽃이 피는 정도로서 도미잡이를 짐작해 나간다. 이와 같은 고기잡이를 하는 것은 하나의 조몬적 사고라고 말할 수가 있지 않을까? 조몬 사상의 또 하나의 특징은 조형적인 면이다. 예컨대 토기의 기능에 세계관을 덧붙여 표현한다. 가장자리 둘레에 크게 부풀어오른 혹을 붙이든가 하지만 그것은 손잡이가 아니고 그 토기의 생명을 표현하고 있다. 또 그 혹에는 가끔 얼굴이 표현되지만 장식으로서가 아니고 생명을 가지는 토기가 가끔 얼굴을 나타낸 것이다. 야요이(彌生)토기가 되면 조몬의 특징은 없어지고 기능만이 추구된다. 용기(容器)로서는 불필요한 혹이 제거되고 수평적인 가장자리가 된다. 조몬 토기의 문양은, 대강 말하자면 이데올로기 그 자체로서, 조몬인의 사고 방식 · 개념이 묘사되고 있다.

고고학자 스즈키 기미오(鈴木公雄)는 '조몬인의 수'를 논했다. 아이누 민족은 특정한 수 '6'을 편용(偏用)하지만 그들에게 '6'은 '많은, 충분한'이라는 의미가 있으며, '6'이라는 유한수에서 무한수, 즉 무한대를 표현한다. 민족학에서는, 이러한 특정의 수를 '성수'(聖數)라고 말한다. 일본의 고대 문화 가운데 '8'이라는 숫자가

320) 埴原和郎 編, 『縄文人の知恵』(小學館, 1985. 4)

그것으로서, '10'과 결합해서 '많다'의 의미가 된다. 신화에서는 '8'이 고유의 의미를 갖고 있었으나 신화에는 빠져들지 않았던 변경(邊境)에서는, 홀수 애호의 풍습이 있었던 것이 아닌가. 이것은 일단 야요이 시대에 모습을 감추지만 고분 시대 내지 고대의 동국(東國)에서 부활하고 레이쿄(鈴鏡 : 고분 시대의 거울로 테두리에 방울이 달린 銅鏡) 속에서 홀수가 중시되는 형태로 재현된다. 레이쿄는 종교적 소도구로 생각되고 여기에서 사용되는 수가 일종의 종교적인, 어떤 힘을 가진 수인 듯하다. 홀수를 애호하는 사고 방식이 오늘의 생활에도 존재하는 것은 아닌가. 예컨대 '가문'(家紋)의 구분에는 '5' 분할이 압도적으로 많다.

하니하라 가즈로(埴原和郎)는 「조몬인의 조선(祖先)과 자손」에서 이렇게 기술한다. 야요이 시대에 벼농사를 포함하는 대륙 문화가 이입되어 문화 · 인간의 유입은 고분 시대까지 계속되었다. 그 대륙 문화의 담당자는 한랭에 적응한 신(新)몽골로이드가 아니었나 생각된다. 따라서 현대 일본인의 신몽골로이드적 특징은 조몬 시대 이래로 흘러 들어온 것으로서, 고(古)몽골로이드인 조몬인의 자손과 도래자가 혼혈되어 현재의 일본인이 되었다고 생각된다. 서일본 사람들에게는 신몽골로이드적 요소가 많고, 간토 · 도호쿠 · 우라(裏)일본, 특히 아이누 및 오키나와의 주변지역에 사는 사람들에게는 고몽골로이드적 성격이 강하게 나타난다고 했다.

나중에 이 하니하라가 편집한 『일본인 신기원론』[321]이 나왔다. 이

321) 埴原和郎 編, 『日本人新起源論』(角川書店, 1990. 9)

것은 공개 세미나 '민족의 형성—일본인의 경우'의 기록으로, 일본인의 기원을 둘러싸고 각 전문가들은 새로운 견해를 제시하였다.

위와 같은 일본인의 전통적인 심리를 다시금 역사를 거슬러 올라가서 생각한 것이, 아래에 드는 여러 업적이다.

문화인류학자 사사키 고메이(佐々木高明)는 『조몬 문화와 일본인—일본 기층 문화의 형성과 계승』[322)]에서 조몬 문화를 동쪽의 졸참나무숲(林) 문화, 서쪽의 조엽수림 문화(照葉樹林文化)의 두 개로 나누고, 양자를 대비해서 일본 문화의 형성을 생각하고 싶다고 제언하고 있다. 사사키에 따르면, 졸참나무숲 문화의 발전 단계는 다음과 같다. ① 전(前) 농경 단계(채집, 수렵), ② 농경 단계(전형적 졸참나무숲 문화), ③ 붕괴 단계(수렵민 · 목축민 등의 침입에 의한 것인가). 다음으로 조엽수림 문화의 발전 단계는, ① 전 농경 단계(조엽수림채집 · 반재배 문화의 전개), ② 잡곡을 주로 한 화전 단계(전형적인 조엽수림 문화로서 생활공간은 주로 산지), ③ 벼농사 탁월의 단계(잡곡 재배 가운데서 논벼가 나와서, 논벼 농경 문화가 성립하고 주로 평야에서 전개). 야요이 시대 이래, 논벼 농사 문화는 일본 열도의 각지에 전해져 정착되어 간다. 일본 문화의 기층에는, 졸참나무숲 문화나 조엽수림 문화에서 유래하는 갖가지 요소가 존재한다. 현대에서 본다면 문화의 일양성(一樣性)은 극히 강하지만, 그 기층에는 계통을 달리한 이질 문화가 있다. 일본 문화가 갖는 모종

---

322) 佐々木高明, 『縄文文化と日本人—日本基層文化の形成と継承』(小學館, 1986. 3)

의 유연성은 이러한 여러 요소의 혼교(混交)로부터 생겨났다. 논벼 농사에 바탕을 둔 새로운 사회적 · 정치적 통합은 각지에서 공동체를 강화하고 그 연합체로부터 소국가군(小國家群)이 성립했다. 벼농사로의 문화적인 수렴 현상이 진전됨에 따라 벼농사를 일본 문화의 핵심으로 생각하는 경향이 강해지고 벼의 제사, 벼의 축제가 일본인의 종교의례 가운데서 큰 비중을 차지하게 되었다.

다시 일본 문화 및 일본인의 기원에 대해서 갖가지 각도에서 전문가들이 토론한 결과를 정리한 것이, 사사키 고메이 · 오바야시 다료(大林太良) 편 『일본 문화의 원류—북으로부터의 길 · 남으로부터의 길』[323]이다. 그 '총괄토론' 에서는 몇 가지 날카로운 지적이 나오고 있다.

자연인류학자 이케다 지로(池田次郎)는 이렇게 말한다. 현대인은 신체 형질에서 말하자면 홋카이도 · 본토 · 남서 여러 섬의 3지역으로 나누어진다. 남서 여러 섬과 홋카이도 아이누는 고대의 체질을 가지고 있다는 점에서는 닮았지만, 상당한 지역차가 있다. 그것은 연해주에서 들어온 특징과 중국 대륙에서 들어온 특징과의 차이점이다. 긴키(近畿) · 히가시주고쿠(東中國)와, 오우(奧羽) · 호쿠리쿠(北陸), 두 개 집단은 가장 멀리 떨어져 있지만, 이것은 고대 일본의 중추부와 변경의 차이에 의한다. '이족' (異族)은 논벼 경작 이외의 생업을 중심으로 하는 오래 된 체질의 집단이었다. 하야토(고대에 규슈 남단의 사쓰마 · 오스미에 살고 있던 종족)의 주된 분포

---

323) 佐々木高明 · 大林太良 編, 『日本文化の源流—北からの道 · 南からの道』(小學館, 1991. 4)

영역으로 보이는 미나미 규슈(南九州)는 본토 현대인 가운데서 가장 다른 집단이다. 미나미 규슈인에게는 조몬인의 특징이 상당히 유전적으로 계승되어 있다. 그곳에서는 도래인의 영향은 적었던 것 같다. 사할린 아이누는 홋카이도 아이누와는 대단히 달라서 후자의 얼굴이 조몬인과 같이 짧은 데 비해, 전자는 꽤 길고 가늘다. 사지골(四肢骨)의 성차(性差)의 집단간 변이(變異)는 사할린 아이누 · 조선(朝鮮) · 긴키의 3집단은 대단히 가깝기 때문에 긴키 지방인의 성립에 관계되었다고 상정되는 대륙으로부터의 영향을 사할린 아이누는 받은 것이 아닌가.

고바야시 다치오에 의하면, 조몬 시대 전기로부터 중기에는 도구와 기술이 거의 갖춰졌다고 여겨진다. 예컨대 수렵구 · 어로구 · 채집구 · 주방구 등이 첫째 도구이다. 원형의 집락 형태, 조몬 모델촌이 조몬 시대의 중기에는 정착되었다. 중기 무렵부터 두번째 도구, 토우(土偶)나 석봉(石棒) 등 세계관과 관련된 것이 나와 조몬 문화가 개성적인 색채를 강화하고 주체성을 확립했다. 야요이 시대가 되자 두번째 도구가 완전히 없어지고 조몬 문화가 붕괴한다. 다수의 취사용 심발(深鉢)토기를 가지고 있었으나 주거유적(住居跡)에서 출토된 예는 없다. 즉, 취사는 집안에서는 하지 않았다고 생각하지 않을 수 없다. 조몬 시대 중기 이후의 주거에서는 일상 생활이 행해짐과 동시에 성스러운 공간으로서의 의미가 있었다. 성스러운 공간의 기능은 야요이 시대에는 계승되지 않았다.

고고학자 사하라 마코토(佐原眞)는 이렇게 말한다. 야요이 시대에는 벼농사에 관계된 신앙이 전해져 왔으나, 그것에는 남방적 요소와 북방적 요소가 있다. 남방적 요소란 장강(長江) 유역과 그 이남 지역으로, 그 영향은 동탁(銅鐸)이 발달한 것을 보아도 알 수 있다. 북방적 요소에는, 복골(卜骨) · 새(鳥)신앙 · 사슴신앙 등이 있다. 야요이 시대가 되면, 갑자기 사슴을 그리기 시작했다. 복골과 마찬가지로 북방적 요소인지도 모른다. 규슈(九州)로부터 기나이(畿內) 일부에서 사자(死者)에게 물건을 붙여 주게 된 것은 저 세상을 인식하기 시작한 때문일 것이다.

고고학자 고야마 슈조(小山修三)는 이렇게 말한다. 조몬 시대의 전기 · 중기는 인구가 정점에 달했지만, 만(晩)기가 되면서 급속히 감소한다. 그것은 큰 기후변동이나 이민족의 침입에 의한 전염병의 발생이 원인이라고 생각된다. 그 결과, 가끔 생긴 공간에 새로운 벼농사 기술을 가진 집단이 들어와서 저습지를 개발해 나갔다. 이 논벼 농사는 생산력이 높기 때문에 그것으로 야요이 시대의 인구가 비약적으로 증가했다고 생각된다.

자연관

일본인의 자연관이 중국 고대 문학의 영향을 받았다는 것을 지적한 것은, 사이토 쇼지(齋藤正二)의 『일본적 자연관의 연구』[324]이다. 사이토는 일본인이 아름다운 자연을 몹시 사랑하여 계절의 변동에 예민한 감각을 갖고 있다는 상식을 비판했다. 이 자연미 예찬론, 초목 혹애(酷愛)설은, 시가 시게타카(志賀重昴)나 하가 야이치

---

324) 齋藤正二, 『日本的自然観の研究』(八坂書店, 1978. 9) ; 『日本人とサクラ』(講談社, 1980. 5)

(芳賀矢一)의 국민성론의 영향이라고 했다. 이에 대해서 사이토는 고대 중국의 전제 지배가 계절에 응해서 농민을 부려먹는 수순을 나타내는 『예기』(禮記)의 예를 들고 있다. 그 영향을 받은 일본 율령(律令)의 지배자는 자연에 주의하고, 씨를 뿌리는 시기를 잃지 않도록 특히 연공(年貢)을 바치는 시기를 틀리지 않도록 가르쳤다. 이것이 이른바 '일본적 자연관'의 성립 요인이며 본질이기도 하다. 다시 그는 소나무나 벚나무 등에 대한 자연미의 의식도 역시 당시의 문인 귀족이 고대 중국의 시문(詩文)에 영향을 받아 모방한 자연관의 산물이라고 했다. 사이토는 그 다음 저서 『일본인과 벚꽃』에서, 이와 같은 입장에서 일본의 국화인 벚꽃의 사회 신화(社會神話)를 부정하고 일본인의 벚꽃관(觀)이 내셔널리즘의 산물이라는 것을 논했다.

일본인의 자연관 가운데 독특한 일본만의 꽃의 문화를 발달시켰다고 생각한 것은, 근세문화사가 니시야마 마쓰노스케(西山松之助)의 『꽃—미발(未發)의 밀도』[325]이다. 니시야마에 따르면 ① 일본인은 꽃에 신성(神性)을 느낀 민족이다. ② 그렇기 때문에 나무나 돌이나 대나무나 풀의 종류까지 꽃이라고 말하게 된다. ③ 이러한 신성 이외에 꽃 자체로서의 아름다움의 관상법을 중국의 고도 문화로부터 배우게 되자, 그것이 고유 문화와 결합되어 크게 발전했다. ④ 꽃 문화는 생활 속에서 갖가지 풍요로운 꽃을 창조했다.

일본인이 창출한 '꽃'은 인간을 초월한 영력(靈力), 그 신비적

---

325) 西山松之助, 『花—未發の密度』(講談社, 1978. 10)

힘의 표상으로 미를 꽃으로 느끼는 미의식에서 나온 것이다. 예컨대, 노(能)에서 말하는 '꽃' 은 형상으로서 연기로까지 구체화되었다. '꽃축제' 의 행사는 모든 행동이 꽃이다. 춘하추동의 계절 개념을 중국에서 배우게 되자, 중국보다도 그 구별이 확실한 일본에서는 계절마다 꽃의 미가 섬세하게 발전해 간다. 꽃에서 영력을 느끼고 그것을 머리에 장식한 일본인은, 옷의 모양 · 가문(家紋)도 대부분이 벚꽃 · 매화 · 등나무 등 꽃의 모양이다. 원시 일본인들은 농경 생활 가운데서 벚꽃을 밭의 신(神)의 도래로서 경애해 왔다. 일본 고유의 벚꽃 문화가 외래 문화에 촉발되어 꽃구경의 대상이 되고, 일본 꽃의 상징이 되었다. 원시 이래, 심층심리 가운데에 피면서 이어져 온 벚꽃이 고도로 세련된 미적 관상화(觀賞花)로까지 승화되었던 것이다.

일본인과 풍토의 관계에서 간과해서는 안 될 것은, 자연 재해에 대한 일본인의 의식과 행동의 특징이다. 그것에 대해 사회학자 히로이 오사무(廣井脩)는 『재해와 일본인 — 거대지진의 사회심리』[326)]에서 일본인의 재해관에는 천견론(天譴論), 운명론, 정신론의 세 가지 타입이 있다고 했다. 재해는 하늘이 인간에게 내린 벌이라고 하는 천견론은, 타락한 사회를 개선하기 위하여 하늘이 재해를 일으킨 것이라는 천혜론(天惠論) 혹은 천우론(天祐論)과 결부된다. 운명론은, 자연의 재해와, 그것에 의한 생이나 사를 피할 수 없는 운명이라고 생각하고 이것을 감수하는 사상이다. 운명론에는 큰 심

326) 廣井脩, 『災害と日本人 — 巨大地震の社會心理』(時事通信社, 1986. 12)

리적 효과가 있으며 재해의 비극성을 심리적으로 감쇄시킬 수가 있다. 즉 절망을 완화하고 비극을 운명으로 겸허하게 받아들임으로써 생활 재건을 향한 힘이 되게 한다. 그러나 다른 한편으로 재해를 당한 사람들에게 체념이나 망각의 버릇도 생겨나게 한다. 셋째 정신론이란, 자연의 정복 · 컨트롤에 의한 대응이 아니라 마음가짐, 내면적 노력을 강조함으로써 재해에 대처해 나가는 태도이다. 이 극치는 합리적인 태도를 버리고 오로지 신불(神佛)에 기원한다. 또 정신 부흥이야말로 부흥의 근본이라고 생각하기 때문에 방재대책을 경시하는 결과가 된다.

자연과 인간의 관계는 다음의 세 가지가 된다. 첫째는 자연의 뛰어남과 아름다움이 마음을 위안하는 '구제자' 로 본다. 둘째는, 자연의 잔혹성을 강조하여 인간과 사회의 '단죄자' 로 본다. 셋째는, 우미함과 잔혹함이라는 양면성에 착안하여 이것을 구제자인 동시에 단죄자로 본다. 그러나 이것들의 바탕에는 모두가 자연의 절대화, 인간의 무력함을 자각하는 태도가 흐르고 있다. 자연을 대상화하고 정복하려고 하는 것이 아니라 자연과 일체가 되어 그것에 복종하려는 태도다. 이것이야말로 일본인의 자연관의 중핵이라고 말할 수 있지 않겠는가.

또한 자연과 일본인의 결합에 대해 일본 사학자 히구치 기요유키(樋口淸之)는 물을 주제로 하여 『물과 일본인—일본은 왜 물에 흘려 버리고 싶어하는가』[327]에서, 다음과 같이 논한다. 일본인의

327) 樋口淸之, 『水と日本人—日本はなぜ水に流したがるのか』(ガイア, 1990. 12)

성격적 특질인 이중성은, 정반대의 요소를 중복되게 가지고 있다. 사색적이고 행동적, 보수와 혁신, 공격성과 인내성이 공존하므로 순응성이 있으며 빠르게 변신할 수 있는 사고가 특기이다. 버린 것에 연연하지 않는 쉬운 체념, 나쁘게 말하면 잘 잊어버린다. 농촌에서는 기본적으로 철저한 평등주의가 있고 다수결보다도 전원일치를 좋아하는 것은 개(個)의 의식을 존중하는 평등주의의 발현이다. 자연의 법칙에 위배되는 것은 인생을 파멸로 이끈다는 것이 교육의 기본이다. 습기 · 물은 물건을 옮게 하고 부드럽게 한다. 인간관계에서 적대시하는 것을 싫어하고, 애매하게 얼버무리는 것도 부드럽고 순한 마음에서 나오는 것이다. 인간 관계는 혈연 · 지연 · 학벌 · 직업 인연으로 결합된다. 그 집안 의식에 유연성이 있고, 때로는 도호쿠인이라든가 간사이인이라고 하는 것으로 해결이 된다. 집안 의식이 강한 공동체가 이뤄진 것은 물(水)의 확보라는 상호 부조에서 유래되었다고 한다.

농경 문화

일본인의 생활심리를 기본적인 농경 생산, 특히 벼농사의 면에서 다룬 것은, 농업경제학자 다마키 아키라(玉城哲)의 『도작(稲作)문화와 일본인』[328]이다. 다마키에 의하면, 벼농사의 기원에는 세 가지 유력한 설이 있다. 가장 오래 된 것은 중국 중부로부터 화북 · 조선을 거쳐 기타 규슈(北九州)로 왔다고 하는 설로서, 현재는

328) 玉城哲, 『稲作文化と日本人』(現代評論社, 1977. 9)

이 가능성은 부정되고 있다. 다음은 중국 중부에서 동중국해를 건너 직접 기타 규슈에 도래했다고 하는 설로서, 타당한 추정이라고 여겨진다. 또 하나는 화남으로부터 류큐(琉球)열도 등 섬으로 전해지면서 북쪽으로 올라와 규슈에 도달했다는 설이지만 이것은 입증이 곤란하다.

그런데 다마키의 관심은 공업화 · 개발에도 불구하고, 일본의 사회가 '도작(稻作) 농경 사회' 라고도 할 수 있는 특색을 잃지 않았다는 점에 있다. 쇄국에 의한 장기간의 순수배양으로, 일본의 사회구조 · 생산 양식 · 문화가 그 나름의 합리성을 구해서 독자적으로 완성된 까닭에 메이지 이후의 구화주의(歐化主義) 정책에도 불구하고 일본적인 것은 기층으로 계속 살아 있었다. 도쿠가와 번 체제(藩體制) 아래에서 농민의 마을에 대한 귀속감 · 충성심은 마을 사람들이 의식한 것이 아니라, 생득적(生得的)인 습성이라고까지 말할 수 있게 되었다. 에도 시대 후반기가 되면 농민들의 빈부차가 심해지고 공동체의 일체감을 훼손하는 조건이 늘어났다. 이와 같은 긴장 관계나 빈부의 차가 증대했기 때문에, 오히려 마을의 통합은 강화되었다. 메이지 이후의 마을은 이와 같은 근세의 마을을 이어받은 것으로, 마을은 일본인의 마음속 깊이 뿌리 내리고 있었다. 일본인은 근대화의 과정에서 마을을 원형으로 하여 사회를 생각하는 습성을 버리지 않았다. 많은 지주들이 마을에 기반을 두고 마을 사람들과 일체감을 키워 나간 이유의 하나는, 수리권(水利權)이라는 공동 권리가 있었기 때문으로 일본의 근대 사회가 낳은 관행수리권은 유럽적인 토지사유 제도와 아시아적인 일본 농업의 현실

사이에 다리를 놓은 교묘한 발명이었다.

도쿄는 거대한 '농민도시'로서 도회의 모습을 한 농업 사회라고 생각된다. 거대도시는, 마을의 규범으로부터 뛰쳐나온 농민이 거의 아무런 억제도 없이 에고이즘으로 서로가 부딪치는 사회가 되었다. 도작농경민은 대지와 맞서 벼를 키울 때, 가장 인간적인 삶을 산 것에 틀림이 없다. 그 토착성을 잃어버리면 퇴폐(退廢)하지 않을 수 없었을 것이다. 본구레(盆暮 : 가을 명절이나 연말)에 귀향하려는 많은 사람들은 이 토착에 대한 회귀를 무의식적으로 구하는 본래 농민들의 허무한 충동, 일본인 모두가 갖고 있는 충동의 표현이라고도 할 수 있다고 논하고 있다.

민속학자 쓰보이 히로후미(坪井洋文)는, 『감자와 일본인—민속문화론의 과제』와 『벼를 선택한 일본인—민속적 사고의 세계』[329]에서 일본에는 무논 벼농사를 중심으로 한 도작민적 농경 문화(벼문화)와 같이 잡곡 · 뿌리채소류를 중심으로 한 전작민적(畑作民的) 농경 문화(감자 문화)가 있다는 것을 분명히 했지만, 다시 시야를 넓혀 민속의 전체상에 도전하는 고찰을 『민속재고—다원적 세계로의 시점(視點)』에서 전개했다. 그는, 일본 민족과 그 문화는 단일하고 순수한 동질성을 토대로 현재에 이르고 있다는 사관(史觀)의 주박(呪縛)을 지적했다. 민간 전승의 지역차는 중앙 문화의 역사적

329) 坪井洋文, 『イモと日本人—民俗文化論の課題』(未來社, 1979. 12) ; 『稲を選んだ日本人—民俗的 思考の世界』(未來社, 1982. 11) ; 『民俗再考—多元的 世界への視點』(日本 エディタースクール出版部, 1986. 12)

발전이라는 가설이 그 단일문화론을 보강하고 있다. 국가가 주는 지식과 농민이 구하는 지식이 일치하는 곳에 문화의 단일적 기반이 만들어졌다고 지적하고, 한편에서 양자의 관계에서 생겨나는 민간 전승의 다양성에 대해 정리하였다.

인간이 자연에서 토지를 빌린 뒤에 자연으로 되돌리는 화전과, 자연으로부터 토지를 끊어 내어 점유하는 무논 방식은, 자연과 인간의 관계가 크게 다르다. 산에 사는 사람들은 산이라는 대지(大地) 그 자체와의 공생 관계, 계약 관계에서 자연을 보기 때문에 자연에 대한 인위적 · 항구적인 변경에 민감하고 그것에 강하게 저항하는 일이 많다. 바다에 사는 사람들도 마찬가지이다. 자연은 자기의 생명과 같은 것이기 때문이다. 산의 사람들은 만사가 시간적인 대응에 완만하여 척도가 다른 신문화를 받아들이는 데에 보수적이다. 인생의례의 다양성은, 수전도작적(水田稻作的)인 시간관념에 기초하는 하나 더하기 하나의 쌓임이 아니라 복수년(複數年)을 척도로 한 화전민적(燒田民的) 시간관념을 기준으로 한 것이 아닌가. 따라서 시간관 · 공간관에서 보이는 자연과 생산 양식의 기반이 다르고, 독자적 문화 체계를 구성한다. 이 문화적 대등성, 등가 가치를 인정하면, 일본인에게 독특한 가치관의 다원성이 이해된다고 쓰보히라는 쓰고 있다.

2. 생활 문화론 · 가족론

풍토 · 자연과 관련된 국민성론에 이어 여기에서는 긴 세월의 삶 가운데서 쌓아 올린 생활 문화 · 가족 관계 · 성(性) 의식 등의 관점에서 국민성을 고찰한 논저를 들춰 보겠다. 생활 문화이거나 가족 관계이거나 각각 전통적인 양식이 있으며 시대 가운데서 변화를 겪으면서 형(型)이나 습속으로서 오늘까지 전승되어 내려오고 있다. 그 형 혹은 습속에서 일본적 특질을 파악하려고 하는 논의가 비교적 많다.

생활 문화

일본인의 주거 생활이 생활 공간의 양식을 만들어 낸 것은 확실하지만, 역으로 주거의 모습이 일본인의 심리를 규정하는 면도 있다. 건축 특히 주거에 나타난 일본인의 생활 의식을 다룬 것은, 건축학자 우에다 아쓰시(上田篤)의 『일본인과 주거』[330]이다. 그는 일본 건축의 기둥은 고대의 수목신앙의 잔재라고 하면서 일본인은 어떤 물건이라도 축소화 · 경량화하는 데 천재라고 한다. 실내공간은 전통적으로 침실에서의 프라이버시를 확보하기 어려웠으므로, "일본인은 수천 년간 민족적 불면증에 걸려 있는 것은 아닌가"라고 말하는 사람도 있을 정도이다. 성질이 급하고 별로 생각하지 않고 금방 역정을 내고 돌진하는 파멸적 성격은, 의외로 거기에 원인이 있는지도 모른다. 토착 서민은 조상의 신령이 바다 저편에 있지 하늘에 있는 것은 아니라고 생각했다. 즉 대륙의 사상과 같은 '향천'(向天)이 아니라 '향지'(向地) 혹은 '향해'(向海)의 사상을 갖고

330) 上田篤, 『日本人とすまい』(岩波書店, 1974. 3)

있었다. 대륙 국가에서 일본으로 건너와 정착한 사람들의 태반은 돌아가야 할 고향을 잃어버린 '본국 상실'의 사람이 되었다. 그 때문에 일본 민족은 '환상의 고향'을 바다 저편에서 찾은 것이 아닌가라고 했다.

주거나 정원 등의 생활 공간에서 성스러운 장소에 주목하여 갖가지 각도에서 공동연구한 독특한 논집으로 우에다 아쓰시 · 다다 미치타로(多田道太郎) · 나카오카 요시스케(中岡義介) 편 『공간의 원형』[331]이 있다. 그 가운데서 흥미 깊은 논고를 몇 개 소개하자.

민족학자 나카마키 히로치카(中牧弘允)의 「신(神)과 불(佛)의 주거 나눔」에 의하면, 일본인의 생활 공간에서는 신이나 부처는 각각 따로 장소를 차지하고 상호 불간섭적인 기능을 다하고 있다. 일본인은 신불의 '분간 사용', '격리적 병존'의 논리에 서서 전체적인 안정을 보전하려고 한다.

문화인류학자 이시게 나오미치(石毛直道)는 「제사 드림을 받는 신과 제사를 받지 못하는 신」에서 인도네시아 가레라족(族)의 사례와 비교연구해서 다음과 같이 논한다. "일본의 신의 성격에는 사람들을 수호하는 니기타마(和魂)와 파괴자인 아라타마(荒魂)의 두 가지 측면이 있었으나 신의 불길한 측면인 아라타마는 무시하고 니기타마만을 신의 본래의 성격으로서 인정하려 해 왔다." 그 결과, 이들 음지의 세계에 쫓겨난 제사를 받아먹지 못하는 신은, 낮 동안은 생활 환경에 들어오지 못하고 순전히 밤에만 활동하게 된다. 그

331) 上田篤 · 多田道太郎 · 中岡義介 編, 『空間の原形』(筑摩書房, 1983. 3)

러나 근대화로 밤이 일상적 생활의 영역이 되어감에 따라, 제사를 얻어먹지 못하는 신의 작용은 소멸되어 갔다.

건축학자 나카오카 요시스케는 「신인공서」(神人共棲)에서 이렇게 말한다. 화제(花祭)의 제사 공간에서 주목해야 할 것은 신의 장소와 사람의 장소가 공간적으로는 나누어지면서도 언제나 서로 대치하도록 마련되어 있다는 것이다. 신과 인간이 같이 사는(共棲) 것은 이실(二室) 형식으로 표현되고 있다. 그런 의미에서 일본의 민가는, 제사 지내는 자와 제사를 받아먹는 자와의 관계를 공간으로 상태화(常態化)한 것이라고 말할 수 있다.

근세문화사학자 구마쿠라 이사오(熊倉功夫)는 「꾸미고 가장한 공간」에서 화도(花道)를 예로 들어 다음과 같이 논한다. 다실에서는 객(客)의 주의가 차탕(茶湯)의 차넣기나 도구에 집중하기 때문에, 주인과 객은 정면으로 대좌하는 긴장을 피하고 보다 안정된 관계에 놓인다. 와비차(모모야마 시대의 유명한 차)의 미의식은 한마디로 말하자면 '꾸밈의 미의식' 으로 '야쓰시' (꾸밈)란 원만하고 풍족한 본체를 실현하지 못하고 임시로 준비한 엉성한 모습에 슬픈 아름다움을 보는 곳에 있다. 말하자면 정면에 대한 비(非)정면의 문화다. 비정면의 문화는 중세 이래에 발달한 것 같으며 예컨대 '과차' (過差 : 신분에 맞지 않음, 화려함, 사치) '바사라', '가부키' 등 착실하지도 않은 미에 열광하는 사람들이 창조한 문화도 거기에 포함되었다. 정면을 의식하면 할수록 정면을 피하고 진실을 가장하고 꾸미는 재미를 추구하였다. 정면은 촌스러우며 비정면은 세련되고 매력이 있다. '와비' 란 정면 문화인 중국제(唐物)에 대해서 비정면 문화인 일본제(和物) · 고려제(高麗物) 기물(器物)의 발견이었다. 이렇게 생각하면 일본 문화 그 자체가 중국 문화에 대한 가장이며 비정면 문화였다고 말할 수 있을 것 같다.

별개의 논집이지만, 문화인류학자 구리타 야스유키(栗田靖之)는 「일본의 집에서 보는 두 개의 미의식—간소의 미와 장식의 미」[332]에서, 다음과 같이 기술하였다. 일본의 집은 기본적으로 아이들을 위한 것, 그리고 아이들과 태반의 시간을 보내는 여성을 위한 것이다. 방은 아이들이나 여성의 감각으로 장식되고, 집안의 생활 용품에 꽃무늬가 많은 것도 그 때문이다. 식당이나 거실을 기분좋게 하기 위해서는 편히 쉬는 공간이 다소 어지러이 널려 있어도 큰 눈으로 보려고 생각한다. 산뜻한 미는 생활의 장소와는 다른 장소에서 실현시켜야 한다고 생각한 듯하며 그것은 객실에 잘 나타난다. 제일 좋은 예는 여름 응접실로, 가구는 일체 없으며 비재 공간(非在空間)의 미, 간소미의 극치라고 말할 수 있다. 간소의 대극으로, 한쪽에는 장식한 미의 형식도 존재하고 있었다. 장식의 전통을 근세에서 찾으면 마치얏코(町奴 : 에도 초기의 협객), 구리카라몬몬(倶利伽羅紋々: 등에 그린 구리카라 용왕 모양의 문신. 또는 문신을 한 사람)의 문신 모양, 가부키의 세계, 구루와(城郭), 닛코 도쇼구(日光 東照宮)의 문신 모양, 절의 내진(內陣 : 본존불을 모신 곳)이나 불단의 한가운데, 그리고 영구차의 장식으로 이어진다. 간소의 미는 선

332) 栗田靖之, 「日本の家に見る二つの美意識—簡素の美と飾り込みの美」(祖父江孝男 · 杉田繁治 編, 『暮らしの美意識 現代日本文化における傳統と變容 1』, ドメス出版, 1984. 6)

(禪), 다도(茶道), 무가(武家) 문화와 결부된 표면(表面)의 문화이며 장식의 미는 세속적인, 세련되지 않은 이면(裏面)의 문화이다.

아시아 여러 나라의 건축을 조사하여 일본인의 주(住)의식을 검증하려고 한 것은, 건축가 요시다 게이지(吉田桂二)의 『일본인의 '주거' 는 어디에서 왔는가— 한국, 중국, 동남 아시아의 건축견문록』[333]이다. 요시다에 따르면, 일본에서 미닫이나 엇미닫이가 발달하여 전개방(全開放)의 공간이 된 것은 통풍을 잘되게 하여 여름을 시원하게 하기 위한 풍토조건 때문이다. 미닫이야말로 일본 특유의 것이며 가마쿠라 시대에 나타나 무로마치 시대에 주좌를 차지하게 된다. 미닫이가 생겼기 때문에 일본 특유의 격자(格子)가 생겼다. 그것은 낡은 정가(町家)의 골목에 면해 열린 쪽의 전면(全面)에 끼워진 다테구코시(建具格子 : 문, 창 등의 사이에 세워 여닫는 격자)다. 격자는 채광과 통풍 때문만이 아니라 상당히 시선을 차단할 수 있다. 시선의 차단이 애매하기 때문에 안쪽과 바깥쪽에서 서로가 알고 있으면서도 모르는 척할 수 있으며 서로 소리를 지를 수도 있다. 이것으로 주민의 연대감도 집의 독립성도 동시에 지켜졌다. 축제 때 등 마을에서 연대하는 경우는 격자를 걷어 내고 집은 완전히 개방된다. 또 격자로 밝음이 제한되어 용암(溶暗 : 영화에서 화면이 점점 어두워지는 것)과 비슷한 어두운 공간을 만들어 내는 것도 일본적인 공간이다.

---

333) 吉田桂二, 『日本人の'住まい'はどこから來たか—韓國中國東南アジアの建築見聞錄』(鳳山社 1986. 10)

일상 생활 가운데에 식물의 자연미를 취해 넣는 것은 일본인의 생활 문화의 큰 특색이다. 그중에서도 가장 특징적인 것은 사회학자 이케이 노조무(池井望)가 『분재의 사회학—일본 문화의 구조』[334]에서 다룬 분재이다. 이케이에 따르면 분재를 예술 가운데에 끼워 주지 않는 것은 그것이 미니어처라는 성격 때문이었다. 본래의 것에 대해서 모양뿐만이 아니라 예술성도 미니어처화되었다고 여겨지기 때문이다. 분재는 반드시 지적 훈련이 전제가 되는 것은 아니기 때문에 모든 계층에 스며들 수 있다. 또 기술의 단위 매김이 어렵고 교사집단이나 이에모토(家元 : 예도 등에서 정통을 전하고 있는 구 유파의 본가) 제도가 발생하지 않았으므로 개인적이며 자유롭게 제 마음대로 할 수 있어서 그만큼 순수하게 일본인의 의식을 반영할 수 있었다. 일본인의 억제된 자연관은, 현세와 타계를 같은 장소로 보려 하는 특이한 일본적 우주상(像)에 뿌리를 두고 있다. 분재는 자연을 인공적으로 변형하면서 원형(原形)의 자연을 구가하고 있다. 분재의 매력은 시간을 축소하고, 그 반작용으로서 만드는 사람이나 보는 사람의 실제의 시간을 연장시키는 점에 있다. 미니멈 지배로의 지향에 잘 합치된 분재는, 축소하면 할수록 자연 지배가 완전하게 되고 동시에 인간의 정서 지배도 완전한 것이 되었다. 이 생의 완전 지배라는 측면이 인간 사회에 옮겨져, '남의 일 잘 보아 주는' 관리자 계급에 어필하고 일본 국가주의와도 결부된다. 그렇기 때문에 분재에는 봉건성의 이미지가 강하게 붙어 다니

334) 池井望, 『盆栽の社會學— 日本文化の構造』(世界思想社, 1978. 3)

고, 과거의 분재가 늙은이(老爺)하고만 결부된 이유도 여기에 있다.

일본인에게 기모노(일본옷)가 가지는 심리적인 의미를 다룬 것은 평론가 데라이 미나코(寺井美奈子)의 『하나의 일본 문화론』[335)]이다. 데라이는 기모노를 입으면 안정되는 것은 일본인이라는 민족의 마음이 시키는 일이 아니겠는가라고 말한다. 입는다는 것은 사람꼴(人型)인 육체 위에 입는 사람 자신의 '형(型)을 만드는' 일이다. 기모노는 마음으로 입는 물건으로 입는다는 행위에 입는 자의 주체가 걸려 있다. 게이샤(藝者)의 마음씨는 기모노에 나타나, 기모노를 위한 여자가 아니라 여자를 위한 기모노를 만들어 내었다. 그것이 오늘의 기모노형(形)에 가까운 것이다. 기모노 속에 인물의 영혼이 깃들어 있다고 생각했기 때문에 육체는 소멸되어도 기모노가 있으면 그 영혼은 이 세상에 존재한다고 여겼다. 기모노를 입고 있어도 옷끈이 꽉 매여 있지 않은 것은 혼이 빠져 있다는 의미이다. 앞을 맞추어 신체의 중심에 있는 허리를 끈으로 매는 기본적인 기모노의 형식은, 일본인이 만들어 낸 것이며, 수천 년 동안 이어져 온 옷 입는 법에 일본인의 마음이 깃들어 있다. 즉, 늘 입어서 기모노를 살리는 것이다. 스스로의 행위를 통해서 상대를 살리고 함께 살려고 하는 따뜻함이라고 결론내렸다.

생활 문화의 하나인 다도의 역사를 더듬어 감으로써 일본 문화의 특질을 밝히려고 한 것은, 역사학자 무라이 야스히코(村井康彦)의 『차의 문화사』[336)]이다. 무라이에 의하면, 다도는 끽다(喫茶)라는

---

335) 寺井美奈子, 『ひとつの日本文化論』(講談社, 1979. 5)

336) 村井康彦, 『茶の文化史』(岩波書店, 1979. 6)

일상적인 행위를 허구화하고 그것을 즐기는 데에 첫번째의 특색이 있다. 두번째의 특색은 '모여 만나는 성격'(寄合性)으로서 그것은 복수의 인간이 모인다는 단순한 의미뿐 아니라 모인 사람들 각자가 창작에 관여하고 그 과정을 공유한다는 당좌성(當座性)이라고도 말할 수 있다. 주객이 동석하여 좌석을 성립시키기 위한 마음씀씀이나 행동이 중시되고 일기일회(一期一會)의 정신으로 성의를 다한다. 미의식보다도 윤리가 요구되며 다도가 유흥성과 구도성(求道性) 사이를 흔들려 움직이면서 전개된 까닭도 여기에 있다. 끽다가 서민 사이에 확산된 것은 가마쿠라 시대로 거슬러 올라가지만, 14, 5세기에 서원사랑방(書院座敷)이 나타난 것이 당법(唐法)과 왜법(倭法)의 최초의 분기점이 되었다.

검소한 취향 와비도 한적한 아취 사비도 본래 있어야 할 모습이 아닌 상태, 그것에 촉발되어 일어나는 감정을 말하고 부정적인 의미로 쓰여 왔다. 그러나 헤이안 말기로부터 가마쿠라 시대에 걸쳐, 와비의 생활, 사비의 경애(境涯)를 긍정하게 된다. '와비'의 의식(意識)이 앙양되는 것은 마을 무리(町衆)를 중심으로 하는 도시민에 다도가 널리 보급되고 도구의 소유가 왕성하게 된 데 대응한다. 다도가 찻잔을 비롯하여 도구를 사용하여 행해지기 때문에 물(物)에 대한 욕구가 이 미의식을 낳았다. '사비'는 대상으로부터 떨어져 사물을 보는 객관적 · 관조적인 미의식으로 일관되었다. '와비'는 다시 그 가운데 인간 관계를 포함하는 윤리의식으로까지 나아가 '정직하고 깊이 신중하고 사치하지 않는다'는 뜻이 되었다. '와비'의 윤리화에는 불교와의 관계도 있을 것이다. 다도는 도시 문화로서 확립된 놀이의 문화이지만 현실주의적인 체질인 일본인의 예능적 표현이었다고 말할 수 있다고 기술하고 있다.

일본인의 식생활 가운데 표현되고 있는 미의식을 극히 독특한 각도에서 다룬 것은, 산업 디자이너 에쿠 안켄지(榮久庵憲司)의 『일본적 발상의 원점—마쿠노우치(幕の內 : 주먹밥에 반찬을 곁들인 도시락) 도시락(弁當)의 미학』[337]이다. 그는 '마쿠노우치 구조·10 조건'으로서 다음의 것을 들고 있다. (1) 아름다운 조형, (2) 의욕 깊은 기능, (3) 창조를 유발하는 장치, (4) 확실한 원형, (5) 다양의 통일, (6) 섭취불사(攝取不捨), (7) 즐거움의 개발, (8) 임기응변, (9) 쓸데없는 짓이 없는 문화, (10) 친절의 극의(極意).

마쿠노우치 구조를 낳은 것은 사물을 보는 눈, 관계를 꿰뚫어 보는 감각으로 노력한다면 국토의 가난함은 극복되는 것이라고 하는 조형 정신이다. 다음으로 저자는 '일본적 산물의 마쿠노우치적 해석'으로서, (1) 환경과의 대응술, (2) 질서화의 기술, (3) 질을 높이는 기술, (4) 조직화의 기술, (5) 계획의 기술, (6) 삶의 방법의 기술 등 여섯 가지를 들고 일본인에게는 마쿠노우치다운 미의식이 핏속에 면면히 흐르고 있다고 했다.

생활 도구를 통해서 일본인의 정신 구조를 고찰한 것은 미술학자이자 공업디자이너인 스기야마 아키히로(杉山明博)의 『일본 문화의 형(型)과 형(形)』[338]이다. 일본인은 '지적(地的) 인간'으로서

---

337) 榮久庵憲司, 『日本的發想の原點—幕の內弁當の美學』(ごま書房, 1980. 1)

338) 杉山明博, 『日本文化の型と形』(三一書房, 1982. 8)

지리적인 특색을 갖는 지적(地的) 문화를 형성해 왔다. 이 지적 상황이 일본인의 정신적 구조를 낳고, 섬세하고 자연과 동질화하고 잘고 세밀한 정취를 만들어 내고, 생활도구 하나하나에 이르기까지 사계절에 따라 그릇이나 벽걸이물을 바꾸고, 생활에 무게를 갖게 했다. 사계절의 변화에 생명의 허무함과 흐름을 알고, 자연의 목지(木地)가 낡아 가는 모양으로 쇠망의 미(美)를 느끼고, 깊어 가는 가을에 사물의 애잔함을 생각한 것은, 지적 인간의 영향이다. 일본인이 나무를 사랑하고 나무와 함께 살아온 것은 세계에서도 드물게 양질의 나무에 혜택받은 때문이다. '나무' 특히 침엽수의 아름다움이 일본인의 감각을 섬세하게 하고, 거기에서 공통으로 느낀 감각이 저변에 존재하여 문화를 지탱해 왔다. 기둥이나 미닫이의 나무는 해가 감에 따라 낡고 미닫이의 문종이를 다시 바른다. '붕괴' 와 '신선' 의 대비에서 '사물의 애잔함', '생명의 허무함' 을 알게 된다. 양지 쪽 미닫이는 사계절의 바뀜을 살결로 느끼게 하고, 자연과의 공존을 가능하게 하기 때문에 정취가 짙어진다. 미닫이나 장지는 자유로이 뗄 수가 있으므로 고정된 문짝과는 달리 뛰어난 융통성이 있다. 그러나 미닫이로 일단 칸을 막아 구분된 '장'(場)은, 절대 들어갈 수 없는 닫힌 공간이 되고 그곳에는 정신적인 구획이 만들어져, '겟카이'(結界 : 잡신이 들어오지 못하게 금줄을 치고 주문을 외고 불법을 지키는 일)라고 하는 범절이 생겨났다. 식생활에서도, 요리의 색깔을 사계절에 따라 맛뿐만 아니라 보는 것도 고려되었다. 와리바시(갈라 쓰는 나무 젓가락)는 메이지 초년에 요시노(吉野)의 삼나무(杉)를 사용하여 탄생한 것이지만 한 번 쓰고 버리기 때문에 '미적'(美的)이라고 여겼다.

일본인이 자연의 미에 대해서 갖는 생활감정을 논한 것은 나카오 사스케(中尾佐助)의 『꽃과 나무의 문화사』[339]이다. 그에 의하면 동물에는 이성(異性)을 좋아하는 본능적 미의식이 있으며 식물의 아름다운 꽃이나 빨간 과실은, 곤충이나 작은 새와 공생하기 위해서 적응 · 진화해 온 것이다. 인간의 경우에는, 본능적 미의식과 학습에 의한 문화적 미의식이 있다. 서양 문화의 꽃의 미학은 본능적 미의식에 따른 것이지만 일본인은 꽃의 미를 문화적 미의식에 의해 즐기게 되었다. 이 꽃문화의 최고 도달점이 마쓰바란(松葉蘭), 이와히바(岩檜葉), 오모토(万年青 : 백합과에 속하는 상록다년초) 등의 고전 원예식물이다. 또 일본의 미의식은 다양해서 이국적 취미, 기형 취미, 왜소 취미, 와비, 사비 등이 있으며 대형, 화려한 꽃은 거의 배제된다.

겐로쿠(元祿) 시대 무렵부터 서민들에게 가키(花卉 : 화훼) 원예문화가 침투했다. 그것은 중류 의식이 보급되어 있었기 때문이라고도 생각된다. 에도 시대 원예의 품종개량 수법은 벼의 우량품종을 만든 농민의 수법과 꼭 같아서, 경험과 직감으로 다른 것, 뛰어난 것을 골라내는 점에서 일본인은 천재적이라고 생각되는 기량을 발휘해 왔다. 이와 같이 일본인은 일상 생활 가운데서 자연의 미를 가공하여 창작한 형으로 생활감정에 윤기를 불어넣었던 것이다.

---

339) 中尾佐助, 『花と木の文化史』(岩波書店, 1986. 11)

가족관 · 결혼관

전후 새로운 민법에 의한 가족법의 개정으로 가족 제도의 민주화가 계획되었다. 그 결과 법률상으로는, 부(父)의 법적인 권위를 약화시키고 상대적으로 처나 자의 권리가 인정되기에 이르렀다. 그러나 실질적으로는 부(父) 혹은 부(夫)와 처자의 관계는 전전에 비해서 완전히 변한 것은 아니었다.

한편에서는, 가족관 · 결혼관에 관해서 사회적 혹은 사회심리적인 면에서 전전에는 볼 수 없었던 논의가 나타나게 되었다. 여기에서는 결혼 및 가족이라는 형식 자체에 근본적인 의문이나 반성을 수반하는 여러 가지 각도에서 제안이나 의견이 나와 있다.

가미시마 지로(神島二郎)는 『일본인의 결혼관』[340)]에서, 근대 일본에서 독신자 본위의 결혼관을 다루고 일본의 근대화가 급속히 진행된 이유 중 하나로서 그러한 독신주의가 있었다고 지적한다. 그 한편에서는 가정 본위 결혼관의 흐름이 계속되었다고 기술하고 있다.

독신주의의 제1단계에서는 대가족에 부속된 독신자의 기분을 벗어날 수는 없고, 도회에서 처자를 가지면서도 가정 생활에 책임을 지지 않는다. 제2단계에서는 대가족으로부터는 일단 떨어져 있지만 도회의 독신자 본위의 문화에 영향을 받아 놀이에 빠지고 또는 관청 · 회사 · 단체의 가족주의에 말려들어 일에 열중하고 결국 처자가 있는 가정이 생활의 거점이라는 것을 잊어버린다. 제3단계

340) 神島二郎, 『日本人の結婚観』(筑摩書房, 1969. 4)

에서는 부모로부터 떨어지지 못한 채 독립하지 못하고 부모나 형에게서 학자금이나 생활비를 받는 독신자 기분에 주저앉아 버린다. 이런 경우 문화 생활에 강한 동경심을 가지고 풍요한 가정을 바라지만 그것도 물질면에 한정된다.

시대적으로 본다면 제1단계는 메이지 유신에서 제1차 세계대전까지로, 사실상의 소가족이 되고 조상 관념이 무너져 황실을 일본 민족의 종가로 하는 가족국가론이 생긴 시기. 제2단계는 제1차 세계대전에서 제2차 세계대전의 패배까지로서 대가족 해체의 여세가 소가족에게도 미치게 되는 시기. 제3단계는 전후로서, 남성뿐 아니라 주부들까지 독신자 취미로 기울고 독신자 본위의 문화를 향수하려고 하는 시기. 독신자주의가 지배적인 경우에는 가정은 독신자의 모임이라고 생각되어 절대로 깨어서는 안 되는 생활 단위로 여겨지지 않으므로 어떤 경우에는 일가가 이산되어 버린다. 일본이 '부국강병'으로부터 '고도성장'까지 이상한 속도로 발전할 수 있었던 것은, 국민 한 사람 한 사람이 달성해 놓은 것을 훌륭하게 건져 내어 교묘히 사용하고는 버려 버린 때문이라고 가미시마는 말한다.

모자 관계에서 볼 수 있는 전통적인 가족관에 주목한 것은, 교육학자 야마무라 요시아키(山村賢明)의 『일본인과 어머니』[341)]이다. 그는 텔레비전 드라마 『오카상』(어머니)』의 내용분석을 통해 일본 어머니의 행위와 의식에서 볼 수 있는 일본적인 특징을 지적했다.

341) 山村賢明, 『日本人と母』(東洋館出版社, 1971. 3)

그에 따르면, 농경 사회인 일본에서는 전통적으로 모성적 원리가 지배하고 있었다. 그것은 현대 사회에도 존속하고 '자식을 삶의 보람으로 여기는 어머니'는 곧 '고생하는 어머니'라는 사실이 남아 있다. 자식의 입장에서 본다면 '죽은 뒤에 어머니의 품으로 돌아간다' '모(母)에의 회귀'라는 관념이 있고, 이것은 일본의 어머니가 종교적 기능을 가진 존재로서 파악되고 있다는 것이다. 모친은 모든 인간에게 원체험(原體驗)이며 일본인의 행동 양식을 생각하는데 유력한 해결의 실마리가 된다고 했다.

일본인의 의식 밑바탕에 잠재해 있는 가족 공동체의 원망(願望)을 지적한 것은, 심리학자 기무라 슌(木村駿)의 『일본인의 심층심리— '집' 사회의 위기』[342]이다. 그것에 의하면 '가족 유토피아'는, 특정 집단 또는 민족이 이상적인 모습으로 하는 가족 공동체를 실현하려는 공동 원망 공간으로의 지향이다. 그것은 사람들의 심층심리에 잠재하고 특정 사회적 조건이 갖춰지면 형태를 변화시켜 되풀이해서 나타난다. '집'이라는 전체적인 장(場) 가운데 구성원의 서열이 주로 상하 관계로 자리매김되고, 그 역할에 따라서 집단 전체의 이익을 지향하고 그 대가로서 애정과 이익이 보장된다. '바깥'에 대해서는 닫힌 자기 충족적인 생활 공간이며, 그 내부 구조는 비교적 미분화되어 개인의 독립성보다도 사생활 영역을 포함시킨 '격의 없는' 연대가 존중된다고 말했다.

친자간의 애정 관계가 전후까지 계속 이어져 온 것을 문화인류

342) 木村駿, 『日本人の深層心理— 'いえ' 社會の危機』(創元社, 1977. 4)

학자 나카바야시 노부히로(中林伸浩)는, 「은(恩)의 관념과 친자 관계」[343)]에서 다음과 같이 말한다. 은(恩)은 일본의 친자 관계를 규율하는 가장 중요한 규범 내지 관념이다. 은(恩)을 베푸는 어버이의 행위는 어디까지나 자기 희생에 기초하는 것으로서 그 보은을 기대해서는 안 된다. 그럼에도 불구하고 은혜에 보답해야 한다. 보은은 자식의 자발성에 의존한다. 어버이의 은혜는 아무리 갚아도 다 갚을 수가 없는 것이다. 그러나 일본의 효행의 범위는 넓어서 어버이를 즐겁게 하고 걱정시키지 않으며, 걱정시키지 않으면서 자기 자신이 무사히 생활하는 것 등도 어버이에 대한 효행에 들어간다. 또 은(恩)은 어버이와 자식의 세대적인 대립이나 긴장을 조정하는 기능을 가진다고 했다.

가정교육, 특히 시쓰케(예의범절을 가르치는 것)라 불리는 유소년기의 교육에 대해서 문화인류학자 하라(原) 히로코와 심리학자 아즈마 히로시(我妻洋)는 『예의범절 교육 후오루쿠 총서 1』[344)]에서 다음과 같이 쓰고 있다. 일본인은 인간이 태어날 때부터 그렇게 나쁜 짓은 하지 않는다고 하는 성선설적인 생각을 갖고 있다. 그 사고 방식은 '기'(氣)와 '무시'(蟲 : 벌레)라는 개념에 구현된다. 예컨대 '저 사람을 좋아하지 않는다' 고 하기보다도 '저 자는 마음(氣)에 안 들어' 라고 말하고 '나는 이것을 좋아한다' 가 아니라 '이것이 마음(氣)에 든다' 라는 표현을 잘 쓴다. 감정이나 의지를 나타내는

343) 中林伸浩, 「恩の觀念と親子關係」(增田義郎 編, 『日本人の社會 講座 比較文化 第6卷』, 硏究社, 1977. 9)

344) 原ひろ子 · 我妻洋, 『しつけふぉるく叢書 1』(弘文堂, 1974. 6)

데 주체가 되는 것은 '나'가 아니라 내 속에 있는 '마음'(氣)이다. '기'(氣)라는 감정이나 의욕이 그것을 자각하는 자기와는 별개의 존재와 같이 자기 자신 가운데 살고 있다. 그리고 '벌레'라는 말은 '벌레가 좋아하지 않는다'고 하는 경우에, 내가 아니라 내 속에 있는 '벌레'가 좋아하지 않는 것이다. 어느 경우에나 '기'나 '벌레'는 본인 속에 있으면서 본인에게 그것을 시키는 것이지만 이 사고방식에는, 본인은 죄가 없다는 관념도 잠재해 있다. 아이들의 예의범절 교육에 있어서도, 제멋대로 하거나 성질을 부리는 것은 아이들 안에 있는 '벌레' 때문으로 그것을 믿는 모친들은 '벌레 없애는' 신사(神社)에 아이를 데리고 가서 '벌레를 막아 주는' 부적을 받는다든가 주문을 읽어 주도록 부탁한다. 즉 집단의 성원이 집단생활을 방해하는 행동을 취하더라도 자각하지 못하고 '벌레 때문이거나 기(氣)의 미망(迷妄)' 때문이라고 생각하기 때문에 편안하게 집단 생활에 복귀할 수 있는 짜임새로 되어 있다. 이것은 성선설에 기초하는 관대주의로, 예의범절 교육에 주입식 요소가 희박했던 것도 이것과 무관하지는 않다고 했다.

위와 같이 어버이와 자식의 관계를 예의범절 교육의 면에서 논한 데 대해서, 일본인의 경우 아이들이 부친보다도 모친과의 유대가 강하다는 것을 논한 것은, 정신분석학자 사사키 고지(佐々木孝次)의 『모친과 일본인』[345)]이다. 저자에 의하면 모친은 자식에게 용서하는 존재, 즉 자식이 인간의 자연스러운 성향을 따르는 것을 허용

345) 佐々木孝次, 『母親と日本人』(文藝春秋, 1985. 1)

하는 존재인 것이다. 모친은 어디에선가 모습을 감추지 않으면 안 되지만 일본인은 모친이 사라진 경우, 또 하나의 어버이인 부친을 확실하게 생각에 떠올리는 일은 적고 언제까지나 몽롱한 모친의 이미지를 가지고 있다. 모친은 일본인의 마음에서 중심적인 존재이며 아이와 모친과의 일체감이 일본인끼리의 일체감의 근저가 된다고 했다.

비교 문화의 관점에서 일본 문화의 남도적(南島的) 모성 원리에 대해서 지적한 것은, 문화인류학자 이지마 시게루(飯島茂)의 『일본 문화의 원상(原像)—섬의 마음과 대륙적 논리』[346)]이다. 그에 의하면 일본 사회는 남도적인 모성 원리에 기초를 둔 상민철학(常民哲學 : 토착 사상)이 부계(父系) 원리의 발달을 방해하고 부계와 모계의 균형 위에 비단계(非單系) 사회를 형성해 왔다. 모국 · 모교 · 모운(母韻) 등 일본어에서는 중요한 용어에 부보다 모라는 말이 쓰이는 일이 많다. 처형거주혼(妻型居住婚)이 꽤 널리 분포하던 일도 있어서 집의 중심 가옥은 오모야(母屋 : 본채), 즉 모의 집으로 불렀다. 이와 같이 일본 사회의 기층은 여성 중심형이며 동남아시아 여러 사회의 기층과 많은 공통점을 가지고 있다. 메이지 유신 이래, 일본의 지도자들은 부국강병의 이름 아래 이 여성중심형 사회에 부성 원리에 기초한 통제 원리를 도입했으나 토착적 모성 원리를 완전히 불식하지는 못했다. 일본열도의 남도적 세계는 조심스럽고 소극적이며 온화한 섬의 마음을 길러서, 자기 주장을 할 필요는 없

346) 飯島茂,『日本文化の原像—島のこころと大陸的論理』(淡交社, 1991. 9)

고 '화(和)를 귀히 여긴다' 고 하였다. 이와 같이 일본 문화는 난세보다도 평화로운 시대에 그 강한 맛을 발휘하고 노동하는 대중이 일을 나갈 차례일 때에 보다 더 사회의 발전 · 안정을 기대할 수가 있다. 에도 시대의 말기나 쇼와 · 헤이세이(平成)의 겐로쿠(元祿) 시대가 바로 그 시대에 해당한다고 했다.

성(性)의식

위에서 본 가족을 둘러싼 논의는 당연히 그 근저에 있는 일본인의 성의식과 밀접하게 관련된다. 가족 관계와 마찬가지로 성문화 · 성행동도 메이지 이래 국가적 사회적인 억제를 받아 왔다. 패전 후 어느 정도의 자유를 얻었으나 지금도 완전히 해방되었다고는 말할 수가 없다. 여기에서는 전통적 성문화에 관한 문헌을 포함하여 성의식을 둘러싼 논저를 다루어 보겠다.

일본인의 성의식을 민속학과 사회심리학의 입장에서 고찰한 것은, 사회심리학자 이시카와 히로요시(石川弘義)와 사회인류학자 노구치 다케노리(野口武德)의 『성(性) 후오루쿠 총서 2』[347]이다. 그 책에서 노구치는 '전통적 사회의 성' 에 대해 다음과 같이 기술했다. 에도 시대에도 외어(猥語) · 외본(猥本)에 엉켜 붙은 외설관(猥褻觀)은 있었지만 그것은 도시의 이야기이며 농어촌에서는 유년기로부터 갖가지 성적 환경에서 자라나고 성을 알면서 성장하는 것이 '한 사람으로서의 구실을 하는 길' 이며 그것을 외설로 여기지

347) 石川弘義 · 野口武德, 『性ふぉるく叢書 2』(弘文堂, 1974. 6)

는 않았다. 외설관이 전국적으로 확산된 것은 메이지 30년대 이후의 일이며, 그것은 메이지 정부의 통제와 학교 교육의 결과이다. 국민도덕의 향상이라는 명목으로 성을 일상적인 것으로서가 아니라 부정적인 것으로서 통제해 가는 과정은, 성에 외설의 관념을 심어 가는 과정과 일치한다. 과학자들은 성에 관한 용어를 음부·음경·음문 등 숨겨야 할 부분으로 하고 정액을 '음수'라고 부르고 또 성기를 '치부'라고 표현하여 부부간의 정상적이고 자연스러운 생리적 현상조차도 음란한 것으로 인상지었다. 근년의 젊은이의 의식조사보고(총리부, 1972~73)에서는 의식의 대폭적 변화를 지적하고 있지만 젊은이의 성의식은 별로 해방되었다고는 생각되지 않는다.

민속예능의 면에서 일본적 에로티시즘의 역사적인 고찰을 시도한 것은 미학자 지카마쓰 요시유키(近松良之)의 『일본 문화의 성립—에로티시즘과 그 담당자』[348]이다. 지카마쓰에 의하면, 일본적·미적 가치체험은 한편에서는 성애적(性愛的) 엑스터시를, 다른 한편에서는 종교적 탈자경험(脫自經驗 : 자연과의 일체감)을 그 성인(成因)으로서 포함하고 있다. 고대 국가로부터 배제된 신(神)들은 '장외'(帳外)로 화한 '주술(呪術)-씨족 사회'적 집단에 뒷받침되어 '도(道)의 신(神)'이 되어, 드디어 항간의 그늘의 '사사음사'(邪詞淫詞)로서 정착했다. '도의 신'이란 일본의 마녀이다. 마녀화가 서구

348) 近松良之, 『日本文化のなりたち—エロティシズムとそのにない手』(みき書房, 1974. 12)

와 결정적으로 다른 것은 수렵민의 비관용(非寬容)으로서가 아니라 농경민 특유의 관용성 · 애매성에 의한 은미(隱微)하고 애매한 형으로 이뤄졌다는 것이었다. 그것은 국가 신도(神道) 그 자체의 극히 애매한 은미성, 즉 비진리와 연결되고, 다시 일본 역사 전체의 은미성과도 연결되었다.

농경주술도 인간의 의지의 관철을 지향하는 것이기 때문에 방법적으로만 자연의 의지를 존중하는 데 불과하다. 그것이 인간 관계에 옮겨지면 결국은 자기의 의지를 관철하기 위한 수단으로서 '상대방 본위' 라는 태도를 취하고 그것이 방법적 상대방 본위가 된다. 자연은 곧 성(性)이라고 하는 대전제 위에서 처음으로 남녀 관계에 성의 '상대방 본위' 가 가능해진다. 일본 고유의 에로티시즘은 '호색'(好色)이라고 불리고 고대 국가 성립 후에는 '장외(帳外) 민(民)' 이 담당하였다. 일반 사회는 가부장제 · 일부일처제가 지배하게 되고 호색은 배제되었다.

민간의 민속학자 이와타 준이치(岩田準一)의 『본조남색고』(本朝男色考)[349]는, 잡지 『범죄과학』에 연재했던 논문(1930~31)과 그 이후의 여러 논문을 에도가와 란포(江戶川亂步)가 편집한 것이다. 이와타는 남색의 기원을 추구하다가 니혼쇼키(日本書記)에 이르러, 그 제9권 「신공황후기」(神功皇后記)의 섭정 원년에 보이는 아즈나이(阿豆那比)의 죄(罪)가 남색이 정사(正史)에 나타난 시초라고 한다. 그 이후로 시대를 따라서 근세까지의 남색의 예를 여러 문헌에

349) 岩田準一, 『本朝男色考』(岩田貞雄, 1973. 10)

서 찾아내고 있다.

남색에 대해서 자세하게 자료를 들어 논한 것은, 연극학자 도모토 마사키(堂本正樹)의 『증보판 남색연극사(男色演劇史)』[350]이다. 그에 의하면 남색을 죄라고 생각하지 않았던 국민성의 발상(發祥)은, 소년애(愛)에 종교적 엑스터시를 느낀 민의(民意)의 문제와 관련된다고 한다. 노(能)의 미소년이 귀인에 초대되어 색을 파는 것이 조금도 기이하지는 않았다. 장군 요시미치(義滿)의 애동(愛童) 취미가 대사원(大寺院)의 그것을 흉내낸 것은 확실하고, 당시의 인텔리 계급으로 미소년을 사랑하지 않은 자는 부끄러운 일로까지 여겨졌던 듯하다. 여성과의 성행위도 물론 행해지고 있었지만, 고도(姣童)를 거느리는 것을 보다 자랑으로 여겼다. 야마부시(山伏 : 산에서 수행하는 중)가 미소년을 사랑하고 사승(寺僧)이 지고(稚兒 : 무가나 절 등에서 사환으로 쓰던 소년)를 총애하는 것도 당시의 상식이었다. 중세의 사원은 교육기관으로서, 유덕한 사람의 아이, 귀인의 자제는 그곳에서 사서오경 등을 배우고 문자를 외우고 인격을 길렀지만 그 반면에 남색의 도구가 되었다. 가부키의 큰 특색 중 하나는 배우가 남녀 공히 색(色)을 파는 개방성에 있었다. 전국시대 이래 슈도(衆道 : 남색의 도)는 무사 계급에서 가장 왕성하게 되고 드디어 조닌(町人) · 백성 · 승려 등도 여기에 빠졌다. 남색의 미소년은 유녀(遊女)와 같이 연기봉공(年期奉公 : 일년 단위로 기간을 정해 국가나 주인에게 봉사하는 것)하는 상품으로서 안겨졌다.

---

350) 堂本正樹, 『增補版男色演劇史』(出帆社, 1976. 2)

가부키 배우의 남창화(男娼化)가 진행되어 유명한 배우는 매색(賣色)을 당연하게 생각했던 것 같다. 메이지 원로들의 대부분은 조슈(長州)·사쓰마(薩摩) 출신으로 남색을 성인식(成人式)과 같이 이해하고 있었다. 전후, 모든 욕구를 억제당하고 있던 민중에게 점령군 병사들이 남색의 풍속을 가지고 왔다. 이러한 낡은 풍속이 있던 국민은 당장에 이것에 눈뜨게 되었다고 기술하고 있다.

기모토 이타루(木本至)의 『오나니와 일본인』[351]은 책이름에서 예상되는 것보다 폭 넓은 시야에 선 저작이며 일본인의 성의식, 외설관, 성 표현에 대한 국가통제 등에 관해서 여러 문헌을 바탕으로 역사적으로 살펴보았다.

성에 관한 오해와 터부 가운데서 근친상간에 대해서 검토한 것은, 미나미 히로시(南博)의 『가족 내 성애』(家族內性愛)[352]이다. 그 책에서는 고대 사회로부터 어미와 아들, 오라비와 누이동생의 상간이 기록되고, 특히 모자상간이 무거운 죄가 되었던 것도 밝혀졌다. 현대에서도 모자일체감은 강하고, 대학수험중인 고교생의 성적 욕망을 모친이 만족시켜 주는 경우도 있으며, 미국과 같이 부녀상간이 많은 것과 대조적이다. 프로이트적으로 말하자면 아들의 오이디푸스 콤플렉스이지만 모친의 아들에 대한 성애의 면을 생각하면 로마 황제 네로에 대한 모친의 이름을 따서 '아그리피나 콤플렉스'라고도 부를 수 있다. 일본의 모친들은, 부친 곧 남편에 대한

---

351) 木本至, 『オナニーと日本人』(インタナル, 1976. 7)
352) 南博, 『家族內性愛』(朝日出版社, 1984. 7)

성적 불만, 아들의 공부에 방해가 되는 다른 여성과의 성애를 억제하고자 하는 소망 등이 일본인의 모자상간을 재촉한다고 생각된다.

대인공포에 대해서 깊이 고찰한 우치누마 유키오(内沼幸雄)는, 일본인의 성에 대해서도 논문「색정(色情)과 수치—일본인의 에로스」[353]에서 다음과 같은 견해를 피력했다. 메이지 유신 후 현저한 서구 문화의 영향을 받았음에도 불구하고 성의 기본 경향은 별로 변하지 않았다. 일본을 모성 사회론에 따라서 강한 구순고착성(口脣固着性)을 그 특징으로 본다면, 패전 후 모자 관계의 밀착도는 한층 더 높아졌다. 어버이가 의식에 있어서 서구화를 받아들이면 구순고착성은 위협을 받고, 무의식적으로는 구순고착성에 따라 자식에게 착 달라붙게 된다. 구순고착성의 특징은 응석꾸러기 아이, 곧잘 쓸쓸해 하는 자로서 흑백의 판단을 꺼려하고 중간색을 좋아한다. 갖가지 사상(事像)을 성애화(性愛化)하여 음울하고 그늘진 미의식으로 높이고, 부정(否定)이나 억압으로 폭력화되기 쉬운 성욕을 거꾸로 쥐고, 성의 반사회적 에너지 폭발을 억제하는 방법을 만든 것은 일본인 특유의 지혜이다. 장소에 따라 조성되는 성적인 분위기, 즉 색정에 대해서 다른 국민에게서 볼 수 없을 만큼 섬세한 감각을 길러 왔다. 일본인의 인간 관계의 특징은 자타미분화(自他未分化)인 채로 이상화된 대상의 상(像)과 과대(誇大)한 자기 상의 공존이다.

---

353) 内沼幸雄,「色氣と羞恥—日本人のエロス」(馬場謙一 他編,『エロスの深層 日本人の深層分析 3』, 有斐閣 1985. 5)

일본인의 성의식을 페미니즘의 입장에서 비판한 것은 종교학자 야마시타 아키코(山下明子) 편의 『일본적 섹슈얼리티—페미니즘으로부터의 성 풍토 비판』[354]이다.

야마시타는 「성 침략 · 성 폭력의 역사와 구조」에서 일본은 모성원리를 공동체 곧 천황제 원리로 만든 가부장 국가라고 말했다. '모성'의 특징은 신도나 도교와 혼합된 일본 불교에서의 자연의 가르침과 깊이 관계된다. 부권제가 확대되어 가던 중세 말기 이래, 모계제 사회의 여운을 남기는 '다이호'(太母 : 할머니) 이미지와 중첩되는 부처(佛) 곧 '모(母)'와, 현실의 부권제 아래에서의 모(母) · 여(女)는 표리(表裏)로 분리했다. 일본적인 부처(佛)의 이미지가 남성의 관념적인 모성 숭배, '아가불(佛)'로서의 여인 숭배, 나아가 근대 이래의 연애 착각으로 변해서 오늘까지 내려오고 있다. 일본 고유의 근대화 정책에 의해 남(男)의 정치와 성(性) 산업과 자본주의가 이권을 위해 삼위일체가 되었다. 15년 전쟁 아래, 주로 중산계급의 여성이 '국가적 모성'론으로 환상적인 천황제 이데올로기를 내면화한 것은 1920년대의 모더니즘에 의해서도 성으로서의 여와 남을 대등한 관계로 할 수 없었기 때문이다. 야마시타는 성폭력으로 나타나는 인권침해는 전통적인 정신 문화와 관계되는 뿌리깊은 것이라고 결론짓는다.

불교학자 미나모토 준코(源淳子)는 「일본의 빈곤한 성풍토」에서

---

354) 山下明子 編, 『日本的セクシュアリティ—フェミニズムからの性風土批判』(法藏館, 1991. 12)

다음과 같이 말했다. 일본의 성 풍토에서는 불교 사상의 강한 영향으로 금욕이야말로 깨달음의 지상(至上)으로 여겨졌다. 불교의 성 부정은 여성들을 '여인오장'(女人五障 : 여인금제, 절에 여자가 들어오지 못하게 하는 것)으로 폄하하고 '변성 남자'(變成男子)라는 사상을 낳고, 남성 중심주의에 의한 여성 구제의 사상을 낳았다. 신도는 근대에서는 국체 이데올로기로서 편협한 사상과 합체하지만 그 자체는 성에 대해서 대범하다. 또한 유교는 성을 생식의 성으로 한정했다. 고대로부터의 여성성 부정의 뒷면에는 모성존중 사상이 있고, '자모'(慈母)로서의 삶만이 인정되어 왔다. 불교는 여자의 섹슈얼리티의 다양성을 인정하지 않고, '생산하는 성'으로서만 평가했다. 이 불교 사상이 여성을 물건으로 보는 사상을 낳는 토양이 되었다. 근세에는 불교적인 성 부정의 패러다임이 유교에 의해서 보다 정치화한다. 또 근세와 현대의 성 문화는 그 근저에 남성 중심 성 문화의 가치관이 있으며 근대에도 현대에도 남자는 변하지 않았다.

종교학자 오고시 아이코(大越愛子)의 「페미니즘은 사랑과 성을 말할 수 있는가」에 따르면, 일본의 문화적 배경 아래에서 여자의 성은 남자에게 타락의 계기이며, 불교에서는 '지옥의 사자(使者)'로 여겨지고 남성은 깨끗하고 성스러운 공간, 여성은 비천하고 부정(不淨)한 공간이라는 이원론이 형성되었다. 성적 결합을 육체적인 차원만으로 파악하고 인간적 교류의 차원에서 파악하지 않는 일본의 독특한 성 풍토가 생겼다. 그곳에서는 금욕이냐 무제한의 성욕 발산이냐의 둘 중 어느쪽이며 여성은 성욕의 대상 아니면 생식 노예였다. 일본적인 빈약한 성 패러다임으로부터 생겨나는 것은 여성측의 남성증오, 남성측의 여성공포이다. 이 불모의 패러다임을 돌파할 가능성은 성적 자립과 대관계(對關係)의 재건에 있다고 결론지었다.

3. 일본인의 미의식

일본의 전통예술의 일부는 예로부터 해외에 알려져, 일본적인 것으로서 서양 문화에도 큰 영향을 미쳤다. 여기에서는, 일본 예술의 전분야, 문학 · 회화 · 건축 · 무대 · 음악 등을 통해서 일본인의 미의식을 논한 논저를 다루어 보겠다. 다만 관련되는 논저는 그 수가 방대하고 광범위하기 때문에 그 대표적인 것을 드는 데에 그치려 한다. 또한, 영화 · 텔레비전 · 대중예능 등 대중 문화의 작품을 통해서 국민성이 논해지는 일도 많지만 그러한 논의는 모두 생략하기로 했다.

미의식

전쟁 전 1930년대부터 '일본적인 민족미' 를 이론적으로 추구하던 미학자 나카이 마사카즈(中井正一)는 방송강좌 『일본의 미』[355] 에서 일본미의 재평가를 다음과 같이 말하고 있다. 예컨대 미륵보

---

355) 中井正一, 『日本の美』(NHK 教養大學, 寶文館, 1952. 8), 「氣質」(『美 · 批判』 1932. 1), 어느것이나 뒤에 『中井正一全集 第 2巻』(美術出版社, 1965. 1)

살상의 흐르는 듯한 선의 아름다움, 그 가운데에는 무엇인가를 끊어 버리는 엄격함이 있다. 스스로를 부정하고 그곳으로부터 탈출하여, 절망 가운데서 일어서는 강인한 소원이 담겨 있다. 또한 일본 음악 특유의 '마'(間)는 일본 예술 전체에 보이는 '살아 있는 시간', '예술적 시간'이다. 일본미에는 극도로 호화롭고 보기에도 현란한 첫번째의 아름다움과, 그것과는 반대로 눈에 크게 띄지는 않지만 어딘지 모르게 사람을 감동시키는 두번째의 자미(滋味)라고도 말할 수 있는 아름다움이 있다. 이 두번째의 아름다움이야말로 일본에서 가장 탐구되고 가장 발달한 것이 아닌가.

나카이가 일본인의 미감의 근저에 있는 정신 구조를 들춰내려고 한 최초의 시도는 「기질」이라는 논문이다. 그 논문에서는 우선 '가타기'(기질)를 '가타'와 '기'로 나누어 생각한다. '가타'는 상(象), 형(形), 용(容), 태(態), 형(型), 식(式), 적(跡), 현(賢) 등의 한자가 해당되듯이 물건을 넣는 바깥 연(緣)을 의미한다. 예컨대 형(型)·식(式)은 그 연이 다른 물건에 남긴 흔적에 등질적인 것을 치환하는 경우를 가리킨다. 주형(鑄型)이 그 예이다. '기'는 대체로 고정적인 것은 아니고 함축으로부터 발출(發出)로 향하는 유동성을 갖고 있다. 예컨대 천지의 정(精)으로서 정기(正氣)·원기·에너지로서의 전기·자기, 심리적으로는 '기(氣)를 확실하게', '신경(氣)이 쓰인다', '기(氣)가 뻗친다' 등 어느것이나 관련이 있는 모양이다. 마음(心)이 중심(中心), 호심(湖心), 핵심(核心) 등 구심적인 것을 나타내는 데 비해 기는 무엇인가 유동적 발출적 핵심을 의미한다. '가타'와 '기'가 복합된 가타기(기질)는 일본 문화에 특수한 구조를 낳았다. 유자(儒者) 기질 · 유인(遊人) 기질 등은 동시대적 대립적 성격이며, 조닌(町人) 기질 · 직인(職人) 기질 등은 역사적 이데올로기적 관점에 의한 것이다. 처녀(娘) 기질 · 노인 기질 등은 시간적인 인간적 대립성을, 에도 기질 · 가미가타(上方 : 교토 및 그 부근) 기질은 공간적인 인간적 대립성을 나타내고 있다. 현상(現象) 가운데서 본질을 터득하기 위해서는 기질은 그것 자체가 하나의 존재적 구조를 가질 것이라고 결론내렸다.

심리학자 지바 다네나리(千葉胤成)는 『일본 예술의 마음』356)에서 노가쿠(能樂) · 난가(南畵) · 하이쿠(俳句) · 자유(茶湯 : 다도)를 들고 그 특징으로부터 일본인의 미의식을 논했다. 예컨대 노가쿠의 특징으로서는 중심화 · 율동성 · 상징성 · 기아이(氣合) 또는 기하리(氣張り : 분발, 위세) · 유현미(幽玄美) 등이 있으며, 남화에서는 생략여백함축 · 망형득의(忘形得意) · 기운생동(氣韻生動) 등, 하이쿠에서는 초속성(超俗性) · 상징성 · 조화성 · 성실성 · 자연성 등, 다도(茶道)에서는 와비 · 사비 · 지족(知足) · 화(和) · 창의 · 자연 등을 특징으로 한다. 이것들의 공통점을 집약하면 고아(高雅) · 상징 · 역동의 세 가지에 귀착된다. 이러한 일본 예술의 특질을 낳은 것은 '일본인 모두 시인', '친절하고 일을 열심히 한다'고 말하는 민족성에 기인한다고 지바는 말한다.

일본인의 미의식을, 종교와 함께 일본 문화를 파악하는 중요한 시점(視點)으로 든 것은 우메하라 다케시(梅原猛)의 『미와 종교의

356) 千葉胤成, 『日本藝術のこころ』(誠信書房, 1965. 9)

발견—창조적 일본 문화론』[357])이다. 그에 따르면, 일본인만큼 자발적으로 자기의 종교성을 잊어버린 민족은 일찍이 없었다. 서양 문명이냐 일본 고유의 문명이냐라는 양자택일에 즈음하여, 서양 문명 · 근대 과학기술을 선택하고 이것을 힘으로 하여 서양 여러 나라의 침략으로부터 몸을 지켰다. 이 역사적 시점에서 필요했던 자기 인식을 낳은 것이 국학과 수호학(水戶學)이다. 국학은 일종의 소거법(消去法)에 의해 일본의 고유 문화를 생각했지만, 이 소거법이 전통을 무시하는 데에 역할을 하여 쉽사리 서양 문화를 들여놓을 수가 있었다. 히라타 아쓰타네(平田篤胤)는 전통적인 자연숭배로서의 신도(神道)를 인간 숭배로 바꾸고(置換) 신의 전면적인 인간화를 달성한다. 신(神)임과 동시에 국가의 주권자로서 전국민에게 명령할 수 있는 신시대의 신이 여기에 탄생했다. 한편 수호학은 유교를 채용했으나 후지타 도코(藤田東湖)의 눈에는 천황이 공자의 자손과 이중으로 겹쳐서 보였을 것이다. 이리하여 신도는 유교화되고 무사화(武士化)되고 인간화되어 메이지에 들어와서 새로이 국가 신도가 되었다.

일본인의 미의식에 대해서 우메하라는, 일본 최초의 문학이론인 「고킨슈조」(古今集序)」를 분석하여 이렇게 논한다. 한시에 있어서 노래해야 할 낙(樂) · 애(哀) · 노(怒)의 감정 가운데 비(悲)의 감정만이 일본의 미의식으로 남았다. 고킨와카슈(古今和歌集)에서는 이별이나 죽음을 슬퍼하는 노래는 많지만 재회나 탄생의 즐거움을

357) 梅原猛, 『美と宗教の發見—創造的日本文化論』(筑摩書房 1967. 1)

노래한 것은 거의 없다. 가능성과 현실성의 모순이 의식되고 가능성이 현실성에 압도될 때에, 그 원인을 고금의 시인들은 무상한 운명 그 자체에서 구했다. 이와 같은 감정의 형성에 불교가 큰 역할을 해낸 것은 부정할 수 없다. 일본의 미의식은 고킨슈에서 하나의 정점을 맞았지만 또 하나의 정점은 신고킨슈이며 도시나리(俊成) · 사타이에(定家)에 의해서 완성된 유현(幽玄)의 미의식이다. 일본인의 정신의 기초는 신도에 있으며 신도에서는 청정(清淨)을 가치의 중심에 둔다. 청정이라는 가치는 미적 성격을 갖고 동시에 선(善)이라는 가치를 내포한다. 그러나 국가 신도에 의해서, 청정이라는 가치가 아직 일본인을 깊이 관통하고 있음에도 불구하고 천황 숭배와 군국주의에 종속되는 것이 가치를 갖게 되었다고 기술하였다.

일본 문화에서 중요한 지위를 차지하는 선(禪)과 차(茶)에 관련된 '와비'의 미의식을 미술사가 보게쓰 신조(望月信成)는 『와비의 예술』[358]에서 다음과 같이 논하고 있다. 일본인은 평화로운 섬에서 생활하고 풍토의 미, 온화한 기후 등에 영향받아 언제나 아름다운 것을 추구해 왔다. 일상 생활에까지 미화가 스며들어, 생활의 합리화보다도 전통을 극력 보존해 왔다. 화미장려(華美壯麗)와, 사물에 대한 연민의 정 · 풍아(風雅)를 좋아하는 인정은, 서로 대립하면서 두 줄기 주류로서 오랜 역사를 지나왔다. 불교의 전래로, 화미(華美)는 가짜라고 생각하는 사고 방식을 대중들이 배우고 질소(質素)

358) 望月信成, 『わびの藝術』(創元社, 1972. 3)

하고 담박(淡泊)한 취미로 전향하는 것이 부처님의 가르침에 따르는 것이라고 생각하게 되었다. 오닌(應仁)의 난(亂)을 경계로 해서 귀족도 대중과 같은 내핍 생활을 하지 않으면 안 되게 되어, 화미를 좋아하는 전통은 중단되었다. 이때에 미의식의 근거로서 등장한 것이 선(禪)의 사고 방법이며 그곳에 생겨난 것이 '와비'의 예술이다. '와비'의 미는 얼핏 보기에는 평범하고 조금의 과시도 없기 때문에 자칫하면 간과하기 쉬운 것이지만, 한번 이것을 알아차리면 무궁무진한 내용이 전개되는 큰 특색이 있다고 결론지었다.

일본인의 미의식을 특징짓는 자연관에 대해서 문학작품을 들어 논한 것은, 국문학자 니시다 마사요시(西田正好)의 『화조풍월(花鳥風月)의 마음』[359]이다. 니시다에 따르면 일본의 자연은 정토(淨土)와 같은 낙원성(樂園性)을 갖추고 있기 때문에, 은자(隱者)나 유행자(遊行者) 등은 그곳에서 종교적인 구제를 발견하고 자연 그 자체가 구주(救主)가 된 '자연교'가 지배했다. '자연교'란 바로 일본인의 마음의 역사에 예로부터 저류를 이루어 꿰뚫고 있는 자연 신도이다. 부처님의 뒤에 신이 있고 그 신의 뒤에는 아름다운 자연이 있었다. 하나하나의 나무에서 신들의 모습을 보고 그것을 향하여 외경의 마음을 가슴에 안았다. 일본인에 특유한 자연미감(美感)도 자연종교로서의 애니미즘에서 길러졌다고 말할 수 있다. 일본의 자연은 경이적인 조형능력과 색채감각에 뛰어난 '미의 신'이 만드는 예술 작품과 같은 것이었다. 봄부터 여름에 걸쳐 생성의 과정을

359) 西田正好, 『花鳥風月のこころ』(新潮社, 1979. 7)

걸어온 자연은 가을과 함께 겨울을 지향하는 쇠멸의 과정으로 접어든다. 그 가을에 가인(歌人)들을 주목하게 한 것은 적멸(寂滅)의 사상을 전한 불교의 무상관이며, 고킨슈 이래 '변해 가는 사물'에 대한 무상 감각이 이상하리만큼 예민해져 간다. 물(物)로 표현되는 예술의 공허함을 안 일본인의 무상관은, 물(物)로 표현될 수 없는 마음만의 예술을 일심으로 꿈꾸었다. 신도(神道)의 눈에 비친 꽃과 불교의 눈에 비친 꽃 사이에 다름이 있듯이, 예컨대 '화조풍월'(花鳥風月)과 '비화낙엽'(飛花落葉)의 두 가지 말을 대비시켜 보더라도, 일본인의 자연미감에는 양면성이 있다는 것을 알 수가 있다. '풍아'(風雅)라든가 '풍류'라는 말로 표현되는 일본인의 자연 감정은 깊은 자연종교적 체험에 뿌리를 두고 있다. 그러한 체험을 순전히 유행(遊行)과 은둔의 도에서 구한 일본인의 종교정신사가 일본 문화사의 진수를 이루고 있다. 한편 일본에는 정원 만들기(作庭)·원예·분재·생화 등 놀랄 만큼 정성들인 '인공자연'의 전통이 있다. 즉 자연에 대한 일본인의 의식에는 두 가지가 있어서 '현실적 자연'과 이념으로서 마음속에 살아 있는 '이상적 자연'이 있으며 일본인의 마음속에는 전통적으로 이상화된 자연상이 패턴으로서 정착되어 있다고 기술하고 있다.

일본인의 미의식을 서구와 비교해서 논한 미학자 야마모토 마사오(山本正男)는 『감성의 논리』[360]에서 다음과 같이 말한다. 일본 미의식의 전개(展開)로서 '이쓰쿠시'(慈), '우쓰쿠시'(美)는 숭고함

360) 山本正男, 『感性の論理』(理想社, 1981. 1)

과 미려(美麗)함 두 가지를 의미한다. 고대 가요의 '우쓰쿠시' 의 대상은 자연이다. 만요슈(万葉集)에서는 '아와레' (憐愍), '가나시' (悲), '오카시' (笑), '오모시로시' (재미), '우레시' (嬉) 등 생활 감정을 미적 감정으로까지 성장시켰다. '사물에 대한 연민' 이란 불교적 무상관을 거친 생의 진실에 대한 깊은 영탄(詠嘆)이다. 헤이안 시대에 '우쓰쿠시' 의식은 신비주의적 전개를 보이고, 밀교(密教) 미술의 유현한 신비의 미로 변모한다. 무상관은 차츰 염세관으로 바뀌고, 가마쿠라 · 무로마치 시대에 들어오면 선종(禪宗)이 일본인의 미의식에 커다란 변화를 주었다. 그 '무' (無)의 세계관 · 인생관에 기초하는 미의식을 '사비' (寂)라고 부른다. 그것은 황량 · 한적 · 고담(枯淡) 등을 의미한다. 바쇼(芭蕉)로 대표되는 '오카시' 는 웃음 · 곳케이(滑稽 : 우스꽝스러움)와 같이 '사랑스러움' 의 의미가 있지만 사사로움을 떠난 사랑으로서, 현실의 생과 존재 일체의 모순을 싸안는 미적 취미라고 말할 수 있다. 에도 시대 후기에는, 시민 사회의 현실 생활에서의 풍류 · 놀이, '이키' (세련되고 매력이 있음)의 미의식이 생겨났다. 일본의 미의식에 서 미와 예술을 결합하는 계기는, 첫째 미적 자연주의이며 그것은 '풍아(風雅)' 라고 불린다. 미와 예술이 결합하는 둘째 계기는 '놀이' 이며, 풍아를 '화월(花月)의 놀이' 라고 말하고, 예술은 끝날 줄 모르는 유희인 것이다.

일본인의 예술 의식은 예술 작품보다도 예술 활동 그 자체를 존중하고 예도(藝道)로서의 예술은 끝나는 일이 없는 인간 형성, 인간 발견의 과정이었다. 일상 생활에서 하나의 미적인 장(場)을 만들고 '도' (道)의 공동체험을 시도한다. 생활예술의 양식은 자연의 궁극적 도덕이라고 말해야만 할 것으로서, 예도는 바로 일본 민족의 미적 자연주의의 귀결이라고 결론지었다.

미학자 모리카와 게이쇼(森川惠昭)는 일본미의 전형적인 예를 들어 『일본미의 성격』[361]에서 이렇게 논한다. 일본 예술에 대해서 가장 큰 영향을 미친 것은 불교이지만 그 중요한 요인의 하나로서 '관'(觀)이 있다. 눈에 보이지 않는 극락정토 등을 본다는 얼핏 보기에 불가능한 일을 성취하는 것이 '관'이다. 표현하고 싶은 세계를 표현하지 않고 적극적으로 숨기고 감춤으로써 표현 이상의 효과를 얻는 것이 예술적 상징이다. 예컨대 그림의 여백, 시가나 예능의 여정(餘情)·여운은 그 구체적 예이며 그 기반에는 '관'이 있다. 노가쿠(能樂)를 할 때 쓰는 탈인 노멘(能面)의 '오모테'(表面)란 외면적 일상적인 것을 덮어 감추고, 내면에 있는 본질적인 것을 '표면'에 나타나게 하는 것이다. 와비 다인(茶人)은 조잡하고 보잘 것없는 투박하고 불완전한 도구를 쓴다. 형식이 완전한 것은 그 때문에 표면적 외면적인 곳에 구애되어 구석에 있는 본질을 잃어버리기 쉽기 때문이다. 이러한 곳에 일본미의 성격의 독특한 일면이 있다고 했다.

근대의 미술과 문학에 나타난 일본적 미의식을 논한 것은, 미술사가 다카시나 슈지(高階秀爾)의 『일본 근대의 미의식』[362]이다. 다카시나는 일본인만큼 자연과 '행복하고 친밀한 관계'를 계속 유지하는 민족은 드물다고 말한다. 예컨대 처마 밑이나 툇마루와 같이

361) 森川惠昭, 『日本美の性格』(朝倉書店, 1984. 9)

362) 高階秀爾, 『日本近代の美意識』(青土社, 1986. 9)

바깥과 안쪽의 중간 영역이 있으며, 그것이 생활 가운데에서 중요한 역할을 해내고 있다. 사람은 집 가운데로부터 자연 가운데로 그대로 들어간다. 원근법이나 명암법이 발달하지 않았던 것은 자연과 대치하는 인간이 없었기 때문이다. '우쓰쿠시'(美)라는 말은, 고대에는 약하고 작은 것에 대한 애정의 표현이었는데 나중에는 일반적인 미(美)를 나타내게 되었다. 이것은 일본인의 미의식이 주로 보호해야 할 것을 향해 있었다는 것을 보여 주고 있다. 또한 고대에는 아름다운 것을 '기요시'(淸), '기요라카' 라고 불렀던 것과 같이, 더러움이 없는 것을 동경하는 부정(否定)의 미학이 있었다. 이 미의식은 예술 영역에 그치지 않고 생활 행동 전반에 미치고 있다. 일본에서는 '아름다운 것' 이 강력함이나 합리적인 것과 결합되지 않고, 말하자면 피안의 세계에 있으면서, 많든 적든 현실과 유리되고 있는 것이다. 일본에서 미의 이상에는 생생한 현실의 육체에 대한 신뢰가 결여되어 있다. 미를 비현실적인 것이라고 생각하는 일본인의 심성은, 그것이 현실의 세계에 의해 더럽혀지는 것을 참을 수가 없기 때문이라고 기술하고 있다.

조형예술

그림 · 건축 등에서 보이는 미의식에 대해서, 그 일본적인 특징을 논한 것은, 미술평론가 요시무라 데이지(吉村貞司)의 『일본미의 특질』[363]이다. 저자에 의하면, 일본의 회화에서 형은 모두 선으로

---

363) 吉村貞司, 『日本美の特質』(鹿島硏究所出版會, 1967. 10)

형성되고 선과 면의 구별이 없다. 불화(佛畵)의 가는 선이 당(唐) 전래의 격식을 나타낸 것이라고 한다면, 굵은 선은 꾸미거나 멋을 부리지 않는 서민의 전통적 수법이었다고 말할 수 있다. 일본의 선은 굵다 가늘다, 강약, 경중, 농박(濃薄) 등, 여러 가지 변화를 갖고 있다. 또한 일본의 조형 의식에서는 여백의 감각이 있다. 예컨대 징검돌(飛石) 사이에는 아무것도 없는 공간이 있지만, 그 무를 무로 여기지 않고 두 개의 존재가 서로 작용하는 장(場)으로 한다. 전점(前点) 가운데서 후점(後点)의 활동을 의식하고 무라고 하는 공간을 뚫고 나가 후점에까지 작용하는 의식의 에너지를 갖는다. 일본 여백의 본질은 예술의 축소화라는 면에 나타난다. 그것은 군살은 깎아내고 뼈만으로 되는 본질로의 정진으로서, 하이쿠와 같은 단시형은 그 표현이다. 이쓰모대사본전(出雲大社本殿)은 비대칭(asymmetry)의 좋은 예이며, 이세(伊勢) 신궁의 좌우대칭(symmetry)과 현저한 대조를 나타낸다. 이질성의 병존은 후세의 비대칭에 나타난다. 예컨대, 다실은 좁은 가운데서도 도코노마(床の間 : 방바닥을 한층 높인 곳)와 화로를 놓는 공간의 두 개가 병존한다. 일본인은 균제(均齊) 가운데에 있는 사(死)나 부동성(不動性) 때문에 질식하지만 그것은 의식이 끊임없이 생동감(vitality)을 가지기 때문이라고 했다.

마찬가지로 정원에서의 미의식을 해설하고 있는 것은, 조원학자(造園學者) 니와 데이조(丹羽鼎三)이다. 그는 니와 데이조 기념출판회 편 『일본 문화로서의 정원』[364]에 수록된 논문에서, '사의정

364) 丹羽鼎三記念出版會 編, 『日本文化としての庭園』(誠文堂新光社, 1968. 9)

원'(寫意庭園)을 다음과 같이 정의했다. 작정자(作庭者)의 구상이 비사실적 의장(意匠)·수법에 의해 표현되고, 보는 사람이 그 풍취·풍운(風韻)을 맛봄과 동시에, 구체적으로 전개되는 경관을 넘어서 상상의 경지로 이끌려 들어가는 그러한 정원이다. 침전(寢殿) 만들기에서는 건물의 배치가 좌우 대칭인데도, 부수되는 정원은 그 양식이 아니다. 이것은 건물이 당시 아직 중국식인데도 정원은 모두 일본인의 것이 되어 있던 사실을 나타내고 있다. 좌우·전후의 대칭 현상이 보이지 않는 자연풍경의 축소 재현을 취지로 한 일본 정원은 대칭 형식을 취하지 않는 방향으로 나아갔다. 여백정원이란 정원의 나무·돌 기타의 장식물을 두지 않고 여백을 넓게 갖는 정원을 말하지만 그 여백은 각종 재료를 배치한 '실'(實)의 부분과 어울리는 상대적인 공백부로서, 단순한 공지는 아니다. 일본 풍토의 특징인 노을이나 안개나 구름에 덮인 보이지 않는 피안에 생각을 펼치고 함축이나 여운의 묘미를 알고 다시 그윽한 멋(幽玄)을 추구하는 마음을 생기게 함에 이르렀다고 기술하고 있다.

정원의 문제와 나란히, 건축에 반영되는 미의식을 중심으로 공간의 문제를 다룬 것은, 건축학자 이노우에 미쓰오(井上充夫)의 『일본 건축의 공간』[365]이다. 이노우에에 따르면, 고대에는 건축의 조형상 관심은 내부 공간보다도 외부 구성을 향했다. 특히 원시 시대의 일본인은 공간적인 것에는 전혀 무관심해서 오로지 실체적인 것을 추구했다. 실체적인 것에 대한 관심은 대륙 문화 수입기에 들

365) 井上充夫, 『日本建築の空間』(鹿島研究所出版會, 1969. 6)

어서면 외부 공간에 건축물을 조각적으로 구성한다는 방향으로 진행되었다. 그러나 헤이안 시대가 되면 그 관심은 약화되고 환상과 같은 회화적 구성을 좋아하게 된다. 헤이안 시대 말부터 중세에 걸쳐서 내부 공간의 확장 · 분화 · 결합 등의 방법이 발달하고 드디어 외형보다도 내부 공간의 조형을 우선하게 된다. 이 경향은 중세를 통해 발전하고 근세에 와서 최고조에 달한다. 그것과 동시에 내외 공간의 구성에 일본의 독자적 시스템이 완성되고 건물의 방의 위치 배치, 정원, 도시 등 모든 방면에서 이것이 표현된다. 이러한 특색 있는 건축 공간을 이노우에는 '행동적 공간' 이라고 부른다.

일본 건축 공간의 특색은 '불규칙성' 이라든가 '자유성' 이라고들 한다. 내부를 걸어가면 굴절될 때마다 새로운 광경을 발견하게 되고 공간의 각 부분을 두루마리 그림을 보듯이 계속적으로 관조할 수 있다. 정원에는 회유식(回遊式)이 남북조경에 발생하고 에도 시대에 걸쳐 유행했다. 한가운데에 큰 연못이 있고 그 주위에 정자 · 다실 · 불당 등이 배치되고 보는 이는 그 연못의 주변을 걷는다. 이것이 외부의 행동적 공간의 전형적 예이다. 중세 이후에 '공허한 것' 에 대한 관심이 높아졌으나, 그 공(空)은 절대적인 허무가 아니라 변화가 풍부한 운동성이 있는 공간이었다. 그 정신적 배경은 무상관의 사상에서 가장 잘 볼 수가 있다. 현재가 영원의 무와 무 사이에 삽입된 찰나적인 순간에 지나지 않는다고 자각하고, 인생도 사는 집도 '임시로 사는 숙소' 로 본다. 일본 특유의 무상관과 굴절되는 행동적 공간과는 공통의 근원으로부터 출발했다고 이노우에는 논했다.

마찬가지로 일본의 건축과 정원을 국민 문화론과 관련시켜 고찰한 사람은 건축평론가 가와조에 노보루(川添登)이다. 『건축과 전통』[366]에서 그는 다음과 같이 기술했다. 이세(伊勢) 신궁에서 21년마다 사전(社殿)을 다시 건축해 왔다는 사실은 건축 그 자체를 영구히 보존하려고 생각하지 않았던 증거이다. 형태가 있는 것은 반드시 멸망한다. 즉 생자필멸의 신념을 일본인은 예로부터 갖고 있었던 것이 틀림없다. 어떻게 하든 남기고자 노력했던 것은 가타치(형태)가 아니라 가타(양식)였던 것이다. 전승되는 가타라는 원칙에 생명을 부가했을 때 그것이 가타치가 된다. 일본인은 가타치를 만들 수가 있는 수많은 가타를 생성하고 내놓았다. 일본인의 뛰어난 '질서 감각' 을 길러 온 것은 무논(水田)이 아니었던가. 논다랭이의 형태나 지세의 교묘한 이용, 물의 맑음, 수평성 등에 일본인의 미의식의 원천이 있다고 생각한다. 형식이나 질서에 대한 인식을 갖게 된 것은 농업노동을 통해서이며, 신전이나 궁전 등 거대한 건축물을 만들어 낸 것은 그 결과 얻어 낸 구성적 원리의 인식 때문이다. 그리하여 만들어 낸 건축이 반대로 사람들에게 직접적, 구체적으로 작용하여 질서 감각을 길렀다.

일본인은 외국인에 비해서 상당히 경조부박하지만 감수성은 극히 예민하다. 현재 '토속적인 것' 이 대중 사회적 현상과 모순 없이 공존하며 대중 · 근대 · 전통 문화의 혼재는 동시병렬적이라기보다는 용해형(溶解型)이라고 말할 수 있다. 외래 문화의 이입으로 문화

---

366) 川添登, 『建築と傳統』(彰國社, 1971. 9)

를 구축해 온 일본인은 본래 대중 사회적인 외적지향형이며, 따라서 대중적인 것이 전통적인 것 가운데 용해되었다고 결론내렸다.

건축사학의 입장에서 일본 건축의 특색을 역사적으로 더듬은 것은 건축사가 오타 히로타로(太田博太郎)의 『일본 건축의 특질』[367]이다. 자연의 혜택 가운데서 평화로운 생활을 영위해 온 일본인은, 자연을 사랑하고 찬미해 왔다. 소규모로서 변화가 풍부한 자연은, 자연에 대한 감각을 예민하게 하고, 웅대함보다 우아한 세련을 좋아하게 했다. 대륙의 정치적인 지배를 면한 일본 민족은 민족적인 편협성에 빠지는 일 없이 평화적으로 자유로이 외국 문화를 받아들였다. 일본은 항상 선진국에 뒤져 있었으므로 새로운 양식이 전래되면 그 영향은 현저하고 또한 열심히 받아들였다. 건축 양식의 단일성은 중앙 정부가 언제나 하나이며 일본 민족이 단일하여 정신적인 통일이 보존되었던 것과, 한편으로 권위에 대한 복종성이 강하고 보수적이었던 것도 원인이 된다. 건축은 자연에 대항하는 것이 아니라 자연 가운데에 녹아 들어가 버리는 듯한 겸허함을 가진다. 자연에 대한 조심스럽고 소극적인 표현은 수평적인 표현을 주체로 하고 수직선을 강조하지 않는 것으로 표현된다. 일본 건축은 비대칭적으로, 그 대표적인 것은 다실이다. 작은 다실에 창이 여덟 개나 있는 예가 있지만 그 형 · 크기 · 구조가 모두 다른 것은 동일형의 되풀이를 전혀 하지 않기 때문이다. 또한 일본 건축의 의장의 특성은 그 간결청순한 표현에 잘 나타나며 모든 것이 무장식

367) 太田博太郎, 『日本建築の特質』(岩波書店, 1983. 7)

의 미로서 과장되지 않았다고 기술했다.

문학

일본 문학의 작품을 들어 일본인의 미의식을 논한 저작은 수없이 많지만, 여기에서는 그 가운데서 두세 개를 드는 데 그치겠다.

국문학자 혼다 기켄(本田義憲)은 『일본인의 무상관』[368]에서 주로 고전문학 가운데에 나타난 무상관의 역사를 더듬고 있다. 중국 불교를 경유하여 일본에 들어온 무상관은, 유위변전(有爲變轉)을 포함하면서 대개 아름다운 계절 가운데에 항구적이지 않은 집에서 살며, 무의식 가운데 사물의 허무함을 느껴 온 일본인의 심성에 받아들여지기 쉬웠을 것이다. 일본인이 단카나 하이쿠 등 소시형(小詩形)에 친숙해진 것도 무상의 생각과 관계가 있을 것이다. 그러한 무상과 관계되는 정감이 일본의 미감을 기르고, 또 그 정서가 세련되어 자연과 인간을 바라보는 투철한 인식도 생겨났다고 기술했다.

평론가 가라키 준조(唐木順三)는 『일본인의 마음의 역사』[369]에서, 일본인이 가진 예민한 감수성을 가장 잘 나타내고 있는 것은 계절감이라고 하고, 그 예증을 만요슈(万葉集) · 고킨슈(古今集) · 바쇼(芭蕉) · 사이카쿠(西鶴) 등의 고전문학, 다시 근대문학 · 사상의 저작 가운데서 구하고 구체적으로 논하고 있다.

마찬가지로, 고전문학에서의 일본인의 미의식을 고찰한 것은

368) 本田義憲, 『日本人の無常觀』(日本放送出版協會, 1968. 1)
369) 唐木順三, 『日本人の心の歷史』(筑摩書房, 1970. 2～8)

국문학자 나카니시 스스무(中西進)의 『고전과 일본인』[370]이다. 그에 따르면, 지금 범람하는 일본인론에서는 메이지 이전을 본래의 일본이라고 생각하는 것 같다. 인간의 마음 가운데는 원풍경(元風景)이 있지만 현재의 일본인의 대부분이 가지는 원풍경은 농촌 풍경인 듯하다. 일본인의 사고형으로서, 대소(大小)가 한 세트가 되어 어떤 사항이 완결된다는 미학이 있으며 하나로서는 불충분한 느낌이 든다. 또 하나는 직선적 사고법으로서, '의' 로서 계속되는 문맥을 갖는다는 것은 사고법이, '의' 에 의해서 다음 다음으로 직선적으로 중첩되어 가는 구조라고 하는 것이다. 히토(사람)라는 말도 타인이라는 개념과 인간이라는 개념을 같은 그룹으로 파악한다. 일본인에게는 그런 류(類) 사고가 있으며 개별적인 인식을 별로 갖지 않았다. 일본 문학의 전통으로서 와카(和歌)적인 것과 하이쿠(俳句)적인 것이 있고, 각각 야요이적(彌生的)인 자연과 조몬적(繩文的)인 자연이 대응한다. 평탄한 들판의 평화로운 자연이 야요이 문화이며, 거친 산의 자연이 조몬 문화이다. 주류를 차지하는 것은 야요이적인 화문맥(和文脈)의, 조화로운 인간이 생각해 낸 자연이지만, 그 이면에는 꾸준히 '물' (物)적인 자연이 흐르고 있다고 했다.

최후로, 근대 일본의 사상가 · 문학자의 발상을 독특한 관점에서 논한 뛰어난 논문으로, 작가 이토 세이(伊藤整)의 「근대 일본인의 발상의 제형식」[371]을 든다.

---

370) 中西進, 『古典と日本人』(彌生書房, 1981. 3)

371) 伊藤整, 「近代日本人の發想の諸形式」(『思想』, 1953. 9, 뒤에 『小說の認識』, 河出書房, 1955. 3)

음악

음악에 관해서 국민성과의 관계를 생각할 경우, 일본이 극히 특이한 음악적 상황에 놓여 있다는 것을 지적할 수 있다. 즉, 가가쿠(雅樂)·사이바라(催馬樂)·소묘(聲明)·노(能)·호가쿠(邦樂) 등 전통적 음악 위에, 메이지 이래 그것과 전혀 다른 음악 체계와 예술관을 가진 서양 음악이 들어와, 양자가 나란히 존속한다는 사실이다.

음악학자 기쓰카와 에이시(吉川英史)는 『일본 음악의 성격』[372]에서 이렇게 기술하였다. 일본 음악의 선율을 오선지에 써서 나타내어, 어떠한 형식 음계로 되어 있는가를 연구하는 것만으로는 일본 음악의 정신이나 미는 알 수가 없다. 일본 음악을 감상하기 위해서는, 우선 '서양 음악, 즉 세계 음악' 이라고 하는 선입관을 버리지 않으면 안 된다. 일본 음악의 역사에는 서양 음악이나 일본의 다른 예술의 역사에서 볼 수가 없는 특수성이 있다. 그것은 병렬적 발전이라고도 말할 수 있는 현상으로서, 나라 시대의 기가쿠(伎樂)도, 헤이안 시대의 가가쿠(雅樂)도, 가마쿠라·무로마치 시대의 노가쿠(能樂)도, 도쿠가와시대의 조루리(淨琉璃)나 산쿄쿠(三曲)도, 모두 그 뒤에 차츰 부가되어 선행 예술을 부정하지 않고 남기고 있다. 다시 동일한 음악에서도 시대에 따른 변화가 있는 데다가, 동종의 음악이 많은 유파(類派)를 계속 낳았다. 민족 양식 이외에 시대 양식·유파 양식 등이 극히 복잡하게 교차한다. 사용하는 악보나 악기가 다르고, 미의 성격도 청아한 가가쿠, 유현한 노가쿠, 호

372) 吉川英史, 『日本音樂の性格』(音樂之友社, 1979. 10)

장한 기다유(義太夫), 우아한 산쿄쿠, 장쾌한 나가우타(長唄), 순수한 기요모토(清元), 오래 되어 아취가 있는 우타자와(歌澤) 등등 각각 독자성을 갖고 있다. 일본에는 음악은 없고, 가가쿠가 있고 쇼묘가 있고 노가쿠가 있으며 신나이(新內)가 있고 도도이쓰(都都逸)가 있는 것이 실상이다.

일본인의 특유한 리듬 감각에 대하여 음악연구가 후지타 다쓰오(藤田龍生)는 『리듬―일본인의 음감각과 리듬』[373)]에서 이렇게 기술한다. 일본어의 악센트는 고저 악센트, 즉 선율적 악센트라고 한다. 또 일본어의 리듬은 말에서 리듬적 요소를 제거함으로써 생겨난 '기복이 적은' '심히 단조로운' 역설적 리듬이라고 말할 수 있다. 같은 비중을 갖는 낱낱의 박자의 통합에 의해 리듬이 구성된다. 일본어의 이박자성(二拍子性)은 박자라고 하기보다 하나하나 박자로서의 음절의 몇 개인가가 통합됨으로써 생긴 결과의 박자성이 아닌가. 말의 전달에는 목소리로 씩씩한 소리로 들려 주든가, 콧소리로 부드럽게 들려 주든가 하는 두 가지 방법이 있고, 이전에는 확실하게 구별되어 있었으나 현재는 혼란스럽다. 일본인은 자연의 여러 소리, 자연음에 대해서 어떤 감각을 갖고 있으며, 벌레나 새의 울음소리, 바람소리, 물이 끓는 소리, 졸졸 흐르는 냇물소리나 옷깃이 스치는 소리에서까지 미를 느낀다. 그것은 자연음과의 대화를 통한 청각적인 자연과 인간과의 교류이며 극히 일본적인 커뮤니케이션이라고 말할 수 있을 것이라고 기술했다.

---

373) 藤田龍生, 『リズム―日本人の音感覺とリズム』(風濤社, 1976. 10)

일본인의 음감각을 신체 운동이나 말할 때의 언어 등의 면에서 논한 것은, 작곡가 오구라 로(小倉朗)의 『일본의 귀』[374]이다. 유럽의 음악은 이론적 체계를 쌓아 올리면서 조화로운 힘을 추구해 왔지만, 일본의 음악은 조화성을 오로지 체험적인 것으로서 느끼고 전승해 왔다. 일본 음악의 세련된 세계에서는, 한 발 또 한 발 나아가는 선율은 그 긴장을 확실히 하기 위하여 정적을 어지럽히는 일체의 소리를 배제한다. 그 결과, 음은 마지막 순간까지 절제되고 엄격한 점과 선으로 된 음의 세계가 생겨난다. 일본 음악 독자의 가락은 긴장을 팽팽히 집어넣은 무음(無音)의 시로서 구현한 하나의 형식이다. 또한, 일본 음악이 본질적으로 이박자계(二拍子系)의 리듬에 속했던 것은 농경 작업의 전진 · 후퇴의 발움직임, 상하 · 전후의 손 운동이 짝수계의 리듬을 만들어 내는 것과 관계가 있다. 일본 고래의 음악은 원래 솔로의 세계에 속하며, 말로 하는 것으로 동시에 노래할 때에도 소리를 합치는 제창(齊唱)이었다. 일본의 귀에는 두 가지형이 있는데, 하나는 억양을 절약한 한 박자조(一本拍子調)의 읊음에 알맞은 귀, 또 하나는 말을 정서적 대상으로 하여 소리를 파악하는 데에도 그것을 주정적(主情的)으로 선율적으로 풀어 나간 귀이다. 천황을 중심으로 하는 계층에는 가가쿠(雅樂) · 노리토(祝詞 : 신을 모시고 신에게 빌 때에 신주가 신 앞에 아뢰는 고체의 문장) · 와카(和歌)의 읊음을 제외하고 원래 선율적인 노래는 존재하지 않고, 한편 서민들은 선율적인 동요 · 민요 등 다양

374) 小倉朗, 『日本の耳』(岩波書店, 1977. 5)

한 가곡이나 기악에 의한 음악적 소산을 갖고 있었다. 말하자면 억양은 계층에 따라서 두 가지 얼굴을 가지고 있어, 특권 지배 계급에서는 강약 악센트, 서민 계급은 고저 악센트에 기울었다. 한 박자조의 강약 악센트는 심리적으로 작용하는 힘을 가지며 초자연적, 초인간적, 신들린 효과를 나타낸다. 그전의 일본 음악에서 해낸 역할은 중요한 것이었다고 기술했다.

일본 음악의 원류를 중국에까지 소급해서 추구하고 일본의 민족음악을 재평가할 것을 시도한 것은, 음악학자 고지마 도미코(小島美子)의 『일본 음악의 고층(古層)』[375]이다. 저자는 다음과 같이 말한다. 일본 음악은 대부분이 목소리의 음악으로서, 순수한 기악으로서는 가가쿠의 관현과 사원에서의 샤쿠하치(尺八 : 피리), 민속예능의 하야시(囃子 : 가무에 맞춰 박자를 잡는 악기) 정도밖에 없다. 목소리의 음악도 동요와 민요, 가가쿠의 노래들, 지가(地歌), 단가(端歌), 고우타(小唄 : 옛날 속곡의 한 가지), 소쿠교쿠(俗曲) 정도로, 나머지는 전부 가타리모노(語り物 : 악기에 맞춰 가락을 붙여서 말하는 이야기)이다. 또한 대부분은 몸의 움직임을 수반하고 있으며, 처음은 음악뿐이다가도 드디어 춤이 붙고 극화하는 경향이 대단히 강하다. 음악의 '고층'(古層)이란, 외국의 음악 예능의 영향을 한 꺼풀씩 벗겨 내었을 때 나타나는 층을 말하는 것이다. 일본 음악의 고층으로서 적어도 다음 5종류를 들 수가 있다. (1) 샤머니즘의 음악. 예컨대, 신주(神主)가 신을 맞이할 때에 발하는 게이히쓰(警

375) 小島美子, 『日本音樂の古層』(春秋社, 1982. 10)

蹕 : 천자나 신분이 높은 사람이 출입할 때에 소리를 질러서 사람들로 하여금 경계하고 조용하도록 하는 것). (2) 가타리모노. 예컨대 고대의 가타리베(語り部 : 옛날 문자가 없을 때 전설 등을 전문적으로 이야기로 전하던 직업, 또는 그 사람)들의 이야기. (3) 우타가키(歌垣 : 옛날에 남녀가 모여 시가를 읊고 춤을 추며 즐기던 놀이)의 노래 등. 노래의 계보의 원점이라고 할 수 있다. (4) 춤의 음악. 가장 원시적인 것은 손뼉과 언어로써 반주한 형식이라고 상상된다. (5) 일할 때의 노래 · 계절의 노래 등.

음악적인 특징에 대해서는 다음 세 가지를 들 수가 있다. (1) 음계. 고층(古層) 음악의 단계에서는, 적어도 율음계(律音階), 변종, 민요 음계의 3종류가 있었다. (2) 화성(和聲). 예컨대 쇼묘(聲明 : 부처님의 덕을 칭송하는 노래)에는 화성적으로 울려 퍼지는 음의 겹침이 있다. (3) 발성법. 우라고에(裏聲 : 높은 음을 노래할 때, 성대의 일부분을 사용하여 내는 특별한 소리)를 효과적으로 사용한다. 통신수단이 없던 무렵에는 멀리 있는 사람들을 부르기 위해서 쓰였다.

현대 일본 음악 가운데에서도 가장 대중성을 갖는 가요곡을 들고, 그곳에 있는 일본인적 심정을 고찰한 저작물도 몇 개인가 있다. 시인 도미오카 다에코(富岡多惠子)의 『노래 · 말 · 일본인—가요곡, 아 가요곡』[376)]에 따르면, 가요곡의 장식음적인 가락이나 억양에는 경어에서 볼 수 있는 복잡하고 애매하게 표현하는 버릇이 들어가 있는 것 같다. 최근 20년 동안에 일상적 회화에서는 사용되

376) 富岡多惠子, 『歌 · 言葉 · 日本人—歌謠曲, ああ歌謠曲』(草思社, 1972. 3)

지 않는 아나타(당신)·와타시(나)가 가사에 나타나기 시작한 것은 놀라운 일로서, 그것이 노래 혁명의 선구가 아닌가라고 기술하고 있다. 또 민족음악학자 고이즈미 후미오(小泉文夫)는 『가요곡의 구조』[377]에서 이렇게 말한다. 일본인이 일본적 정서를 노래할 때는, 예컨대 엔카(演歌)가 5음 음계인 것과 같이, 음계는 단순하지만 비브라아트나 주먹을 이용하여 발성법에는 사용처를 나누어 표현한다. 음계도 리듬도 단순하고 쉽기 때문에 금방 흉내를 낼 수 있을 것 같지만, 진짜로 기분을 내어 노래하게 되면 어렵다. 일본 음악은 선율의 골조는 간단하고 쉽지만 그것을 명인이 풍미(風味) 깊은 것으로 만들어 버리는 데에 특색이 있다고 했다.

이 밖에 음악가 미쓰토미 도시로(みつとみ俊郎)의 『멜로디 일본인론—엔카에서 클래식까지』[378]는, 엔카가 어디까지 일본인의 멘탈리티를 표현하고 있는가를 논했다. 엔카는 음악적으로는 서양음악에 의외로 가깝고, 일본의 전통 음악과의 교묘한 관계 가운데서 비교적 최근에 생겨난 것으로서 엔카에 어두움이 따라다니는 것은 제재(題材)에 '이별'이라는 상황이 있기 때문이라고 했다.

무대예술

일본의 대표적인 무대예술에서 볼 수 있는 미의식에 대해서, 연극학자 가와타케 도시오(河竹登志夫)는 『무대 속의 일본—일본인

---

377) 小泉文夫, 『歌謠曲の構造』(冬樹社, 1984. 5)

378) みつとみ俊郎, 『メロディ日本人論—演歌からクラシックまで』(新潮社, 1987. 9)

의 미의식』[379]에서 다음과 같이 기술한다. 일본의 전통연극은 바람에 날려 쌓인 낙엽더미처럼 잡종 혼합물과 같은 것으로서, 훌륭하다고 생각되면 외래 문화로부터 취사선택하여 새로운 것을 창조해 내려온 과정에 바로 '일본적' 인 것이 잠재한다고 할 수밖에 없다. 노(能)도 가부키도 무대는 교괘(橋掛)나 하나미치(花道 : 가부키에서 관람석 위를 가로질러 만든 배우들의 통로)가 왼쪽에 있기 때문에 좌우 대칭이 아닌 것으로 되어 있다. 가부키의 하나미치의 독자성은 등 · 퇴장뿐만 아니라 연극 공간으로서 비상하게 발달되었다는 것, 신령을 위한다는 원시 단계로부터 인간의 장으로 진화하고 있다는 것, 이 두 가지 점에 있다.

일본인은 시바이(芝居 : 연극)를 보고 극적 전개를 이치를 따져 더듬어 가는 것으로는 만족하지 않을 것이다. 전통연극의 경우, 눈과 귀에 의한 관능의 만족과, 극적 전개의 과정 · 결과로부터 생기는 '정감' 과 '여정' (餘情)에 의해서 향수(享受)되는 것이 아닐까. 애수 · 수탄(愁嘆) 등의 정감, 여정이 태반의 비중을 차지하는 주정성(主情性)의 경향이 어떤 시바이에도 있다는 점에 일본 연극의 특성이 있다. 중세의 사람들은 노(能)의 무상관을 유현(幽玄)의 양식 가운데 마음껏 맛봄으로써 일상의 무상감을 정화하고 해방했다. 근세 도쿠가와(德川) 시대 사람들은 봉건 사회의 슈탄시바이(愁嘆芝居 : 슬퍼하고 한탄하게 하는 연극)에 눈물을 흘림으로써 음습한 인간 관계에서 오는 일상의 울적을 걷어 내고 정서의 안정을 얻으

379) 河竹登志夫, 『舞臺の奥日本 — 日本人の美意識』(TBS ブリタニカ, 1982. 4)

려 했다. 이리하여 에도 시대에 육친가족의 이별의 수탄 · 영탄이 라는 음습한 드라마의 형식을 확립했다. 노(能)에서도 가부키에서도 추(醜)나 악(惡)을 변화시켜 미(美)로 만들고, 미는 모든 것에 우선한다고 하는 유미주의(唯美主義)의 가치관이 있지만 이것이야말로 일본 연극의 가장 큰 특색일 것이라고 결론내렸다.

노 · 가부키 등 전통예능과 달리 각지에 지금도 전해져 행해지는 민속예능에서 볼 수 있는 미의식을 논한 것은, 민속예능학자 미스미 하루오(三隅治雄)의 『민속예능의 예(藝)』[380]이다. 그에 의하면, 일본인다움을 문화의 제 양상에 가져온 변혁의 기점은 헤이안 귀족들에 의한 '풍류' 문화가 융흥한 때이다. 일본인다운 행동 유형이나 사고 경향, 나아가 문화 현상을 낳은 것은, 헤이안 시대에 산성(山城)의 좁은 공간에 몸두고 서고 앉는 몸가짐도 조용하게, 사물을 내성적 정서적으로 파악하고 한숨을 쉬는 생활을 보낸 궁정의 풍류객들이었다.

영화로운 처지의 귀족들이 무상한 내일을 그려 본다는, 극히 관념적인 무상관(無常觀)이 생겨났다. 은자(隱者)들이 각지에 전한 문예는, 이 세상을 무상하게 여기면서 사람의 일(人事)도 화조풍월도 보는 것이며, 그것이 몽상적 관념적이었기 때문에 밝고 낙천적인 민족성을 가지는 일본 민중이 부르는 노래로서는, 너무 쓸쓸하고 기분을 풀 길 없고, 이별과 실의만을 노래하고, 춤추는 것도 약동하긴 하지만 그 바탕에는 애수를 감돌게 하는 것이 많았다.

---

380) 三隅治雄, 『民俗藝能の藝』(東京書籍, 1987. 5)

국가 성장의 시기에 각지의 향토예능과 주변국의 가무가 중앙에 모여, 그것들이 궁정에 있는 미야코(都 : 왕궁)의 문화, '미야코부리(왕궁 몸차림)→미야비(우아 · 풍류)' 로서 대성(大成) · 정착되었다. 현재의 각 지방의 민속예능도 '미야비' 문화에 강하게 영향받고 있다. 그것이 눈에 두드러지지 않는 것은 연출하는 지역 사람들의 마음이 순진하고, 연기가 박눌(朴訥)했기 때문이며, 그것은 '미야비' 를 '히나부리→히나비(촌스러운)' 화(化)한 예능이다. 일본 민족의 형성에 기여한 종족의 원향(原鄕)이 아시아의 북동과 남쪽이라면, 그들 지역의 예능과 일본의 북쪽과 남쪽의 민속예능이 서로 통하는 것도 당연하며, 그 닮은 부분이 '미야비' 문화 보급 이전의 일본인의 예능의 본래의 얼굴이었는지도 모른다고 했다.

4. 일본적 언어 표현

일본인의 대인 관계 가운데에서 언어 커뮤니케이션이 일본적인 애매성을 남기고 있다는 것은 수많은 사람들이 지적하고 있다. 전후, 미국적인 언어 표현이 갖는 합리성과 자기 주장을, 가족 · 직장 등에서 받아들일 필요가 있다고 논의되어 왔다. 그럼에도 불구하고 여전히 대인 관계에서 상대방에 대한 배려나 마음 씀씀이가 중시된다.

이타사카 겐(板坂元)의 『일본인의 논리구조』[381]에서는, 일본어

381) 板坂元, 『日本人の論理構造』(講談社, 1971. 8), 역서 『일본인의 논리구조』(도서출판 소화, 1996. 8. 20)

의 독특한 예를 들고 그 의미를 설명하고 있다. 예컨대 '나마지이'(쓸데없는 것을 공연히, 무리하게 억지로)는 어떤 일 같은 것을 이상적인 상태로 철저하게 하지 않고 불충분한 단계에 놓아 두는 상태를 가리킨다. '잇쏘노 고도'(차라리)란 말은, 생각이 딜레마에 빠졌을 때, 그 불쾌감이나 초조감을 싫어해서 사고(思考)를 중단하고, 비약된 결론에 감정적 · 직관적으로 도달하는 사고 방식을 말한다. 또한 대인 관계의 표현에 관해서는, 피부감각적인 사고 방식이 강하게 영향을 미치고 있다. 예컨대 '따뜻한 사람, 차가운 사람', '구교(舊交)를 따뜻하게 한다' 등이다. 인정이란, 피부감각에 기하는 원근감에 비례해서 강하게 되든가 약하게 되든가 하는 타인에 대한 애정을 의미한다. 의리는 인정과 서로 보완하는 관계에 있고 인정이 없는데도 있는 듯이 보이게 하는 행위, 남에게 보이지 않으면 안 된다고 생각하는 규범 의식이다. 이 의리인정의 근저에는 아마에(응석)라는 의존의 감정이 존재한다.

일본어의 표현은 예스냐 노냐가 확실하지 않고, 이른바 다마무시이로(玉蟲色 : 광선이 비침에 따라 녹색이나 자주색으로 보이는 빛깔)가 특징으로 되어 있다. 이 점에 대해서 가족이나 직장에서 이뤄지는 대화를 예로, 언어학자 스즈키 다카오(鈴木孝夫)는 『말과 문화』[382]에서 다음과 같이 말했다. 일본의 부부는, 남편과 아내로서보다도 아버지와 어머니로서 행동하는 일이 많다. 부부는 거의 명시적인 애정표현을 하지 않는다. 일반적으로 부부 관계는, 사적

382) 鈴木孝夫, 『ことばと文化』(岩波書店, 1973. 5)

인 성격이 강하고 공적인 곳에서는 가능한 한 아무렇지도 않은 듯이 무관계에 가까운 행동을 취하려고 한다. 미지의 타인과 마음 편안하게 이야기할 수 없는 것은, 상대방의 본래의 성격을 모르면 자기와의 안정된 인간 관계를 결정할 수가 없기 때문이다. 또한, 상대방이 어떻게 나올 것인가 하는 행동 방식이나 의견을 바탕으로 해서 거기에 자기의 생각을 어떻게 조화시켜야 하는가 하는 상대방 기다림 방식에 능하다. 타인이 의견 · 소망을 말로써 확실하게 표명하기 전에 재빨리 살펴 알고 자기의 행동을 맞추려고 한다. 일본 문화는 눈치의 문화 · 남을 헤아려 주는 문화라고 일컬어지며, 자기가 상대방에 의존하고 상대방도 이쪽에 동조해 줄 것을 기대한다. 대외적인 교섭에서는, 대세를 파악하지 못하는 동안은 자기의 위치를 정할 수가 없기 때문에 외교 · 정치 · 경제의 모든 점에서 늦어져 버린다.

국어학자 긴다이치 하루히코(金田一春彥)는『일본인의 언어표현』[383)]에서, 일본인의 언어 생활의 특색으로서 다음과 같은 점을 들고 있다. 첫째, 말하지 않는 것, 쓰지 않는 것이 상책이라는 정신이 있다. 아무래도 쓰지 않으면 안 될 경우에는 애써 짧게 표현한다. 그러나 인사만큼은 길고 어구도 많다. 일본인은 자기의 의견을 내놓는 것을 자제하는 경향이 있으며 상대방의 의견에 찬성하고 그 말을 그대로 따라하는 것을 즐긴다. 또, 단정적인 말을 피하려 하고, 간접적인 표현을 좋아한다. 그 결과 의미가 확실하지 않은

383) 金田一春彥,『日本人の言語表現』(講談社, 1975. 10)

문장 · 담화에도 익숙하다. 일본인끼리라면 말이 불완전하더라도 상대방의 마음을 살펴 가면서 충분히 의사를 소통할 수가 있다. 그러나 앞으로는, 일본인도 생각하는 것을 분명하게 말하는 습관을 붙이는 것이 필요할 것이라고 결론지었다.

일본어가 자기 표현보다도 상대방에 대한 아마에(응석)의 기분에 좌우된다는 것을 지적한 것이, 언어학자 나루세 다케시(成瀨武史)의 『말의 자계(磁界)—일본어에서 찾는 '아마에'의 구조』[384]이다. 그 책에 따르면, 일본인의 언어 의식 가운데에 뿌리깊은 장면의존(場面依存)의 경향이 있고, 이야기의 수신자와 자기의 관계를 끊임없이 연령이나 신분의 상위(相違)에 비추어 의식한다. 화제의 내용이나 논지의 명확성보다도 상대방에 신경이 쓰인다. 그렇기 때문에 사전에 이미 마음의 회로가 열려 있으면 가정 내의 대화와 마찬가지로 말하지 않아도 통한다. 말을 아끼는 토양은 이와 같은 언어 불신과 표리일체이다. 말이 많은 것은 품위를 낮추고, 서로가 다 알고 있는 것을 귀찮게 끈덕지게 말하는 것은 촌스럽고, 그 장소의 분위기와 말을 아끼는 친숙한 사이끼리 아마에의 기풍을 길러 낸다. 일본어의 이미지나 연상(連想)의 배후에는, 청탁(淸濁)을 합쳐 마시는, 임기응변, 융통무애의 유구조(柔構造)를 좋아하는 가치관이 있으며, 본능적으로 대결의 구도를 싫어한다. 또 인정을 따뜻하게 함으로써 이심전심이 가능하다. 비완결을 특징으로 하고

---

384) 成瀨武史, 『ことばの磁界—日本語に探る'甘え'の構造』(文化評論出版, 1979. 7)

대결 자세의 회피와, 처세술로서 내면화된, 철저한 사고에 대해서는 내키지 않아 하는 성격이 있다고 했다.

다음으로, 일본인의 언어 커뮤니케이션을 일본 문화·사회심리와 중복시켜 논한 것이, 언어사회심리학자 하가 야스시(芳賀綏)의 『일본인의 표현심리』[385]이다. 저자에 따르면, 일본 민족은 온화하고 섬세하며 감상적이고 여성적이며 내향적인 좀 스케일이 작은 인간들의 집단이며, 국민성의 기층과 중핵 부분은 쉽게 변하지 않는다고 했다. 일본인을 잘 반영하고 있다고 보이는 어구·표현에는 밑줄을, 플러스의 어감에는 진하게, 마이너스의 어감은 그림자 바탕으로 하여 다음과 같은 예를 들고 있다. (1) 자연과의 조화. 예컨대 **자연의 품에 안긴다**. (2) 담박(淡泊) 표박(漂泊) 무상(無常). **적당하게·소탈하게·체념이** 빠른 등의 말을 좋아하고, 승패는 알 수 없는 것(쇼부와 미즈모노)·물을 따르다 등 물이 많이 사용되는 것이 특징으로, **깨끗한 것 좋아하기**와도 관계가 있다. (3) 비분석적 직감적 파악. **직감력**과 **요령**이라는 말이 그것을 상징하고 있다. 분석을 좋아하지 않고 추상적 사고가 발달하기 어렵다. 체계적 사고에 약하고 **융통성이 있는** 사고 방식을 좋아한다. 의성어(擬聲語)·의태어(擬態語)가 애용되는 것도 감각적 비분석적인 경향과 관계가 있다. (4) 음영의 애호. 언외(言外)의 뉘앙스를 즐기고, 예컨대 유**카시이**(陰影 : 어쩐지 그리운, 말하지 않는 것이 바람직한)한 미의식이나 모럴이 있다. 섬세함을 좋아하는 반면, 덤덤한 맛·대충 대충

385) 芳賀綏, 『日本人の表現心理』(中央公論社, 1979. 11)

을 경멸하지만, 사물의 윤곽을 애매하게 흐리고 싶어한다. (5) 심정주의. 이성보다도 정서 · 감상을 존중하고 언동이 일관성을 결하기 쉽다. 결과에 대한 무책임을 낳기 쉬우며 동기를 중시한다. (6) 타인지향. 판단이나 행동의 규준을 타인의 마음 가운데에서 구하는 자기 억제성은, 자기 주장의 약함, 내면적인 표준의 불확립과 표리를 이루고 있다. 그것은 **배려 · 마음 씀 · 염려** 등의 말에서 나타난다. **사양하는** 것이 미덕으로 **얼굴로는 웃고 마음으로는 운다**는 행동 양식은, 자신의 걱정거리에 남이 말려들지 않게 하겠다는 배려 때문이지만, 남의 기분을 위로하는 이면에는 자기 보신의 기분도 있다. **서로 의논하여** 전원일치를 구하고, 주위에 신경 씀으로써 대세를 따르는 것(大勢追隨)이 된다. 세대 교체는 국민성의 부분적인 변화 · 개변을 가져오지만, 크게 보면 그 지배력은 상상 밖의 강한 뿌리를 갖고 연속한다. 하가(芳賀)는, 국어는 일본인적 멘탈리티의 사회를 연결해 가는 아교풀과 같은 역할을 한다고 말했다.

고대 사회로부터 전해져 내려온 언령 사상(言靈思想)의 계보를 현대까지 추구한 것은, 사회언어학자 도요다 구니오(豊田國夫)의 『일본인의 고토다마(言靈) 사상』[386]이다. 도요다에 따르면, 언령 사상의 현대판으로서 오랜 동안의 언어에 대한 과신과 의뢰가 말에 대한 불신을 낳고 있다. 그 요인은 현대인이 '범(汎)언어주의' (언어를 제일의로 하여 사물을 파악하고 이해한다. 언어에 나타나지 않는 것은 사실로서 신용하지 않는 주의)의 주박(呪縛)에 걸려 버렸기 때

386) 豊田國夫, 『日本人の言靈思想』(講談社, 1980. 5)

문일 것이다. 이 '범언어주의'는, 고래의 언령 사상이 '신불에 기도드려 얻은 아이'다. 그것은 사실과 맞지 않는 공소(空疎)한 도구나 부호로서만의 언어관을 조장하고 있다. 민주주의의 조직에는 합의가 많지만, 그 말의 흥정은 다분히 언어 마술의 분위기가 있다. 비유의 확대, 초점 바꾸기 흐리기, 용어의 연구, 정서에 호소하고, 불이익이 되는 것은 말하지 않는 등의 논법은 말의 논리적 불완전성에 깃든 마력의 악용이다.

이상은 어느것이나 주로 대화 상대 사이에서 교환되는 표현을 문제로 한 것이지만 일본어의 동사에서 볼 수 있는 대타(對他) 관계의 독특한 면을 상세히 논한 것은 언어학자 이케가미 요시히코(池上嘉彦)의 『'하다'와 '되다'의 언어학』[387]이다. 저자는, 일본어에서는 '일'(事)적인 파악법이 우위인 데 대해서, 영어에서는 '물'(物)적인 파악법으로의 지향이 강하다고 한다. '물'(物)은 개체 중심적인 견해로부터 생겨나는 데 대해, '일'(事)은 전체적 상황 중심적인 견해로부터 생겨난다. 동사로서 말하자면 영어에서는 '하다'적 언어가 잘 쓰이는 데 대해, 일본어에서는 '되다'적 언어가 많다. 영어는 동작 주지향적(動作主指向的), 일본어는 사건 전체 파악적인 경향이 있다. 이들 경향은, 언어 이외의 문화에서, 예컨대 개인주의 대 전체주의, 분석적 사고 양식 대 비분석적 파악, 인간중심의 철학 대 자연 중심의 철학, 적극적인 행동 양식 대 소극적인 행동 양식이라는 대립과 상관되는 것으로 보인다고 기술했다.

387) 池上嘉彦, 『'する'と'なる'の言語學』(大修館書店, 1981. 7)

일본인이 좋아하는 7 · 5조(七五調)의 언어 표현에 관해서 그 유래를 역사적 관점에서 고찰한 것은 작가 이노우에 히사시(井上ひさし)의 『사가판(私家版)일본어문법』[388]이다. 그에 의하면, 아직 문자가 없었던 시대, 가타리베(語部)가 이야기를 낭송할 때, 암송 행위의 이정표는 마쿠라코토바(枕詞 : 주로 와카에서 일정한 말 앞에 쓰이는 수식어)였다. 청중은 새로운 말뿐이라면 이야기를 따라잡을 수 없기 때문에 틀에 박힌 문구, 즉 마쿠라코토바로서 이야기를 따라가면서 여유를 갖고 이야기의 진전을 기다린다. 마쿠라코토바는 거의가 오음(五音)이며 그것은 가끔 이음(二音)의 단어에 걸리기 때문에 이야기 말에서는 칠음이 기본이 되었다. 또, 이 음절의 단어가 조사군(助詞群—일음이 많다)으로 연결되고, '2 · 1 · 2' 혹은 '2 · 2 · 1' 로 오음이 되고, 이것이 칠음과 같이 기본의 음이 되었다. 일본어는 리듬이 되기 바로 직전에 우선 이음씩의 음괴(音塊)가 된다. 이음의 덩어리 몇 개인가에 조사 하나, 즉 '2n+1' 의 수식이 성립하고, n이 두 개라면 오음, 세 개면 칠음이 된다. 그것이 오칠조나 칠오조의 모태가 되어 있기 때문에, 일본어가 등시박(等時拍) 리듬인 한, 이 평판이 나쁜 운율은 없어질 것 같지도 않다. 칠오조는 일본어의 숙명이라고 결론내렸다.

일본어의 전통적인 표현 양식의 하나인 경어를 들어 경어행동복권(敬語行動復權)의 입장을 취하는 아라키 히로유키(荒木博之)는, 『경어일본인론— '예(禮)' 의 말—경어로부터 일본적 집단의

388) 井上ひさし, 『私家版日本語文法』(新潮社, 1981. 3)

역동성을 찾는다』[389]에서 이렇게 기술했다. 경어는 그 본질 가운데 자기 부정 · 자기 부재라고 하는 공통점을 갖고 있으며, 대화자를 우위에 두고 스스로를 낮추는 심정을 보인다. 일본인으로부터 경어를 빼앗는다는 것은 일본인의 마음을 짓밟고 그 가치의식을 찢어 버리는 것일 것이다.

5. 일본인의 종교 의식

일본은 다종교의 나라로서 국민 사이에 여러 가지 신앙 · 신심이 병존하고 있으며 종교 의식도 일의적으로 규정할 수가 없다. 그러나 그 반영으로서 잘 거론되는 것은, 종교의 교의는 아니지만 고지키(古事記) · 니혼쇼키(日本書記)로 대표되는 일본 신화이다. 그것으로부터 발생하는 신도(神道)와, 토착의 민속신앙을 통해서 일본인의 종교 의식을 탐구하는 논저를 우선 들어보겠다. 이어서 갖가지 종교 가운데에서 가장 많은 신자를 가진 불교가 일본인의 심리 형성에 기여해 온 측면을 고찰한 저서를 들겠다. 최후로, 메이지 이래 일본의 사상 · 문화에 영향을 주어 온 기독교와 일본인과의 관계를 논한 저서를 수렴하겠다.

신도 · 민속신앙

고대로부터 현대까지의 일본인의 종교 의식을 민속 면에서 고찰

---

389) 荒木博之, 『敬語日本人論 '禮'の言葉―敬語から日本的 集團のダイナミズムを探る』(PHP研究所, 1983. 8)

한 것은 역사학자 다카토리 마사오(高取正男)와 철학자 하시모토 하치오(橋本峰雄)의 『종교 이전』[390]이다. 그에 의하면, 일본의 '이미'(忌 : 금기, 복중)의 의식(意識)에는, 본래 게가레(穢, 俗 : 불결, 부정)를 떠나 기요시(淨, 聖 : 깨끗함)에 가까이 가려고 하는 것과 게가레를 피해서 스스로의 성성(聖性)을 유지하려고 하는 두 면이 있으며, 양자는 표리일체의 관계에 있었다. 이미의 역사는 고대로부터 중세 · 근세로, 전자의 사고 방식이 후자에 의해서 왜곡 · 은폐되어 가는 과정이기도 하다. 원시 신도(神道)에서는 '모노이미'(齋戒 : 재계)가 계신(戒愼)의 종교적 윤리였지만 제정일치의 이데올로기의 입장에선 귀족지배층의 '모노이미'는 금제(禁制)로서 '이미'로 모습을 바꾸고, 그리하여 서민의 습속인 '모노이미'와도 차츰 구별하기 어려워졌다. 이렇게 간략화된 '모노이미'의 의례와 무원리적으로 인습화한 '이미'의 습속이 일본인의 '이미'의 실상이 되었다. 메이지 일본의 근대화를 뒤에서 받쳐 준 하나의 종교적 에토스는, '모노이미'에 의해 육성되고 봉건 제도의 바닥에서 서민이 유지해 온 금욕 정신과 간바리즘(인내 노력주의)이었다.

신과 사람의 만남, 계시의 진리 기준으로서의 심리성(心理性), 사회성, 역사성 등이 어느것이나 다 필요하고, 그것들은 서로 보완하지 않으면 안 된다. 일본의 불교는 사회성이 결여되고, 그 방면은 신도(神道)에 맡겼다. 신흥 종교 가운데서 대조직이 된 것은, 세 가지 척도를 유효하게 작용시켜 성공하였다. 일본 종교의 특이한

---

390) 高取正男 · 橋本峰雄, 『宗教以前』(日本放送出版協會, 1968. 7)

점은 죽은 사람의 영혼이 저 세상에서 정화되는 데에 살아 있는 사람이 이 세상에서 원조할 수 있다고 하는 점이다. 신도에서는 죽은 사람은 정기적으로 제사를 지내 줌으로써 조령(祖靈)이 된다. 불교는 추선(追善) 회향(回向)의 필요를 강조하고, 죽은 사람의 영혼은 부처뿐 아니라 자손의 타력에 의해서 정화되고 성불한다. 일본 사회에서는 집단 생활 그 자체를 둘로 나누어, 제(祭)의 생활(聖生活)과 일의 생활(俗生活)로 구분함으로써 에너지를 회복해 왔다. 갬과 궂음이 교체되는 생활패턴은 장래에도 변화하기 어려울 것이다. '이에'(家)가 해체되어 핵가족화 하더라도, 일본인의 조상 숭배는 종교 의식의 핵심으로서 계속 기능을 해 나갈지도 모른다고 맺고 있다.

일본인이 자기나 가족 · 공동체의 혈연적 계보의 출발점을 어떻게 생각해 왔는가에 대해, 민속학의 입장에서 고찰한 것은 민속학자 사쿠라이 도쿠타로(櫻井德太郞)의 「일본인의 조선관(祖先觀)」[391]이다. 사쿠라이에 따르면, 일본인은 조상 숭배의 마음이 두터우며 본(盆 : 음력 7월 보름) · 히간(彼岸 : 춘분, 추분의 전후 각 3일간) · 기지쓰(忌日) 등에 사자(死者)에 공양을 공손하게 행하고 있으며, 그것은 민족성의 특징 중 하나로서 손꼽히고 있다. 그러나 근대화 도시에 의해서 조상 숭배의 습속은 크게 변화되고 있다. 사쿠라이는, 일본인의 조상관을 정리하여 다음의 세 가지로 정리하였다. (1) 직

391) 櫻井德太郞, 「日本人の祖先觀」, 『祭りと信仰—民俗學への招待』(新人物往來社, 1970. 8)

접 경험적, 구상적 조상 : 가장이 사거한 때는 장의가 끝난 뒤에 집안 대대로 조상의 묘에 모신다. 가장의 책임은 중대하고 외경(畏敬)받고 있었으므로 사후에도 공양의례를 개최하고 조상의 제사를 지냈다. 이러한 부조(父祖)에 대한 일상적 접촉 체험이 민간의 조상관을 구성하는 큰 요소였다. (2) 간접 경험적, 관념적 조상 : 부(父)로부터 거슬러 올라가 조부 · 증조부까지가 직접 경험의 범위이며, 그것을 넘은 조상관은 계도(系圖) · 고문서 · 초상 · 기념품 등의 간접적 경험을 매개로 해서 처음으로 가능해진다. 사후 세월이 지난 뒤에 사령(死靈)은 차츰 순화되고, 드디어 신으로 전화되어 조상신의 계열에 편입된다. (3) 보편적, 추상적 조상 : 구체적인 혈연적 계보로부터 떠난 신화적, 전설적 조상과, 시대 상황에 지배되어 나타나는 역사적 조상의 두 가지 면이 있으며, 후자의 전형적 예는 전전(戰前), 전중(戰中)을 통해서 강조된 아마테라스오미카미(天照大神)를 국가의 조신(祖神)으로 보는 사고 방식이다.

철학자 · 일본사상사가 유아사 야스오(湯淺泰雄)는 논문집 『일본인의 종교 의식—습속과 신앙의 저변을 흐르는 것』[392]에서 다음과 같이 기술한다. 일본인의 종교관의 특징은 신에 대한 친숙함(intimacy)이 있다는 것이다. 일본인은 교의 · 신조 · 사상을 판단할 경우, 논리 그 자체에 의하지 않고 그것을 신봉하고 실행하고 있는 개개인의 행동에 의해 판단한다. 민중 종교도 이념이나 교의보다

392) 湯淺泰雄, 『日本人の宗教意識—習俗と信仰の底を流れるもの』(名著刊行會, 1981. 6)

도 교조나 지도자의 인간적 매력으로 신자를 모은다. 일본인의 죄의 관념은 자기의 죄는 자기의 것만은 아니라고 하는 데에 특색이 있다. 부모 및 타자와의 인간 관계 가운데서, 자기 자신의 내부로 향해서 죄의 의식을 깊게 하려고 해도 구극(究極)에 이르는 일은 없다. 죄로부터의 구제는 항상 주위의 사람들과 함께 걷는 노력이 필요하다고 말하고 있다.

종교사상사가 야마오리 데쓰오(山折哲雄)는『일본인의 심정—그 근저를 탐구한다』[393]에서, 일본인 스스로의 자아 의식을 '유리혼 감각'(遊離魂感覺)이라고 부르고, 그 원형을 고대로 소급하여 고찰하고 있다. 예로부터 일본인은, 생의 의식이 차츰 소실되어 가는 가운데 일순간 격렬하게 생의 충족을 감득한다는 체험을 풍부하게 갖고 있었다. 이 심신의 메커니즘은 항상 자아의식의 희박화, 외계로의 마음의 비상(飛翔)이라는 의식과 중첩되고 있다. 그것은 영이나 혼의 유리 감각이라고 해도 좋은 것으로서 영이나 혼이 유리되어 가는 저쪽 편에 자연(自然)이 실재하는 것이다. 메이지 유신 때 유혈을 보지 않았던 것은, 자아 의식의 미발달이 한몫을 한 것은 아닌가. 자아 의식의 희박이 시대를 꿰뚫는 민족적 특성으로서, 그것은 기키만요(記紀萬葉) 이래의 '유리혼 감각'에 깊이 뿌리박고 있다. 하늘을 온통 덮고 있는 벚꽃을 보고 있는 가운데 앙양(昂揚)하는 들뜬 마음의 감각은 현대인에게까지 이어지고 있다. 혼

393) 山折哲雄,『日本人の心情—もの根底を探る』(日本放送出版協會, 1982. 10)

이 육신으로부터 유리되어 공간을 날아 올라간다는 심신 분리의 감각이 일본 문화의 심층에 뿌리 깊이 깃들어 있었다.

'유리혼 감각' 은 이질적인 사상이나 관념과 융합하고 기층신앙의 일부를 형성했지만, 동시에 그들 사상이나 관념에 의해 자극되어 활성화되는 일도 있었다. 촉진시키는 작용을 한 것은 신도(神道) · 밀교 · 음양도(陰陽道) 그리고 국학 등이며, 억제하는 작용을 한 것은 가마쿠라(鎌倉)불교와 근세 유학, 그리고 기독교를 들고 있다. 수많은 일본인론에는 위의 두 가지 계통이 인정된다. 전자는 고대로부터 출발하여 민족성을 초역사적으로 고찰한다. 후자는 동시대의 서구의 사상 문화와의 비교사적 관점을 통해서 전근대로부터 근대에 걸친 역사 과정을 분석하려고 한다. 전자는 반역사주의, 후자는 역사주의이다. 반역사주의가 민족성론과 결부되어 주장되고, 역사주의가 근대화론과 병행해서 전개되었다. 역사적으로 형성되어 온 인간관의 근거를 탐구하는 작업을 통해서 일본인론은 다시 새로운 숨결 아래 소생하는 것이 아닐까라고 야마오리는 결론지었다.

일본의 민간신앙에서 부정(不淨)의 관념(게가레 관념)에 관해서 고찰한 것은, 문화인류학자 나미히라 에미코(波平惠美子)의 『게가레』[394]이다. 그것에 의하면, 게가레란 죽음이나 출산 등에 의해서 일어난 특수한 상황이며 그 가운데 놓였기 때문에 게가레가 된(더렵혀진) 물건이나 사람도 포함된다. 게가레는 인간의 불행과 결부

394) 波平惠美子, 『ケガレ』(東京堂出版, 1985. 9)

되며 그 발생원의 지적은 기도사 · 무자(巫者) · 점사(占師)에 의해서 행해지는 일이 많다. 민간신앙에서는 게가레를 제거하는 의례가 다양성을 띠며 빈도도 높다. 이것은 일본의 민간신앙이 게가레 관념을 중심으로 형성되고 있다는 것을 보여 주고 있다. 오늘의 도시 생활에서도 사람의 죽음에 수반하여 쓰야(通夜 : 죽은 자를 매장하기 전에 관 옆에서 밤새워 조상하는 것) · 장례식 · 이미아케(忌明 : 탈상) 등의 의례를 행하고, 게가레를 털어 없앤다. 신사(神社)의 의례가 이와 같이 부정을 털어 없애는 의식으로부터 시작하는 것은, 청정하고 신성한 맑게 개인 상황을 만들어 내어 그곳에 신을 모시기 위한 것이다. 지방에 따라서는 "아카후조(赤不淨 : 출산 · 월경에 수반하는 부정)가 구로후조(黑不淨 : 死)보다도 강하다"고 여기는 신앙 행동을 볼 수가 있다. 게가레는 복잡한 내용을 가지며 일본인의 신앙에 깊이 짜여 들어가 있다. 또한 사람들의 심리적, 감정적 반응을 불러일으키고 가치나 사회 관계와 관련되면서 고대로부터 현재까지 존속하고 있다고 말한다.

융 심리학의 입장에서 일본 신화를 통해서 일본인의 정신 생활을 논하고자 한 것은, 경제학자이자 융 연구가인 하야시 미치요시(林道義)의 『미코토(尊 : 신의나 신분이 높은 사람의 이름에 붙이는 존칭)와 무녀의 신화학— 일본인의 마음의 원형을 찾는다』[395]이다. 하야시에 의하면, '일본인론으로서의 일본 신화론'이 항간에 넘치고

395) 林道義, 『尊と巫女の神話學— 日本人の心の原形をさぐる』(名著刊行會, 1990. 2)

있지만, 그것들의 대부분은 초보적인 방법론적 잘못을 범하고 있다. 일본 신화의 심리 분석과 현대인의 심리 분석이 같은 차원에서 논해지는 예도 있다. 예컨대 일본은 이른바 '모성 사회' 라고 하지만, 현재의 사회 현상은 모성 과다보다도 모성 상실을 보이고 있다. 기업 내의 인간 관계도 남성적인 엄격한 경쟁의 장이 되어 있다.

하야시는 일본의 정신사를 볼 때에 '모성성'(母性性)과 함께 '남성성' 의 개념도 중요하지 않는가라고 말한다. 남성성의 개념에서 중요한 것은 '강함' 과 '높음' 이며, '강함' 에는 '신체적인 강함' 과 '정신적인 강함' 이 있다. 이 후자의 내용은 객관적인 판단력, 자기를 통제하는 능력, 사물의 구성력이다. 또, '정신적인 높음' 이란 인간계를 훨씬 초월한 정신적 내지 영적인 세계를 상정하고, 그것을 기준으로 하여 인간 본연의 자세를 생각한다는 성질이다. 신을 하늘의 아득히 높은 곳에 상정한다든가, 정의 · 공정 · 성실 · 덕 · 사랑 등의 높은 이념을 구하는 경향으로 나타난다. 농경 문화에 바탕을 둔 모권적 관념과 구별하여 '부'(父)가 지배하는 합리적 · 추상적 · 로고스적인 부권적 관념이 있다. 일본 신화가 편찬된 무렵의 일본 국가는 중국의 부권적인 제도를 받아들여 급속하게 부권적으로 되어가고 있었으나, 민중은 여전히 모권적인 관념에 의해 생활하고 있었으며, 그 관념이 기기 신화(記紀神話) 가운데에 투영되었기 때문에 일본 신화는 모권적 관념과 부권적 관념의 갈등 · 각축의 장이 되었다고 기술하고 있다.

현대 일본인의 종교 의식의 특징을 폭 넓은 관점에서 해설하고 있는 것은, 종교학자 야나가와 게이이치(柳川啓一)의 강연기록집

『현대 일본인의 종교』[396]이다. 야나가와에 의하면, 일본에서는 무엇인가에 대해 굳은 신조를 갖고 있는 사람은 특수하고, 종교는 특별한 신앙을 가지지 않더라도 있을 수 있다. 근대의 '종교가 없는 신앙'을 구하는 움직임과 함께 '신앙이 없는 종교'라는 현상이 있다. 하쓰모데(初詣 : 신불에 대한 새해 참배)를 하지 않으면 정월이 왔다는 기분이 들지 않는다. 마쓰리(신령을 위로하는 의식이나 행사, 제사)는 신앙을 갖지 않더라도 참가할 수 있는 종교 문화로서 일상 생활에서는 얻을 수 없는 인간의 유대, 무드를 얻으려고 하는 것이다.

일본인의 종교의 원형은 샤머니즘과 조상 숭배이다. 샤머니즘은 자기를 잊어버린 상태가 되어서 신의 말씀을 말한다. 마쓰리 때에 술을 마시는 것은 망아(忘我) 상태와 연결된다. 조상 숭배의 종교적 이미지는 보다 조용한 것으로서 친자(親子)라는 질서가 있으며 의식(儀式)적으로 자세하게 정해져 있다. 일본인에게 종교란 어떤 교의를 가지고 교회가 있고 계율이 있다는 상식이 통용되지 않는다. 계율을 가진 종교라 하더라도 일본에 들어오면 상당히 완화된다. 일본의 종교는 인간 관계를 중심으로 한 의식 · 의례가 우선 존재하고 중시된다. 몇 종류인가의 인간 관계가 있으면, 그것들을 결부시키는 것으로서 종교가 있다. 다시 생자와 사자의 관계도 또한 하나의 인간 관계로서 대단히 주요하다.

일본 특유의 종교로서 산에 오르는 수행을 근본으로 하는 산악

---

396) 柳川啓一, 『現代日本人の宗教』(法藏館, 1991. 4)

종교가 있다. 산은 인간이 사는 세계와 다른 타계라고 하는 것이 전제가 되고 있으며, 속세로부터 떨어져 산중에 틀어박혀 자기의 몸을 괴롭혀 새로운 힘을 얻는다. 이러한 생각을 가진 밀교의 슈겐도(修驗道)와 결합되어, 그 행자(行者)인 야마부시(山伏 : 들과 산에서 자면서 수행하는 중)가 생겨났다. 에도 중기가 되면 후지산을 오르는 '후지코'(富士講)가 서민들에게까지 일반화했지만 후지산에 가지 않더라도 후지쓰가(富士塚)라는 인공의 산을 만들어 신앙의 대상으로 삼았다. 산은 어디까지나 변경 지대로서, 산악 종교의 지도자들은 중앙으로부터 정통적인 것으로 인정받는 일은 거의 없었다고 말하고 있다.

불교

일본인의 종교 의식을 현재에도 크게 좌우하고 있는 것은 불교이다. 그러나 일본에서는, 신도와의 교리 절충에 의해 불교의 순수한 모습을 보기 어렵다고도 말할 수 있다.

우메하라 다케시(梅原猛)는 『일본인의 '저 세상' 관(觀)』[397]에서, 일본에서 종교의 특질을 다음과 같이 논하고 있다. 야요이(彌生) 시대 이래로 문화 교류를 가진 일이 없다고 생각되는 아이누와 오키나와의 '저 세상' 관이 비상하게 닮았다. 이 일본인의 원래의 '저 세상' 관이라고도 말할 수 있는 것은 다음의 네 가지 명제로 요약된다. (1) 저 세상은 이 세상과 전혀 반대이지만, 이 세상과 그리 다르

397) 梅原猛, 『日本人の'あの世'觀』(中央公論社, 1989. 2)

지 않다. 천국과 지옥, 극락과 지옥의 구별도 없고, 사후의 심판도 없다. (2) 사람이 죽으면 혼은 육체를 떠나 저 세상에 가서 신이 된다. 대악인(大惡人)이라든가 깊은 원한을 남기고 있는 사람은 금방은 갈 수가 없지만, 유족이 영능자(靈能者)를 불러서 공양하면 저 세상에 갈 수 있다. (3) 모든 생물에는 혼이 있으며, 죽으면 그 혼은 육체를 떠나서 저 세상에 갈 수 있다. 특히 인간에게 중요한 생물은 정중히 보내지 않으면 안 된다. (4) 저 세상에서 잠시 체재한 혼은 드디어 이 세상으로 돌아온다. 탄생이란 저 세상의 혼의 재생이다. 살아 있는 것은 무엇이든 하나도 빠짐없이 모두가 영원의 생사를 되풀이한다.

이와 같은 '저 세상' 관이 일본인의 마음 밑바닥에 존재하고 있었기 때문에 외래의 세계 종교인 불교에 강한 영향을 주고, 일본의 독자적인 정토교(淨土教)가 생겨 불교의 주류가 되었다. 그것에 의해 장례식이나 연기공양(年忌供養) 등은 불교가 맡아 하고, 토착 종교인 신도는 결혼이나 탄생, 칠오삼(七五三)의 의례(남자는 3세 · 5세, 여자는 3세 · 7세 되는 해의 11월 15일에 행하는 축하행사)를 행하는 것으로 되었다. 일본인의 원래의 '저 세상' 관은 인류의 '저 세상' 관의 원초적 형태이며, 아마도 구석기 시대에 형성된 것이 아닌가 한다. 그 이후, 농경목축 문명의 출현, 그 결과로서 생긴 도시 문명의 발달에 의해 '저 세상' 관은 없어졌으나 문명의 대세를 거슬러 오래 수렵채집 문명이 계속되고, 수도작(水稻) 농업 문명을 받아들인 뒤에도 오래 된 문명을 남기고 있는 일본에 가끔 남아 있는 것일 것이라고 기술하였다.

현대적인 관점에서 일본인의 불교와의 관계를 종합적으로 고찰하려고 한 것은 『대계불교(大系佛教)와 일본인』(전11권) 시리즈이다. 그 가운데서 몇 개인가의 논고를 소개해 보자. 역사학자 메자키 도쿠에(目崎德衛) 편 『5무상(無常)과 미(美)』[398]에서 메자키는 총론 「무상과 미의 패러독스」에서 이렇게 말한다. 무상하기 때문에 사람들은 세상을 싫어하지만, 무상하기 때문에 사람들은 생(生)을 사랑한다. 사람은 무상을 봄(觀)으로써 일체의 번뇌를 초월해야 함을 알지만, 오히려 무상은 사람을 비상(悲傷)과 영탄(詠嘆)으로 끌어들이며 그치지 않는다. 이 불가사의한 패러독스는 일본 문화의 역사상, 고대보다도 중세로의 전환을 가져오는 큰 에너지로서 작용했다. 종교와 예술이 정면으로 격돌하면서 반면에 훌륭한 하모니를 연주했다. 그 결과, 언어 · 색채 · 음조 등 문화의 모든 것에 독특한 어두운 그림자가 부여되었다. 이 중세적 미의식은 근세 이후에도 끈질기게 살아남아 현대에 이르고 있다.

불교문학자 야마다 쇼젠(山田昭全)의 「불교의 자연관과 일본적 무상」에 의하면, 무상이란 인연이 낳는 바 일체의 사상(事象)은 끊임없이 유전생멸(流轉生滅)한다는 불교의 근본 명제 중 하나이지만 그 무상을 받아들이는 방식에는 두 가지 타입이 있다. (1) 자기의 인생체험을 누적해 가는 과정에서 무상과 만나고 몸소 인증하는 귀납적 무상. (2) 경험을 갖지 않고 무상을 지상의 명제로서 머

398) 目崎德衛, 「總論一無常と美のパラドクス」(目崎德衛 編, 『大系 佛教と日本人5無常と美』, 春秋社, 1986. 1)

리속에서부터 수용하는 연역적 무상. 전자의 전형은 호조키(方丈記)이며 겐지모노가타리(源氏物語)에 빈번하게 나오는 '사물에 대한 연민' 도 이에 가깝다. 후자의 예는 가마쿠라 초두의 염불자의 단편적 법어를 모아 엮은 『이치곤호단』(一言芳談) 가운데 곳곳에서 보인다. 양자를 비교하면, 전자가 경험에 입각한 데에 대해 후자는 경험을 초월하고, 무상을 부정적으로 섭취하는 데에 대해 긍정적 섭취, 수동적인 데 대해서 능동적, 과거에의 회상에 대해서 장래에의 기대, 감상성(感傷性)에 대하는 낙관성, 스키(數奇 : 풍류를 즐기는 것)에의 침잠(沈潛)에 대해서 취미의 부정 등, 양자의 타입은 극히 대조적이다.

국문학자 이토 히로유키(伊藤博之)는 「'죽음' 의 방법으로서의 불교」에서, 사후의 세계에 기탁하는 안심감의 이유로서 다음의 두 가지를 들고 있다. (1) 사후의 일은 생각하지 않는다는 근세 이래의 현세주의적 문화의 영향. 현세의 권력질서의 고정화, 집 · 마을 · 동리 등 공동체의 규제력 강화는, 이 세상을 '임시의 세상' 으로 보는 관점을 허용하지 않게 되었다. (2) 일본에 훌륭히 정착한 정토교의 영향. 노년이 되면 '마중' 이라고 말하면서 죽음과의 융화를 도모하려고 한다. '왕생극락' 의 이념은 죽음이 영원한 안식의 나라로 여행을 떠나는 것이라는 생각을 불러오고, 죽음에 달라붙은 이미지를 청정 · 광명 · 정복(淨福) 등의 바람직한 것으로 만든다. 현대인이 지옥의 불안을 깨닫는 일이 없게 된 것은, 고뇌 가운데에서 숨을 거두는 단말마를 보고 듣지 않게 되었기 때문일 것이다. 제도화된 의례를 통해서 성불(成佛)의 안심을 얻을 수가 있는 것처럼 생각되고 있다. 신념과 관계없이 성불한다는 확신은 '타력' 사상의 형해화라고 말할 수 있다.

종교인류학자 사사키 고칸(佐々木宏幹) 편 『12현대와 불교』의 「총론—불과 영혼 사이」[399]에서 사사키는 이렇게 기술한다. 현재의 일본 불교에서는 연기(緣起)냐 영혼이냐, 출가냐 재가냐, 불법이냐 세법(世法)이냐, 승려냐 주술사냐 등의 이항(二項)대립적 도식으로서는 실태를 파악할 수 없다. 승려가 연기를 설파하면서 영혼에 관계하고, 재가 생활을 하면서 출가도를 내세우고, 승려의 역할을 하면서 주술사의 역할을 한다는 것이 현실의 모습이다. 또한 대립할 리가 없는 출세간과 세간, 승려와 속인 사이에서도 끊임없는 중복 · 변신 · 이행이 있다. 저것이냐 이것이냐 하는 양자택일적인 테두리로 파악할 수 없는 것은 불교 현상뿐 아니라, 일본 문화 전반에 보이는 경향이기도 하다. 일본 민중의 불교신앙에서는 불교와 애니미즘이 다른 종교 체계로서 인식되는 일이 없다. 깨달은 자(覺者)로서의 부처와 사령(死靈)으로서의 부처와는 차이가 없으며, 부처와 영혼은 미묘한 조작으로 복합되어 있다. 사람들의 불교 생활의 중축(中軸)을 이루는 것은 사자와 조상의 영혼에 대한 신앙이며, '장식불교'(葬式佛敎)라고 불리는 형태라고 말할 수 있을 것이다. 한 해를 통해서 최대의 불교 행사인 우라본에(盂蘭盆會 : 음력 7월 보름에 사자의 고통을 구제하기 위해서 행하는 불사, 오본)는 일본

---

399) 佐々木宏幹, 「總論—佛と靈魂のあいだ」(佐々木宏幹 編, 『大系 佛敎와 日本人 12現代와 佛敎』, 春秋社, 1991. 12)

인의 영혼 · 정령관을 아는 데에 가장 좋은 기회로서, 오본에 내왕하는 부처님은 불교가 사령(死靈)을 관장하기 이전의 다마(魂)가 부처라는 이름과 의미를 담당했던 것이다. 즉 부처는 양의적인 존재인 것이다. 부처를 예배하는 사람들의 의식에서 불타와 정령은 중복되어 있다.

기독교

기독교가 일본에 정착하지 않았던 일에 대해, 풍토, 성서의 이해, 아마에 등의 각도에서 논한 두 개의 논저를 다루어 보려고 한다.

일본인의 종교 의식에 친숙해지지 않는다는 기독교에 대해서, '기독교의 일본 풍토화'에 초점을 맞춘 논문집이 있다. 경제학자 오카다 준이치(岡田純一) 편 『일본의 풍토와 그리스도교』[400]가 그것으로서, 26편의 논문이 수록되어 있으나 여기에서는 두 편만을 소개한다.

사제(司祭) 이노우에 요지(井上洋治)는 「일본의 정신적 풍토와 그리스도교 서론」에서, 일본인의 실제 감각의 근저에 흐르는 것은, 개념을 매개함이 없이 함께 현실에 존재하고 있다는 실재와의 만남에 의한 인식이 아닌가라고 한다. 그리고 그 관점에서 일본인의 정신성의 특징을 들고 있다. (1) 미의식 · 정서적 경향, (2) 무상감, (3) 자연애호와 개(個)의 자각의 희박, (4) 직관적 비논리적 경향, (5) 무심. 어디까지나 실존 그 자체로 뛰어들어, 직관적, 체험적으

400) 岡田純一 編, 『日本の風土とキリスト教』(理想社, 1965. 5)

로 실존의 실상을 깊이 연구해 보려고 하는 심리 구조에 대해서, 복음의 빛과 서구 민족과의 만남에 의해 생겨난 그리스도교가 확실하게 머리에 들어오지 않는 것은 당연할 것이다. 일본인에게 신을 보여 주는 것은 실존의 체험을 깊이 돌파한 지점에서가 아니겠는가라고 기술하고 있다.

오카다 준이치는 『일본의 사회적 풍토와 그리스도교』에서 이렇게 말한다. 과거에는 일본 사회의 심층에 있는 전통적 가족주의가 그리스도교의 신앙에는 큰 저항이었다. 그리스도교가 어느 정도 타협하지 않으면 일본의 사회적 풍토에 뿌리를 내리는 일은 불가능했다. 전통적 가족주의가 동요한 시기에는 특히 지식 계급 가운데에 신앙을 수용하는 풍토를 발견할 수가 있었다. 그러나 그들 지식 계급의 신앙을 이식하려고 하는 노력은 큰 저항을 받지 않을 수 없었다. 오늘날까지 세계에 통용될 만한 그리스도교 사상가가 나오지 않는 것은, 일본 교회의 역사가 짧다는 것뿐 아니라, 일본의 사회적 풍토가 얼마나 견고한 토양을 가지고 있었던가를 말해 준다.

그리스도교 신자로서 일본의 정신사 전체를 새로이 보고자 한 것은 신학자 세키네 분노스케(關根文之助)의 『일본인의 정신사와 종교』[401]이다. '야마토고코로'(大和心)를 기본으로 하여 길러진 일본 정신에는, 창조성, 포용성, 영원성, 순진성 등 네 가지 특색이 있다. 그리하여 일본 민족의 환경과 그 생활 경향을 그림으로 나타내면 다음과 같다.

---

401) 關根文之助, 『日本人の精神史と宗教』(川島書店, 1978. 4)

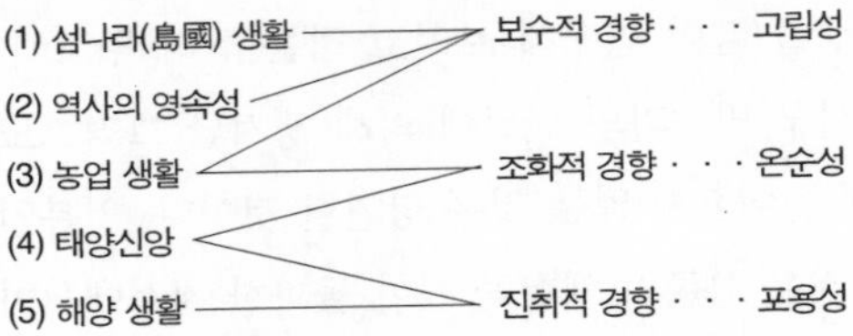

일본은 세계에서도 드물게 볼 수 있는 다종교의 나라이다. 세계적인 사상이나 종교가 중층적으로 존재하면서, 그것들이 어디를 향해 어떻게 갈 것인가 하는 상태에 있는 나라는 달리 없다. 성서를 구어체로 번역할 때에 문제가 되었던 것은 일본어에 미래형이 없다는 점으로, 그것은 일본인에게는 미래 사상이 없기 때문이다. 정신 구조의 기반이 현재를 존중하고 현재에 살려고 하는 현재성에 바탕을 두고 있다. 기독교식의 장의에서 고인을 소리내어 부르듯이 조사를 말하는 것은 일본 기독교의 독특한 방법으로서, 이것도 현재성 때문일 것이다. 또 '명복' 이라든가 '어영전'(御靈前)이라는 불교식 말들이 사용되어도 모순을 느끼지 않는 것도 일본적인 것이라고 기술하였다.

6. 일본인의 법의식과 정치풍토

패전 후 점령군에 의해 법률 면에서는 큰 변화를 가져왔지만 일본인의 법의식과 그것에 뒷받침된 법 행동은 본질적으로 변하지 않았다고 말할 수 있다. 그것은 계약 · 범죄 · 재판 등을 통해서 일본인의 '법 혐오', '법의 무시'로 나타나고 있다. 또한 정치에 관해서는 정치적 무관심과 함께 권위주의 보수주의의 경향이 여전히 강하고 정치가와 선거민의 수준이 낮다는 것이 지적되고 있다.

법의식

법의식과 법 행동을 법률학의 테두리 안에서가 아니라, 사회학 · 죄 관념 · 재판의 특질 등의 면에서 고찰한 논저를 아래에서 다루겠다.

법사회학의 입장에서 일본인의 법의식에 전근대적인 요소가 뿌리 깊이 남아 있다는 것을 지적한 것은, 가와시마 다케요시(川島武宜)의 『일본인의 법의식』[402]이다. 가와시마에 의하면, 일본에서는 자기의 권리를 옹호하는 것은, 자기 중심주의적이며 평화를 문란시키고 부당하게 정치권력의 구제를 구하는 행위로서 비난받고 '권리 본위'가 아니라 '의무 본위'의 사고 방식이 중심이 된다. 일본인은 법률 관계라는 말의 의미를 본래 불확정 비고정적인 것으로 의식하고 승인하고 있다. 예컨대, 소유자가 소유물에 대해서 독점 배타적인 지배를 갖는다는 의식이 없다(혹은 약하다). 소유자가 현재 사용하고 있지 않는 물건을 무단으로 사용하더라도, 별로 심리적 저항을 느끼지 않는다. 오히려 거기에 대한 항의를 욕심 많은 이기주의로 여기는 경향이 있다. 계약의 명확성을 요구하는 것은, 상대방에 대한 일종의 불신이라고 여겨진다. 문제가 일어나면 확정

402) 川島武宜, 『日本人の法意識』(岩波書店, 1967. 5)

된 권리의무를 주장하지 않고 '대화'로 해결한다. 일본의 전통적인 분쟁해결 방법에서는 조정과 중재가 명확하게 분화되지 않았다. 이 방법은 분쟁을 원만하게 받아들여 당사자간에 좋은 관계를 만드는 것을 목적으로 하고, 당사자는 분쟁을 중재인에게 맡기고, 중재인은 당사자의 '얼굴'을 세워 주면서 시비를 가려 주는 것이다.

또한, 일본의 범죄를 국민성과 관련해서 고찰한 것은 형법학자 아오야기 후미오(青柳文雄)의 『범죄와 우리 국민성』[403]이다. 이에 의하면, 일본인은 해석에 융통성이 있는 범죄구성 요건의 규정을 존중하고, 간명한 규정이 선택된다. 구형법 · 형법에는 일관해서 담박 · 간명한 국민성이 영향을 미치고 있다. 법을 지키는 것은, 법을 지키지 않으면 가까운 이웃 사람들로부터 백안시당하고, 처벌당하기 때문이었다. 자수경감이 넓은 것은 자수가 많고 그 진실성이 높으며, 범죄의사가 불확정적이고 동요하고도 있기 때문에, 뉘우치는 자가 적지 않기 때문일 것이다. 일본에 특유한 것은 의리로서, 의무와 다른 것은, 첫째 대단히 개인적인 관계이며, 둘째 주관적인 판단에 의하므로 신축자재하다는 것, 셋째 금전적인 보증이 있는 경우가 많은 것, 넷째 정의와는 무관계한 점에 있다. 사회를 규제하고 있는 것은 법에 기하는 의무와, 그것과는 관계없는 의리의 두 가지이며, 오히려 의리가 질서를 유지하고 있다고 말할 수 있다. 범죄를 환경에 영향받는 그대로 저지르고, 살인 · 강도치사

403) 青柳文雄, 『犯罪とわが國民性』(一粒社, 1969. 4), 『續 犯罪とわが國民性』(一粒社, 1973. 6)

에 관해서도 자수율이 높은 것은 타인의 생명 · 신체를 존중하는 기풍을 갖지 않기 때문에, 그다지 죄의식도 없이 행하기 때문이다. 논리적, 분석적인 판단을 내리는 자를 친숙하게 여기지 않고, 대범한 재판이 지금도 인기가 있는 것은 정서적, 종합적 판단이 국민의 공감을 불렀기 때문이 아닌가.

이어서 아오야기는, 『속 범죄와 우리 국민성』에서, 범죄와 형벌이라는 관점에서 일본인의 국민성론을 보다 깊게 전개하고 있다.

가와시마와 마찬가지로, 일본인의 법에 대한 태도 · 의식을 조사의 결과로서 정리한 것이, 일본문화회 편 『일본인의 법의식(조사분석)』이다. 이 가운데 「연구의 개요」[404]에서 사회학자 아쿠토 히로시(飽戶弘)는 다음과 같이 말한다. 일본인은, 법을 모르면서, 법이나 '정부'의 신세를 지지 않고 살아가는 것이 가치가 있다고 생각한다. 서민이 법을 '공부'하는 것은, 탈세 등 '나쁜 짓'을 할 때에 한정된다고 생각하고 있다. 아무리 나쁜 짓을 하더라도 그다지 중한 벌을 받지 않겠지 하면서 거만한 자세를 취하는 것은 '아마에'의 표본이지만 거꾸로 아무리 가볍다고 해도 이 정도의 벌은 받겠지 하는 '두려움'도 뿌리 깊게 되고, '아마에'와 '두려움'이 뒤섞인 복잡한 법 감각을 가진다. 법의 적용과 형벌관은 융통무애(融通無碍)하고 온정적이다. 여기에 대범한 재판의 인기의 비밀이 있다. 소유권의 의식은 대단히 낮다. 계약관(觀)도, 사정이 변하면 지

404) 飽戶弘, 「研究の概要」(日本文化會議 編 『日本人の法意識〈調査分析〉』, 至誠堂, 1973. 1)

키지 않아도 된다면 좋겠다고 생각하는 것이 본심이다. 소송관은 공적인 장에서 다투는 것을 극도로 싫어하고, 사적인 대화로써 해결하고 싶어하는 사고 방식이 강하다.

법률 각 분야의 전문가들이 다각적으로 일본인의 법의식과 법 행동을 논한 것이, 가미시마 지로(神島二郎)·사와키 다카오(澤木敬郎)·도코로 가즈히코(所一彦)·아와지 다케히사(淡路剛久) 편의 『일본인과 법』[405]이다. 가미시마는 「왜 『일본인과 법』이냐」에서 다음과 같이 말한다. 일본 사회는 '순성 사회'(馴成社會)이다. 고도(孤島)에 다다른 외래자는 받아들여지지 않으면 살아가지 못하므로 그곳에 융합되어 가지 않을 수 없다. 그렇기 때문에 그곳에 사는 사람들은 서로가 이질적이라고 하더라도 익숙해지고 친해지지 않을 수가 없는 순화강박 관념(馴化强迫觀念)을 가지고 있다. 그런 의미에서 일본은 순성 사회이다.

아와지는 『일본인의 법 혐오』에서, 1960년대까지의 일본인의 권리 의식이나 법 혐오가 변해 가고 있다고 말한다. 그 이유를 메이지 이래로 권리나 법의 관념을 서서히 배워 왔다는 것, 60년 이래 교통사고가 급격하게 증가하여 법에 직면하지 않을 수 없게 된 것, 또한 도시화나 공업화의 진행, 매스컴의 영향 등 때문이라고 하였다. 그러나 유럽형의 법 행동과 다른 것은, 공해소송에서도 볼 수 있듯이 재판에서 흑백이 가려질 뿐 아니라 그 뒤의 직접 교섭이 주민 운동에서 극히 중요하게 된다는 점이다.

---

405) 神島二郎·澤木敬郎·所一彦·淡路剛久 編, 『日本人と法』(ぎょうせい, 1978. 9)

일본인의 법 행동을 구체적인 사례를 들어서, 그 일본적 특징을 지적한 것은 법학자 시바타 미쓰조(柴田光藏)의 『법의 다테마에(명분)와 혼네(본심)—일본 법 문화의 실상을 찾는다』[406]이다. 그것에 의하면, 교통법규를 지키지 않는 것은 준법 의식의 결여, 위반의 사회성, 위반의 일상성, 도로사정, 단속 방법에 대한 불신감 때문이다. 위반의 사회성으로서는, 자동차로 생계를 삼고 있는 사람은 위반을 솔직히 이윤에 대한 일종의 반환으로 여기고 있다. 또 도로사정에 의해 제한속도에 반하더라도 자동차의 흐름이나 리듬에 거슬리지 않는 편이 안전하고 다른 사람에게도 폐를 끼치지 않는다. 일본에는 이와 같은 지키기 어려운 법률과 나란히, 별로 적용되지 않는 법률이 많다. 일본은 전체로서 오늘날에도 마을 사회로서, 국민이 서로 이해하는 데에 계약과 같은 '법적인 언어'는 필요하지 않고 이심전심, 하라게이(腹藝 : 언행에 나타내지 않고 배짱이나 경험으로 일을 처리하는 것), 다테마에와 혼네를 구분해서 사용하는 것이 누구에게나 가능하다. 그때 그때 해결을 보는 편이 정신위생에 좋다는 일본인의 의식은, 예컨대 계약에 관해서 문제가 생기면 그 시점에서 다시 협의하고 좋은 해결책을 찾는다. 의외로 뿌리 깊은 다테마에(형)신앙이 있으며 일단 만들어지기만 하면 그것을 끝으로, 성립시의 사정(혼네)이 잊혀지고 차츰 다테마에 쪽이 비대해지기 시작하여 그쪽으로 혼네(현실)가 끌려 들어가더라도 그다지 경계하지 않는 예를 자주 볼 수가 있다.

---

406) 柴田光藏, 『法のタテマエとホンネ—日本法文化の實相をさぐる』(有斐閣, 1983. 1)

일본인의 법 관념에 관해서, 서양 · 중국과 비교하여 그 특징을 검토한 것은 법학자 오키 마사오(大木雅夫)의 『일본인의 법 관념—서양적 법 관념과의 비교』[407]이다. 그에 의하면 일본의 법 제도의 성립과 정착에는, 법의식이나 국민성, 그것들에 영향을 준 여러 이데올로기적 요인을 무시할 수 없다. 또, 정치 · 경제 · 사회의 여러 상황이 독특한 법 제도를 낳고, 재판 조직의 미성숙이 법 관념의 형성에 중대한 영향을 미쳤다. 일본의 법률 일체를 유교도덕이나 봉건적 전근대적인 법의식에 결부시키는 것은 너무나 관념적인 견해이다. 일본의 재판소는 민중으로부터 먼 존재이므로 파악하기 어려운 법의식보다는 재판조직의 정비가 훨씬 중요하다. "재판소는 신용할 수 없다", "변호사에 의뢰하면 돈이 큰일" 등의 판단이 소송을 회피하는 주된 이유이다. 법 관념이 지리적 여러 조건, 풍토 · 국민성으로 규정된다는 사고 방식은 일종의 숙명론(fatalism)으로서 배척해야 한다. 법의식보다도 국가의 사법 제도에 보다 큰 문제가 있다고 비판했다.

법 관념을 전통적인 의리인정의 대인심리와 결부시켜 생각한 것은, 법학자 류자키 기스케(龍嵜喜助)의 『재판과 의리인정』[408]이다. 그는 일본인의 마음 가운데는 의리 · 인정 · 나니와부시(浪花節 : 샤미센의 반주로 이야기하다가 노래하다가 하는 노래의 한 가지. 내용은 무용담, 인정담 등)적인 사고가 남아 있는 것 같다고 한다.

---

407) 大木雅夫, 『日本人の法觀念—西洋的法觀念との比較』(東京大學出版會, 1983. 3)

408) 龍嵜喜助, 『裁判と義理人情』(筑摩書店, 1988. 6)

예컨대 엔카(演歌)는 권리행사에 이르는 촌전(寸前)의 심정을 모티브로 하며, 그 표현은 다양하지만 법이 지향하는 권리의 실현에는 무관심하다. 돈보다도 당신의 마음이 아쉽다느니 어쩌니 말하지, 배신한 사람에게 손해 배상을 요구하는 노래는 없다. 엔카적 감성은 합리적 사고로서는 해석되지 않는 정념의 세계를 중시한다. 화(和)를 존숭하는 일본인은 의견이 다른 상대에게 화를 강요하려고 한다. 그것이 격렬해지면 외부에 대해서는 무서운 공격성을 나타내고, 엔카 일변도에서 군가 일변도로 될 수밖에 없다. 엔카적 다오야메(手弱女 : 우아한 여성)인 척하는 몸차림이나 군가적 마스라오(益荒男 : 용맹스런 남성)인 척하는 몸차림이라는 일본적 화의 양면성을 볼 수 있게 된다. 인간 관계의 조정에서는 권위에 대한 사고 방식이나 세간의 눈이 대단히 중시되고, 사회규범으로부터 일탈하여 세간의 웃음거리가 되는 것을 극도로 두려워한다고 기술하고 있다.

정치풍토

정치풍토를 국민의 정치에 대한 느낌의 방식 · 사고 방식 · 평가방법 · 행동 방식을 종합한 것으로 규정하고, 몇 개의 구체적 예를 들면서 논한 것이 정치학자 시노하라 하지메(篠原一)의 『일본의 정치풍토』[409]이다. 일본의 서민은, '긴 것에는 감겨라' 라는 권위주의적 태도를 가져왔다. 그러나 이것은 반드시 일본인에게만 있는 고

409) 篠原一, 『日本の政治風土』(岩波書店, 1968. 12)

유의 성격이라고 단정하기는 어렵다. 메이지헌법 아래에서는, 정부는 '기리스테고멘'(切捨御免 : 에도 시대에 무사에게 무례한 짓을 한 평민을 베어 죽여도 죄가 되지 않았던 것)의 권력을 가지고 있어서 그와 같은 권력 체제가 오래 계속되었다. 정치에 대한 태도는 현세주의, 낙관주의, 예정조화적이다. '하다'의 논리보다도 '되다'의 논리가 지배적이다. 또한 정치에 대한 전통적 무관심과 현대적 무관심이 있다. 전자는 "시키는 대로 따르게 할 것이며 알게 해서는 안 될 것이다"라는 지배의 형태에 알맞은 무관심으로서, 정치는 구름 위에서 행해지는 현상이라고 본다. 후자는 거대 사회에서 정치가 먼 존재가 되고, 가치판단을 가질 수 있는 상황에 있으면서도 사적 생활에 매몰되어 타인지향성(志向性)이 지배적으로 되어 버린 무관심이다. 국민 사이에서 동일화에는 의식적인 것과 무의식적인 것 두 가지가 있다. 미국에서는 잡다한 이민그룹은 다른 사람과 다르다는 것을 의식하기 때문에, 새로운 조국 미국에 대해 주체적인 동일화를 적극적으로 추구했다. 일본은 인종 · 종교 · 언어의 차이가 적은 데다가, 지리적으로도 섬나라로서 육지와 동떨어져 있어(隔絶) 실질적 형식적 '쇄국' 때문에 국민 사이의 즉자적(卽自的) 동일화가 강화되었다.

오늘날의 사고(思考) 상황을 보면, 미래론, 인생론, 소외론으로 크게 나뉜다. 미래론은 중상층 사람들에게 매력을 느끼게 했다. 대중 사회는 많은 사람들을 심리적으로 소외상황으로 밀어붙이고 있다. 미래론과 소외론의 중간에 표류하는 인생론이 있으며, 그것은 사회의 짜임새를 인정하고 거기에서 어떻게 하면 편안한 생활을 해 나갈 것인가 생각하는 것이 특색이다. 인간주의에 대한 자연주의, 합리주의에 대한 사실(事實)주의라는, 일본적 문화의 특색이 재현되고, 그것이 일본 예찬으로 발전한다. 일본주의로의 회귀는 거의 무의식적, 생리적으로 행해지고, 그것은 일본 정신사의 하나의 영구 운동이라고도 말할 수 있다. 그리고 최근에는 소박한 일본주의가 천황 예찬과 결부되어 있다고 지적했다.

시노하라가 일본의 정치를 전체로서 파악한 데에 대해서, 동조성(同調性)과 경쟁이라는 일본인의 대인 관계로부터 정치의 문제를 다룬 것이, 정치학자 이시다 다케시(石田雄)의 『일본의 정치문화—동조와 경쟁』[410]이다. 이시다에 의하면, 집단 내의 강한 동조가 집단 외 사람에 대한 대항 의식을 강화하고, 역으로 외부로부터의 위협이 집단 내의 동조를 강화한다는 관계는 일본 근대의 내셔널리즘에 가장 잘 나타나고 있다. 그러나 일본의 문화에서 특징적인 것은 집단 내의 경쟁과 동조와의 결부이다. 예컨대 기업간의 경쟁과 기업 내의 동조성과의 결부가 되는 경쟁의 원리가 보다 강하게 작용하는 상층에서는 동조의 다테마에(명분)를 강조하고, 경쟁의 여지가 거의 없는 하층에서는 경쟁의 '신화'를 다테마에로 하여 침투시킨다. 폐쇄적 동조성을 가지는 조직이 전체로서 동조적인 사회 가운데 경쟁을 하고 있다고 말한다.

일본 정치가의 후진성을, 일본인의 국민성의 특색과 관련시켜 논한 것은, 오래 영국의 대학교수를 지낸 경제학자 모리시마 미치

410) 石田雄, 『日本の政治文化—同調と競爭』(東京大學出版會, 1970. 9)

오(森嶋通夫)의 『정치가의 조건—영국, EC, 일본』[411]이다. 모리시마에 의하면, 일본인의 논리력은 극히 약하다. 논리적 사고가 다소나마 일반 국민 수준에 들어오는 것은 메이지 시대에 근대 과학이 수입되고부터이다. 그러나 학문 이외에서 논리를 내세우는 것은 환영받지 못했다. 일본의 정치가는 공부를 하지 않기 때문에 정계에 놀랄 만한 후진성이 여전히 남아 있다. 내정 불간섭의 벽에 의해 수호(守護)되었기 때문에 일본 정치의 근대화가 지연되었다. 공약은 대의원의 유권자에 대한 개인적인 약속이지 당으로서의 전국민에 대한 약속은 아니다. 정치가는 정책을 생각해 낼 능력이 없기 때문에 관료가 주체가 되어 정책을 작성하고, 여당 정치가는 정책을 실시하는 진행계(進行係)이다. 정책의 실패는 여당의 책임이지만 자기들이 생각해 낸 정책이 아니기 때문에 깊은 좌절감이나 반성은 없고 반성도 하지 않을 뿐 아니라 책임도 지지 않는다. 정당(특히 자민당)은 이데올로기나 비전을 내걸고 정치를 하는 정당이 아니다. 자민당은 경제 이외의 면에서 아무것도 해 놓은 것이 없다. 현재의 이삼십대는, 자민당이 키운 적출자(嫡出子)이지만, 무기력 · 사치하여 외국의 동년대와는 비교 상대도 안 된다. 아무런 주의 주장도 없는 정당에 정부를 맡겨 왔기 때문에 경제가 비대하고 번영의 대가가 무기력한 젊은이라고 하는 형태로 되돌아온 것이다.

정치가가 관료에 의존하면, 관료에게 반대급부를 제공하지 않

---

411) 森嶋通夫, 『政治家の條件—イギリス, EC, 日本』(岩波書店, 1991. 12)

으면 안 된다. 정년 후의 근무처, 외곽단체를 많이 만든다. 전직 관리가 아니면 이해할 수 없을 정도로 행정사무를 번잡하게 해 놓기 때문에 실업계는 전직 관리를 서로 다투어 맞아들인다. 이와 같이 정계 · 관계 · 실업계가 유착하고 결탁 · 공모가 묵인되고 정치는 갈수록 전근대적이 되고 경제는 갈수록 근대적이 되었다고 비판하고 있다.

7. '일본적 경영' 론

일본의 경제가 패전 후 단기간에 급속한 발전을 이룬 것에 대해 최초로 주목한 것은, 미국의 경영학자 J. 아베글렌의 『일본의 경영』(1958)[412]이다. 그는 일본 경제를 성장시킨 추진력의 하나로서 이른바 '일본적 경영' 을 들었다. 그 뒤, 일본이 '경제대국' 을 향해 나아감에 따라 내외에서 '일본적 경영' 을 둘러싼 논의가 왕성하게 되고, 특히 1980년대에 들어서서부터는 수많은 관련서가 간행되었다. 여기에서는 그것들 중에 대표적인 것과, 다시 널리 일본인의 경제 관념을 고찰한 저서를 다루겠다.

아베글렌의 『일본의 경영』(James C. Abegglen, *The Japanese Factory : Aspects of its Social Organization*, 1958)은, 각 제조업의 대공장을 전국적으로 실제 답사하고, 경영자를 직접 인터뷰하여 만

412) J.アベグレン, 『日本の經營』(占部都美 監譯, ダイヤモンド社, 1958. 10)

든 보고서이다. 당시는 일본 기업에 관해 쓴 영문 저서는 전혀 없고 일본어의 문헌도 사회과학의 실증적 연구가 결여되었기 때문에 이용할 수 있는 것이 거의 없었다고 그는 말한다.

아베글렌은 우선, 일본과 미국의 공장 조직을 비교할 때에 곧바로 알아차리게 되는 결정적인 차이점은, 일본에서는 회사와 종업원의 사이가 종신적 관계라는 사실이라고 지적한다. 이 종신적 관계는 미국의 인사관리나 노사 관계와는 다른 종류의 의무와 책임을, 공장과 종업원 쌍방에 부과하고 있다. 경영자는 이러한 고용 제도가 채택되는 이유로 일본은 가난한 나라이며 인구과잉으로 일이 적고 고용이 곤란하기 때문에 해고되면 굶어 죽을 수밖에 없다는 점을 든다. 그러나 이것은 납득이 가는 이유는 아니며 오히려 현재의 제도를 정당화하기 위한 구실일 것이다. 주목해야 할 점은 회사와 종업원의 관계가 경제적 이익의 관계에 그치지 않고 집단에 대한 충성심이나 책임의 상호 분담의 영역으로까지 넓혀져 있다는 사실이다.

또한, 미국의 경우와 대단히 다른 것은 구인과 채용의 제도다. 일본에서는 특별한 직무 · 기능을 평가하는 선택 방법 대신에, 출신학교 · 인물 등 개인적 특질에 기초를 두고 채용된다. 학교로부터 회사의 구인에 응모하는 것이 회사에 들어가는 유일한 길이다.

나아가, 아베글렌은 일본의 회사 조직의 일반적 특징으로서 아래와 같은 점을 들고 있다. 공장 조직에서는 직원과 공원의 두 신분이 있으며, 직원은 필요에 응해서 공장간에 이동하고 본사로 옮기지만 공원은 고용된 공장에 평생 머문다. 종업원의 급여는 주로 입사시의 교육 정도와 근속연수 · 가족 수에 의해서 결정되고, 일의 종류와 일을 한 결과에 기초한 부분은 아주 미소하다. 또, 현 급여뿐 아니라 주택 · 급식 · 매점 등 생활의 세부에 걸쳐 회사로부터 서비스를 받는다. 상여는 기본적으로는 회사로부터 종업원에게 주어지는 증여를 의미하고, 본질적으로 가부장적, 온정주의적 성격을 갖는다. 회사 조직은 정교하게 만들어져 있으며, 공식상의 직위 · 직함을 갖는 사람이 상당히 있다. 많은 대기업의 사장은 업무 집행적인 직무가 아니라 외부에 대해서 회사를 대표하는 상징적인 존재이다. 조직 내의 의사결정만큼 미국과 일본의 상위가 현저한 것은 없다. 일본의 공장에서는, (1) 상담 · 협의 등 시간이 걸리는 귀찮은 절차를 거쳐 집단적으로 결정한다. (2) 결정이 전달되지 않으면 안 될 권한의 계층이 대단히 많다. (3) 결정에 대한 책임을 특정 개인에 돌리는 것은 거의 불가능하다. 요컨대 일본인의 선택은 최대의 능률을 희생시켜 회사 내의 인간 관계를 유지시키려는 경향이 강하다.

일본 공업화의 큰 성공은, 전기적(前期的)인 사회 관계의 제도를 그대로 유지하면서, 그것에 의해 공업화로 질서정연하게 옮겨 가는 것이 가능했기 때문이다. 예컨대 가족의 충성심과 결합력의 원리는 군사 · 산업 · 금융의 조직에 교묘하게 상징화되고 구체화되어, 공업화로의 변혁의 중요한 원동력이 되었다. 아베글렌은 구미로부터 공업 경제를 들여놓기 위해서 합리주의화와 비인격화는 필요하지 않다고 일본의 경험은 주장하고 있는 것으로 생각된다고 결론을 맺고 있다.

이상 상세하게 소개한 아베글렌의 저서는, 일본의 경영을 적극적으로 평가한 것으로서 '일본적 경영론'에 선구적 역할을 한 것이라고 말할 수 있다.

근대 경영의 출발기로부터 기술 혁신의 시대에 이르기까지 일본적 경영의 역사적 변천을 더듬은 것은, 경영학자 하자마 히로시(間宏)의 『일본적 경영의 계보』[413]이다. 하자마는, 실질적 합리화를 노린 경영가족주의가 널리 보급된 것은 제1차 세계대전 전후(前後)라고 한다. '집'(家)의 의제(擬制)로서의 경영관리 제도가 만들어지고, 집에서의 장유(長幼)서열과 같이 연공이 중시되고, 고용 관계도 친자와 마찬가지로 '일생의 연'(종신고용)으로 생각되었다. 임금도 연령과 성별, 말하자면 가족 내의 지위에 응해서 액수가 정해졌다. 불시의 비용 지출에는 축금(祝金)·수당이라는 형식으로 지급되고 사택(社宅)·구매시설로 실질적 원조가 주어지는 온정적 생활보장 정책이 취해졌다. 온정주의는 사회주의로 무장된 노동운동에 대한 자본가측의 사상적 방파제로도 쓰였다. 패전을 경계로 일본의 경영은 크게 변하고, 미국의 관리 방식이 도입되었다. 그러나 직무분석·직계급제(職階給制)·인사고과 등 미국적 경영기법은, 각 기업에서 단편적으로 채택되어 일본 경영의 외견적인 변화를 불러오기는 했지만 근본적인 변혁의 요인은 되지 못했다. 그리하여 외견상으로는 전전의 경영가족주의와 큰 차이가 없는 관

413) 間宏, 『日本的 經營の系譜』(日本能率協會, 1963. 5)

리 체제가 편성되어 간다. 경영 사회질서는 연공서열에 기반을 두고 있으며, 철폐되었을 터인 신분제적 관념은 직제 조직 가운데 뿌리 깊게 남아 있다. 또한 종신고용이 실질적으로 실시되고 전전(戰前) 이상으로 종업원의 근속연수가 장기화되어 왔다. 연공급적(年功給的)인 사고 방식은 임금 체계 합리화의 목소리에도 불구하고 아직 일본의 임금 체계의 기조를 이루고 있다.

노사의 인간적 결합이 강한 것이 일본적 경영의 역사적 전통이었다. 이것이 상대적으로 낮은 노동조건 아래에서 높은 기업 의식과 모럴을 유지할 수 있었던 중요한 원인인 것이다. 이것이 구미인의 눈에는 일본인의 성실성 · 근면성으로 비칠 것이다. 구미의 근대 경영이 개인주의와 몰인간주의(impersonalism)를 원칙으로 하는 데 비해서 일본의 그것은 집단주의와 인간주의(人間主義)를 실질적으로 존중하고 있다. 구미에서는 노동력으로써 인간의 역할적 일면을 평가하려고 하는 능력주의 · 업적주의인 데 비해서 일본에서는 전인격적 가치를 묻는 정신주의 · 노력주의이다. 일본의 경영에서 보이는 인간주의와, 그것과 불가분의 관계에 있는 집단주의가 노사 관계의 차원에서 나타난 것이 일본의 온정주의(경영가족주의 · 경영복지주의를 포함하여)라고 결론지었다.

일본인의 경제 행동에 관해서 다방면의 전문가가 참가하여 다양한 각도에서 검토한 결과를 정리한 것은, 경제학자 스미야 미키오(隅谷三喜男)의 『일본인의 경제 행동』[414)]이다. 각 회(各回)의 심포

414) 隅谷三喜男 編, 『日本人の經濟行動』(東洋經濟新報社, 1969. 5)

지엄의 테마는 다음과 같다. '일본인은 왜 일을 잘하는가', '일본인은 왜 저축을 잘하는가', '집(家)은 일본의 경제 발전에 어떠한 역할을 했는가', '일본의 기업 경영은 어떤 특질을 갖고 있는가', '일본 사회는 유동성 · 개방성이 풍부한가', '일본인의 공동체 의식은 희박한가', '일본인은 모방의 천재인가', '일본의 기업 활동을 지탱하는 것은 무엇인가, 일본인의 가치관은 어떠한 것인가', '외국인은 일본인의 경제 활동을 어떻게 보는가', '일본인의 경제 행동은 어떠한 특질을 갖는가—총괄'.

'토론을 마치고'에서 스미야는 이렇게 기술하고 있다. 일본의 경제발전을 생각할 경우, 전후에서 쇼와 30년 무렵까지는 서구가 모델이 되고 '근대화'가 목표였다. 그러나 30년 이래의 일본 경제의 고도 성장과 저개발국의 성장 정체라는 현실 가운데서, 일본의 '근대화'로의 길이 주목받고 일본 자체가 모델이 되었다. 전자의 경우는 일본의 경제 발전을 왜곡시켜 온 점에서 경제 행동의 부정적 요인이 강조되는 데 비해 후자의 경우에는 근대화를 가능하게 한 긍정적 요인이 떠오르게 된다. 문제를 고찰하기 위한 좌표축은 서구 선진국과 저개발 후진국 두 개이지만, 그 두 개를 잘 교차시키는 일은 용이하지 않다는 것을 통감했다고 진심을 토로하였다.

일본적 경영의 특성에 관해서, 사회심리학적인 관점도 넣어 이론적으로 분석한 것은, 경영학자 쓰다 마스미(津田眞澂)의 『일본적 경영의 논리』[415]이다. 쓰다는, 일본적 경영의 기본 원리를 다음과

415) 津田眞澂, 『日本的經營の論理』(中央經濟社, 1977. 4)

같이 말했다. 첫째, 일본의 경영체는 합리적 기능집단일 뿐 아니라 공동생활체이며, 참가하는 구성원에게는 전인격이 발동되는 장소이다. 둘째, 경영체는 서약적(誓的) 공동체라고 할 수 있다. 경영체에 참가할 때 입사식의 계약서 서명 등에 의해 공동생활체를 유지 · 발전시키는 권위의 존재를 승인하고, 스스로 유지 · 발전 활동에 참가할 것을 서약한다. 셋째, 경영의 조직과 관리는 이중성을 갖고 있다. 경영체의 최고 주체는 경영의 합리성 · 능률성을 추구함과 함께 사회적 인격의 이상상이 아니면 안 된다. 이 이중성은 작업집단에도 나타나 참가 구성원을 능력주의 · 실력주의로 평가 · 배려하는 경쟁 원리가 있는 반면 한편으로는, 개개 구성원의 신뢰 · 협력이 강조되어 인격적 높이로 평가 · 배려할 것도 요구된다. 넷째, 이 이중성은 경영체 내의 인간집단의 형(形)으로 결정(結晶)을 이루기 쉽다. 인생의 주요 사이클을 하나의 경영체 안에서 보내고 인격의 상호 관계가 극히 농밀하기 때문이다. 위 네 개의 기본 원리가 경영의 구석구석까지를 꿰뚫는 경우의 축심(軸心)은, 업적의 달성—합리성 · 능률성과 이상적 인격에 대한 공감—납득성 · 합의의 두 가지다. 일본의 사회나 경영체에 대해서 '종적(縱的) 사회' 라고 부르는 설이 있으나 전혀 잘못된 것으로, 그것은 경영체의 성질의 일부를 나타내는 데 불과하다. '종적 사회' 는 오히려 구미의 경영체의 특징이며, 일본의 경영체에서는 횡의 연락 · 합의 형성의 네트워크가 농밀하여 '횡적 사회' 라고 불러도 좋다고 말한다.

마찬가지로 일본적 경영의 특징을 사회심리학적인 시각도 고려

하여 논한 것은, 경영학자 이와타 류시(岩田龍子)의 『현대 일본의 경영풍토—그 기반과 변화의 동태를 찾는다』[416]이다. 이와타에 의하면, 일본인의 책임 의식이 일본적 경영의 조직 구조 · 관리 방식에 영향을 주고 있다고 한다. 개인 책임 의식이 확립되어 있지 않았기 때문에 책임의 범위가 불명확하고, 집단 구성원간의 책임의 연대성이 보인다. 또 계약이나 직무보다도 소속집단에 대해서 책임을 의식한다. 다시 약자를 구제하는 것은 당연하다고 하는 강자의 책임 의식이 있다. 이러한 책임 의식으로 인해 일본의 경영 조직에서는 개인이 담당하는 직무의 이행보다도 직장 단위의 업무 달성이 우선이다.

일본적 경영을 지탱하는 심리적 기반은 다음의 세 가지이다. (1) 일본인의 상황즉응성(卽應性). 규칙이나 법규를 국자로 떠내듯 적용하는 것은 바보스럽다고 생각한다. '잘 부탁합니다' 라고 말하면 통한다. (2) '낯익은 사이' 라는 독특한 인간 관계. 일본인의 인간 관계에는 '무연'(無緣), '낯익은 사이', '마음을 줄 수가 없는 사이' 등 세 가지가 있다. 비즈니스의 세계에서는 '낯익은 사이' 의 관계가 극히 중요한 역할을 해내고 있다. 일시적인 이해보다도 상대방의 호의와 상호 신뢰 관계를 중시하고, 장기적인 균형 감각에 서서 상호의 이해를 조정하려고 한다. (3) 일본인의 집단 지향성. 상대방을 평가할 때에 소속집단의 안쪽 인간인가 바깥쪽 인간인가가 중요한 의미를 갖는다.

---

416) 岩田龍子, 『現代日本の經營風土—その基盤と變化の動態を探る』(日本經濟新聞社, 1978. 10)

일본의 기업은 관계의 영속성을 원칙으로 하는 중핵 부분과 충격에 대처하는 쿠션으로서 주변 부분이라는 이중 구조를 갖고 있다. 이 중핵 부분에 나타나는 것이 종신고용제이며 역사적으로는 차츰 확대되어 오고 있다. 또한, 연공서열제는 일본인의 민감한 지위 감각, 독특한 능력관에 의해 유효하고 경제적인 인센티브 시스템으로서 작용하고, 승진경쟁을 낳고 조직의 역동성이 유지되어 왔다.

일본적 경영은 일본인의 심리적 경향을 최대한으로 활용하여 조직의 활력을 높였으나, 동시에 일본의 조직에 특징적인 불만을 조직 가운데로 내공(內攻)시키고 있다. 다테마에(建前 : 명분)와 혼네(本音 : 속마음)의 분리에 의한 일본적 해결도 혼네의 불만을 개인심리의 차원에서 깊이 내공시켰다. 특히, 저성장기에 들어와서부터 일본적 경영의 모순은 현재화(顯在化)하고, 종신고용 · 연공제도도 심각한 문제에 직면하여 검토를 재촉받고 있다고 기술하고 있다.

외국의 일본적 경영 '신화'의 잘못을 지적하고, 그 '현실'의 결함을 들어서 비판한 것은 산업사회학자 오다카 구니오(尾高邦雄)의 『일본적 경영—그 신화와 현실』[417]이다. 오다카에 의하면, 일본적 경영의 여러 관행을 함부로 찬미하는 이러한 신화가 생겨난 것은, 그것을 믿고 싶어하는 잠재 의식이 일본인에게 있었기 때문이다. 일본인은 뿌리 깊은 열등감 때문에 외국인에게 결점을 지적당하면

417) 尾高邦雄, 『日本的經營—その神話と現實』(中央公論社, 1984. 4), 역서 『일본적 경영』(도서출판 소화, 1996. 8)

몹시 낙심하지만 역으로 칭찬을 들으면 쉽게 우쭐해진다.

일본적 경영이란 어떤 특수한 인사노무 관행의 체계를 말하는 것으로, 그 체계를 만드는 개개의 관행이나 제도는 반드시 일본 고유의 것은 아니다. 그리고 이러한 여러 관행을 모두 갖추고 있는 것은 대기업 · 대사업체뿐이다. 예컨대 종신고용이나 연공서열 제도는 소기업 · 소사업체에서는 처음부터 없는 경우도 적지 않다. 집단주의의 가치이념이 적용되어 일본적 경영의 원형이 형성된 것은 에도 시대 중기의 일로, 대도시에 점포가 있던 상가에서였다. 메이지 말기 이후에 근대적 기업을 일으킨 경영자들은 인위적 구조물인 기업에 집단주의의 관행을 도입하여 이익사회(게젤샤프트)적 상황을 억누르고 공동사회(게마인샤프트)적 상황에 접근시키는 정책을 취하여 성공했다. 집단주의 경영 관행의 체계는 이러한 긍정적 효과 때문에 제2차 세계대전 후에도 온존하고, 일본적 경영의 관행으로서 대기업에 정착했던 것이다.

오다카에 따르면, 집단주의란 하나의 집단이나 조직체를 자기들의 운명공동체로 파악하고, 전체적 질서의 번영과 집단 내 생활의 안녕을 성원 개개인의 능력발휘나 개인적 욕구의 충족에 앞서서 중요시하는 가치 지향이다. 전체주의와 다른 것은 전체주의가 전체 우선이라고 하는 것만을 염두에 두는 것에 대해, 집단주의는 전체 우선과 동시에 개체의 자유와 행복도 존중한다. 집단주의는 특정한 시대적 산물이 아니라 일본 민족 문화의 한 특징을 반영하는 가치 지향이라고 말할 수 있다.

일본적 경영이란, 다음과 같은 독특한 인사노무 관행의 체계를 가지는 기업경영 양식이다. 종신고용의 관행, 전부 대 주거나 부담하는 식의 일괄채용, 평균적인 회사인간을 만드는 정형 훈련, 제너럴리스트를 육성하는 직장편력, 연공에 의한 처우와 지위의 서열, 경쟁의 억제와 인화의 존중, 품의 제도, 오미코시(御神輿 : 신을 모시는 가마)적 경영과 집단책임 체제, 권위주의적이며 동시에 민주적으로 참여하고 계획하는 조직, 사생활에까지 미치는 종업원 복지의 온정적 배려. 그리고 일본적 경영의 플러스 효과는 (1) 고용의 안정, (2) 인사의 유연성, (3) 종업원의 회사일체감의 육성이며, 마이너스 효과는 (1) 종업원의 의뢰심 조장과 자주창조 정신의 억제, (2) 고용에 있어서 차별대우와 자유로운 횡단적 노동시장 형성에 대한 장해, 에스컬레이터 시스템의 폐해와 중고령층 인사(人事)의 적체, (3) 종업원의 일하는 즐거움과 보람의 상실이다. 오다카는, 70년대의 불황 시대에 들어와서부터 이들 마이너스 효과는 차츰 현재화하기 시작했으며 이것들을 불식하기 위한 수정보강책이 취해진다면 '신화'에 상당히 접근한 새로운 일본적 경영의 관행 체계가 만들어질 것이라고 결론지었다.

은행가 · 경제학자 도야마 시게루(外山茂)의 『일본인의 근면 · 저축관』[418]은, 일본인의 근면과 저축 정신의 기원을 에도 시대로 소급하여 그 메이지 유신 이후의 변화, 패전 후의 전환까지를 구체적인 사례를 통해 더듬고, 다시 현대인의 저축 의식에 대해서 논하고 있다.

---

418) 外山茂, 『日本人の勤勉 · 貯蓄觀』(東洋經濟新報社, 1987. 4)

일본인의 경제 관념, 예컨대 노동 · 소유 · 토지 · 화폐 · 임금 · 이윤 · 기업 등에 관한 생활 관념에 관해 전체적으로 고찰한 것은 경제학자 니시무라 다카오(西村孝夫)의 『일본인의 경제 관념』[419]이다. 니시무라에 의하면, 일본인은 물질 혹은 상품에 대해서 '유물주의 혐오' 와 '정신주의' 가 길게 꼬리를 끌고 있다. 상품을 가치의 체화(體化)로 보는 경우에도 이용하는 자의 사용가치가 중시된다. 화폐에 대해서는 다테마에로서 경시하는 경향이 있지만, 역으로 화폐에 대한 훼치시즘이 진행되고 있다. 돈에 대한 '경원' 은 가격에 대한 애매함으로 나타나고, 노역이나 서비스에 대해서 대금을 명백히 말한다든가 요구하는 것도 조심스러워한다. 타인에게 선물을 할 때는 가격의 라벨을 벗기는 것이 예의다. 동산에 관해서도 일상 가정에서는 자기의 물건인지 가족의 물건인지를 모르는 것이 많다. 친자 · 형제 · 자매가 같은 물건을 번갈아 가며 이용한다.

경제 관념이 이와 같으면 경제 사회에 대한 견해도 과학적, 법칙적으로는 되지 않는다. 그러나 일본인 일반의 경제 관념의 '뒤떨어짐' 이야말로 위정자에게 절호의 공격점이며, 학자에게는 경제학을 통해서 '계몽' 한다는 직업이 보장된다. 일본인의 노동관은 노동에 관한 대 자연 · 대 인간의 관계가 온화하고 협조적이며, 격렬한 대립이나 상극의 관계에 서는 일은 드물다. 구미와 달라서 일본에서는 자연으로부터 인간에게 천혜 혹은 대지의 은혜로서의 산물이 주어진다고 하는 생각이 강하다. 노사 관계 · 노동자간의 협

419) 西村孝夫, 『日本人の經濟觀念』(啓文社, 1990. 7)

업 관계에서도 뭔지 모르게 형제 · 친자의 관계와 흡사한 요소가 잔존하고 있다. 즉 노동을 객관적인 교환가치나 추상적인 가치 일반의 관점에서 파악하지 않고, 의식이나 감정과 관련된 주관적 사용가치의 측면에서 파악하는 경향이 강하다고 기술하고 있다.

8. 국제 사회와 일본인

1970년대에 들어와 일본 경제의 해외진출은 점점 증대하고 일본인이 외국 사회에서 생활하는 기회도 극히 많아졌다. 그 결과, 국제화 시대에서 일본인의 자세가 갖가지 각도에서 논해지고, 외국인과 일본인의 비교론도 속속 출판되었다. 이미 소개한 J. 아베글렌의 『일본의 경영』은 외국인에 의한 일본인 우수설로서 환영받은 측면도 있었으나, 그 20년 뒤에 나온 에즈라 보겔의 『저팬 애즈 넘버원』(1979)은 책 제목 그대로 일본인을 찬미한 책으로서 널리 읽혔다. 여기에서는 이러한 외국인에 의한 일본인론과, 일본인의 외국 의식, 해외에서의 일본인에 관해서 논한 저서를 다룬다. 그중에는 엄격한 자기비판에 기한 극단적인 일본인 열등설도 포함되어 있다.

일본인의 국제 의식에 관해서 가장 일찍이 쓰인 논문 중 하나는, 평론가 가토 슈이치(加藤周一)의 「일본인의 세계상」[420]이다. 가

420) 加藤周一, 「日本人の世界像」(『近代日本思想史講座 第8巻』, 筑摩書房, 1961. 6) ; 「日本人の外國觀」(『思想』 1962. 8) 어느것이나 『日本人とは何か』(講談社, 1976. 7) 所收

토에 의하면, 근대 일본인이 국제 정세에 민감하고 끊임없이 외국의 사정에 관심을 갖고 외국과 자국의 비교에 열심이었던 것은, 외부와의 접촉이 적었기 때문이다. 쇄국에 의해 이 섬 가운데에 일종의 순수배양으로서 독특한 지방 문화가 육성되었다. 그 순수배양 문화와 구로부네(黑船)가 만났을 때 일본 국민은 외국의 도저히 대적하기 어려운 군사력에 대해서만은 이해했다. 일본의 근대화란 바로 상대방으로부터 배워서 능률적인 사회와 군사력을 만들어 내는 과정이었다. 즉, 근대 일본과 외부 세계와의 관계는 외부에 대항하기 위해서 외부로부터 배운다는, '대해서' 와 '로부터' 의 역설적이고 이중적인 관심에서 비롯되었다고 말할 수 있다. 메이지의 초기에는, 외부에 '대해서' 의 국권론이 있고, 외부 '로부터' 들어온 사상에 기초를 둔 자유민권론이 있었다. 이 이중 구조는 근대 일본의 각 시대를 꿰뚫어 왔지만, 어느 때는 '대해서' 의 면이 강조되고 어느 때는 '로부터' 의 면이 강조되어서, 두 가지의 태도가 교차하는 순환 과정을 보이고 있다. 일본인의 세계상이 가장 공상적이었던 시기는, 외부 '로부터' 얻기 위해서 외부를 바라보는 일을 그만두고 외부에 '대해서' 싸우기 위해 외부를 관찰하기 시작했던 때였다. 패전으로 극단적인 '대해서' 의 시대에서 극단적인 '로부터' 의 시대로 일변했다고 기술한다.

마찬가지로 가토는 논문 '일본인의 외국관' 에서, 일본인의 외국관은 독서에 의한 풍부한 지식과 외국인과 접촉할 기회가 근소하다는 두 가지 요소의 조합으로 특징지어진다고 말한다. 일본이 국제 사회에서 고립되는 것은, 지리적 조건 · 문화 · 역사의 차이, 언어의 장애 때문이다. 이 고립을 극복하려는 노력의 이면에는, 그것을 정당화하려는 경향이 있다. 그것은 많든 적든 국가주의적 경향으로 나타나고 심리적으로는 '외국인은 이해 못한다' 라는 신념이다. 일본인의 외국관에는 예로부터 두 가지 형이 있어서, 그 첫째는 일본의 후진성을 강조하여 특정 외국을 이상화하는 태도이며, 둘째는 외국의 후진성을 강조하여 일본을 이상화하는 태도이다. 전자는 외국 '일변도' 의 형으로, 예컨대 중세의 선승(禪僧) · 막말의 남화가(南畵家) 등에서는 중국과 가치가 혼동되고 동일시되어 있었다. 후자는 일본국을 이상화하여 그 사실을 그대로 가치화시키는 '국가지상주의' 이다. 그러나 일본인의 외국관에는 예로부터 눈에 두드러지지는 않지만 제삼의 형, 외국 · 일본을 불문하고 현실의 국가를 이상화하지 않고 현실을 이상과는 확실히 구별하는 태도가 있다. 예컨대 도겐(道元)에게 선(禪)은 현실의 국가 · 사회에 대해서 완전히 초월적인 이상 또는 원리였다. 또 니치렌(日蓮)의 불(佛) 앞에서는 쇼군(將軍)의 권위도 천황의 권위도 일체 무와 같았다. 이러한 예를 20세기에 구한다면 마르크스주의가 이에 해당할 것이다. 이 제3의 형이 좀더 확대된 형태로 오래 계속될지의 여부가 오늘날 일본의 과제라고 했다.

1970년대 말에 간행된 미국의 사회학자 에즈라 F. 보겔의 『저팬 애즈 넘버원—아메리카에 대한 교훈』(*Japan as Number One : Lessons for America*, 1979)[421]은 그 충격적인 제목 때문에 일본의 독

---

421) エズラ F. ヴォーゲル, 『ジャパン・アズ・ナンバーワン—アメリカへの教訓』(廣中和歌子 · 木本彰子 譯, TBSブリタニカ, 1979. 6)

자에게도 많은 관심을 불러일으켰다. 보겔은 일본이 '세계 제일' 이라는 의미에 대해 「서문」에서 이렇게 기술하고 있다. 일본은 GNP에서 세계 제일은 아니며, 정치 · 문화의 면에서도 세계의 지도적 입장에 서 있지 않지만, 적은 자원에도 불구하고 세계의 어느 나라보다도 탈공업화 사회가 직면하는 기본적 문제를 가장 교묘히 처리해 왔다. 그런 점에서 일본은 다른 나라들이 배워야 할 것들을 제공할 수 있는 입장에 있다.

일본의 성공 요인을 하나만 든다면 '집단으로서의 지식의 추구' 이며, 여기에 최고의 가치를 두는 것은 전통적 지혜로서 예로부터 정착되어 있었다. 그 특징은 그룹학습, 스포츠학습, 정보관리자로서의 관료, 싱크탱크, 기업의 정보수집전략 등에 나타나고 있다. 의견의 차이점은 날카로운 논쟁으로 해결하지를 않고, 보다 많은 정보를 모아 낙착되어야 할 곳에 낙착시킨다. 일본인은 복수의 집단에 소속하고 있어도 그 가운데 '마루가카에(丸抱 : 생활비나 자금을 전부 대 주는 일)집단' 이라고도 해야 할 기본집단에 의존하고 있다. 이 집단에는 공사 양면에 걸쳐 철저하게 보살펴 주는 인간 관계가 있으며 구성원 상호의 의무감도 강하고 집단을 가입하거나 탈퇴하기는 어렵다.

일본의 기업이 서구의 기업을 능가하게 된 1960년대 후반이 되면 일본의 경영자는 연공서열제가 서구식 경영보다 뛰어나다는 것을 인식하고 이후에는 독자적 경영철학의 확립을 지향하게 되었다. 이 신경영법은 서구로부터 많은 것을 받아들였으나, 동시에 전전(戰前)부터 있던 제도나 사상, 예컨대 장기계획 · 종신고용제 ·

연공서열제 · 종업원의 충성심 등이 포함되어 있는 것이 큰 특색이다. 일본의 대기업이 성공하는 원인은, 조직이 개인에게 귀속 의식과 자존심을 주고, 일하는 사람들에게 자기의 장래는 기업이 성공해야만 보증된다는 자각을 주었기 때문이다. 많은 일본인은 가족의 일원이 대기업에 근무하고 있다는 것에 긍지와 안정감을 가지며, 이것이 사회 전체의 기조가 되고 정치를 안정시키는 요인이 되고 있다.

일본의 수험 제도는 잘 훈련된 인적 자원, 즉 호기심이 풍부하고, 가르치기 쉽고, 극기심이 있으며, 인간 문제에 관심이 강하고, 공덕심(公德心)도 풍부한 국민을 키운다. 일률적으로 질이 높은 교육은 뛰어난 노동력을 낳고, 취직 후에도 직장에서 특수 기능을 배워 나간다. 문화의 동질성은 사회 정책에 의해 배양된 것이며, 교육은 그 정책의 기둥이다.

일본이 범죄의 컨트롤에 뛰어난 이유 중 하나가 일반 시민의 협력이다. 일본인은 전통적으로 윗사람에게 복종하는 경향이 있었으나, 시민은 위반자에 대해서는 관대하지 않고, 사회질서를 유지하기 위해서는 자진해서 경찰에 협력한다. 한 사람의 이단자 때문에 그 집단의 평판이 손상되지 않도록 그러한 자가 생겨나기 전에 집단 전체로서 서로 견제하여, 성원으로서 걸맞은 행동을 취하도록 압력을 넣는다.

보겔은 이상과 같이 일본의 뛰어난 점을 들고 있으나, 「일본판 서문」에서는 다음과 같이 경고하고 있다. 현재 일본에 필요한 것은 '국제화' 라는 의미를 다시 한 번 고쳐 생각하고 국제적 시야를 갖는 정치가를 육성하는 일이다. 이때까지 일본에서 사용되어 온 '국제화' 는 일본의 형편에 좋은 방향으로 세계를 이용하는 것을 의미해 왔다. 세계 가운데서 원료를 들여오고 아이디어를 도입했다. 해외 원조는 예외 없이 일본의 기업에게 이익이 되는 방향으로 투입되어 왔다. 일본이 이와 같은 짓을 계속하는 한 국제 사회에서 존경과 우호를 얻어 나가기는 어려울 것이다.

외국인이 쓴 일본인론으로서 고전적 평가를 받고 있는 루스 베네딕트의 『국화와 칼』을 비판적으로 논한 것은 더글라스 라미스의 『국내에 있는 외국—『국화(菊)와 칼(刀)』 재고(再考)』[422]이다. 라미스는 우선, 『국화와 칼』이 결정적 잘못을 포함하고 있는데도 불구하고 여전히 학문적, 일반적으로 지속적인 영향을 미치는 이유를 물었다. 이 수수께끼는 루스 베네딕트를 사회과학자로 보는 한, 또는 『국화와 칼』을 문화인류학의 업적으로 보는 한 풀리지 않는다. 그녀는 인류학자이기 이전에 시인이었고, 『국화와 칼』이 갖는 힘은 그 과학적 결론이 아니라 훌륭한 수사적 표현이며, 전후(戰後) 미일 양국의 정치적 관계에 나타난 이데올로기에서 이룩해 낸 결정적 역할인 것이다. 이 책의 중요한 가르침의 하나는, 일본인이 가공할 억압으로부터 해방되는 유일한 희망은 실제로 미국의 승리밖에 없었으므로 일본인은 감사해야 당연하다고 하는 것이다. 일본 사회는 해방을 위해 사회변혁으로 향하는 자기 비판의 원칙을

---

422) ダグラス・ラミス, 『內なる外國—『菊と刀』 再考』(加地永都子 譯, 時事通信社, 1981. 3)

자기 속에 가지고 있지 않다. 패전은 전세계 앞에서 치욕을 당하는 것을 의미하였으며, 패전에 의해서만 일본은 '보다 나은 방향으로 변할 수' 가 있었던 것이다. 베네딕트는 인간 생활에서 가장 중요한 것은 규범에 의한 행동과 자연의 발로라고 하면서, 일본 문화에는 그 양자가 다 결여되어 있다고 주장한다. 일본에서는 타인이 하는 방법에 따르는 것은 훌륭한 일이며, 자연의 발로는 어리석은 자가 하는 짓이다. 억압자도 정치적 억압 기구도 없는, 자기 억압에 기하는 전체적 억압이다. 그녀가 일본 사회로부터 추출한 것은, 메이지의 정책입안자가 주입하고 쇼와의 군국주의 시대에 강화·과장된 가치의 패턴(型)으로서, 그것은 '문화' 의 형이 아니라 국가가 뒤에서 밀어 주는 이데올로기였다. 『국화와 칼』은 일본의 군국주의와 베네딕트 사상의 복잡한 구조가 멋지게 일치하여 생긴 산물이며, 전후 미일 관계의 이데올로기를 위한 이론적 기초를 만들었다고 라미스는 결론내린다.

이때까지의 일본인론이 구미 대 일본의 비교로 행해져 왔음을 비판하고, 구체적인 사례를 들어 독창적인 일본인론을 전개한 것은 한국의 평론가 이어령(李御寧)의 『'축소' 지향의 일본인』[423]이다. 이에 의하면, 예컨대 '아마에' 의 경우 영어에는 없으므로 일본에 독특한 어휘라고 하지만, 한국어에는 같은 의미의 말이 일상적으로 쓰이고 있다. 또한, 종적 사회의 서열 의식을 일본의 독특한 경어법에서 구하는 논의가 있으나, 한국의 경어법은 훨씬 복잡하

423) 李御寧, 『'縮み' 志向の日本人』(學生社, 1982. 1)

게 발달했다. 여기에서 이어령은, 일본인의 특성으로서 사물을 확대하기보다 축소하는 '축소' 지향을 들고 여러 가지 사례로써 설명하고 있다.

(1) 이레코(入籠)형—채워 넣다. 생략어를 좋아하는 일본인은 말을 축소하려고 하기 때문에, '의(の)'를 왕성하게 사용하여 생각이나 형상을 축소시킨다. 예컨대, 다쿠보쿠(啄木)의 "동해의 작은 섬의 물가의 흰 모래에 나는 눈물에 젖어 게(蟹)와 희롱하노라"라는 노래는 '의'를 중첩시켜 넓고 넓은 '동해'로부터 '작은 섬', '물가'로 축소되어 가다가 드디어 '게'에까지 응축되어 버린다. (2) 부채(扇)형—접다 · 쥐다 · 보내다. 부채는 중국 · 한국을 거쳐 전해져 와서 접는 식(折疊式) 선자(扇子)가 된다. 우산도 세계 최초로 접는 식을 만들었다. (3) 누나(姉) 인형형—취하다 · 깎다. 일본은 인형의 나라로서, 그 가운데에서도 독특한 미니어처의 축소 방법을 쓰고 있는 것은 에도 네사마(누님) 인형이다. 가나를 만든 발상법도 누나 인형과 같은 것으로서, 말할 때 무엇이든 '도모'(아무쪼록)로 끝내 버리는 것도 일본어의 독특한 축소법이다. (4) 오리쓰메 벤토(접는 도시락)형—채워 넣다. 벤토(도시락)란 음식을 작은 상자형으로 축소한 것으로서, 일본의 음식의 형을 압축하여 채워 넣는 것이 가능하기 때문에 도시락 문화가 성립한 것이다. '미쓰메루(見詰 : 눈으로 열심히 보다, 응시하다)', '오모이쓰메루(思詰 : 골똘히 생각하다)', '이키오쓰메루(息詰 : 숨을 죽이다)'와 같이, 일본인의 힘은 '쓰메루(채워 넣는, 축소하는)' 곳에서 나오는 것 같다. 채워 넣지 못하게 생긴 것은 '쓰마라나이'(시시한) 것이다. 채워 넣기 주

의로 공부하고, 정신의 양식은 문고본(文庫本)이다. (5) 노멘(能面 : 노가쿠를 할 때 쓰는 탈)형—가마(構)에루(자세를 취하다). 검도 · 유도 · 화도(華道) · 다도(茶道) 등 무엇이든 '가마에' 로부터 출발한다. 가마에란 모든 동작을 하나의 순간에 축소한 형이다. 그 전형이 노멘(能面)으로서 정지(靜止)하고 있는 듯하면서도 수십 수백의 표정을 비장하고 있다. 실로 일본인의 얼굴이다. (6) 문장형(紋章型)—응집(凝集)시키다. 무사는 가문(家紋)을 걸고 싸우며, 직인은 한텐(半天 : 소매나 등에 성명, 상호 등을 새긴, 간소한 겉에 걸치는 웃옷)을 걸고 일하며, 상인은 노렌(暖簾 : 상점의 신용, 명성)을 걸고 신용을 지켰다. 일본인의 집단주의는 이러한 문장 문화로서 행해져 왔다. 일본인이 명함을 좋아하는 것도 문장의 전통이며 개인의 얼굴을 집단의 직함으로 나타내는 것이다.

다시 이어령은 '축소' 문화의 예로 전통적으로는 회유식(回遊式) 정원 · 분재 · 생화(生花) · 다실 등, 현대에서는 트랜지스터 라디오 · 컴퓨터 · 로봇 · 빠칭코 등을 들고 있다. 일본은 역사적으로 '축소' 지향의 시대에는 잘 번영하지만, 그것이 성공하면 '확대' 지향으로 향하고 히데요시(秀吉)의 조선 침략이라든가 진주만 공격과 같은 과오를 범해 왔다. 지금 구미 문화가 지향해 온 거대주의는 벽에 부딪히고, 미래의 탈공업 사회의 모델이 된 것은 축소 문화를 가진 일본이다. "오니(鬼 : 귀신)가 되지 말라 잇쓴보시(一寸法師 : 동화에 나오는 상상 속의 소인)가 되라"고 하면서 저자는 끝맺는다.

'축소' 지향의 존재는 이어령이 지적하는 그대로이지만 그것은 주로 생활 의식 · 생활 행동에 나타난 현상(現象面)적인 면이며 그 현상이 일어나는 심리적 동기의 분석은 불충분하다.

사회학자인 스즈키 요시오(杉木良夫)와 로스 마로아는 일본 · 미국 · 오스트레일리아에서 지낸 경험을 바탕으로 사회비교의 방법을 써서 『일본인은 '일본적' 인가—특수론을 넘어 다원적 분석으로』[424]를 저술했다. 그것에 의하면, 이른바 일본인론의 거의가 일본인이 얼마나 특수하고 독특한가를 강조한다. 그 내용은 다음과 같이 똑같은 주장이다. (1) 일본인은 자아의 형성이 약하고 독립적인 개별적 자아를 확립하지 못했다. (2) 일본인은 집단지향적으로 소속집단에 자발적으로 헌신한다. (3) 사회 전체에 컨센서스 조화 · 통합이라는 원리가 관통하고 있으며, 사회 내의 안정도 · 단결도는 극히 높다. 그러나 근년의 엄밀한 국제 비교연구의 성과에 의해, 일본 사회의 특질이 다른 산업 사회와 그다지 다르지 않고, 구미 사회에도 집단주의적 경향이 있으며 일본 사회에도 개인주의적 경향은 상당히 있다는 것을 알게 되었다.

일본인론의 계보를 더듬어 보면, 일본특수독특설의 원형이 된 일본국민문화론은 1930년대에 일세를 풍미하고 있다. 일본은 물적 생산물 면에서는 구미와 견줄 수 없기 때문에, 정신 · 마음 · 정서 등의 우위성을 설파하는 것이 필연적이다. 그곳에서 나온 주요한 흐름은 와쓰지 데쓰로에 의한 일본풍토학, 야나기다 구니오(柳

---

424) ロス マロア · 杉本良夫, 『日本人は '日本的' か—特殊論を超え多元的 分析へ』(東洋經濟新報社, 1982. 2)

田國男)에 의한 민속학, 아리가 기자에몬(有賀喜左衛門)으로 대표되는 농촌사회학이다. 전전 · 전후의 일본인론에는, 일본 사회나 일본 문화를 조화가 잡힌 통합체로 보고 일본인 전체를 관통하는 공통의 국민성이 있다는 '일괄주의' 와, 일본 내부를 상세히 조사하면 그것만으로도 일본 사회를 특징지을 수 있다는 '비교 없는 특징짓기' 두 개의 수법이 있었다. 전후의 일본인론에서도 '일괄주의' 는 계속되고, 한편에서는 구미 사회를 한 덩어리로 이념화하는 '서양일원주의' 가 취해졌다. 고도성장기 이후의 일본인론은 다시 일본특수국민성론으로 되돌아간다.

스기무라 등이 말하는 일본사회독특설의 시대적 가치관의 저류는 다음 표와 같다.

시대	주류적 테마	일본에 대한 평가	이론의 보편성 · 개별성
1. 1930~45	국체문화이론	선진국으로서의 높은 평가	독특한 개별 이론이 필요
2. 1945~55	민주화이론	후진국으로서의 낮은 평가	미국류 민주주의를 모델로 한 보편이론을 적용
3. 1955~70	근대화이론	후진국적 측면을 비평함과 동시에 선진국적 측면을 평가	
4. 1965~	신국민성론	선진국으로서의 평가	산업발전론에 의해 경제성장의 궤도의 보편성을 강조

전후의 일본인론에는 공통되는 두 가지 경향이 있다. 하나는 일

본인 모두가 다른 국민에게서는 볼 수 없는 일정한 특질을 갖는다는 '일본인 동질설' 이다. 또 하나는 일본인의 가장 현저한 속성은 집단에 대한 자발적 헌신 정신이라는 '일본인 동조(同調)론' 이다. 이 두 가지를 합쳐서 '동질 동조론' 이라고 부른다면, 이에 대해서 개인 · 집단 · 계급 등의 사이에서 발생하는 콤플릭트를 분석의 중심에 두는 '분산대립론' 의 가능성을 생각할 수 있다. 일본 사회에는 이해의 대립, 경제적 보수의 불평등, 의견의 상위 등이 엄연하게 존재하고 있기 때문이다.

거의 모든 일본인론은 방법적 기초가 애매한데, 방법에는 다섯 가지 특징을 볼 수가 있다. (1) 에피소드주의 : 자료의 많은 부분이 단편적인 에피소드, 여기저기에 흩어져 있는 개인적인 체험, 자질구레한 실화 등으로 그것들을 짜맞춘다. (2) 언어주의 : 일본어특유의 표현을 내세워 논한다. 격언을 인용하는 방법이 잘 쓰인다. (3) 이질적인 샘플의 비교 : 예컨대 일본의 대회사의 관리직 후보의 행동 양식과 서양 전반의 전노동자와 비교하여 일본을 '종적 사회' 로 하는 것 등. (4) 배타적 실감주의 : 일본에 관한 것은 일본인밖에 모른다고 믿고 있는 사람이 많다. (5) 서양일원론 : 서양에 대한 일원적인 파악 방법. '서양', '구미' 의 범위가 명확하게 정의되어 있지 않다.

이어 스기무라 등은, 일본인의 사고나 행동을 분산대립론의 입장에서 분석하는 '다원적 계층 모델' 을 제언하고 있다. 그 전제는, 첫째 일본 사회 가운데 다종 다양한 사람들이 있으며, 여러 가지 방법으로 사고하고 각양 각색의 스타일로 행동한다는 것. 둘째로 인간 행동의 배후에는 '자기 이익의 최대화' 라는 원리가 있다는 것. 셋째로 의식이나 행동을 규정하는 것은 문화가 아니라, 권력이 계층 구조를 통해서 규정한다고 하는 것. 다원적 계층 모델은 이 세 가지 전제를 출발점으로 하여 '사회자원' 과 '성층차원'(成層次元)이라는 두 개의 측면을 중심에 둔다. 사회자원이란, 소득 · 권력 · 정보 · 위신이며 성층이란 계층을 형성한다는 의미에서 성별 · 연령 · 학력 · 직업 · 거주지 등 다수의 차원이 있다. 두 가지 측면을 교차시켜 다원적 계층 모델이 성립한다.

최후로 스기무라 등은 '국권적 국제주의' 에 대해서 '민제적(民際的) 세계주의' 를 사회 고찰의 근저에 깔고, 서로 다른 문화 사이에 잠재하고 있는 '이형동질물'(異形同質物)을 추출하는 작업을 진행시키는 것이 바람직하다고 결론지었다.

해외에서 일본을 소개한 책으로서 저명한 일본학자 에드윈 O. 라이샤워의 *The Japanese*(1977)는 10년 후에 개정판 *The Japanese Today : change and continuity*(1988)[425]가 나와서, 비즈니스에 관한 장 등 대폭으로 고쳐 썼다. 그 책에 따르면, 일본인의 국민성은 그 대부분이 국토의 영향을 받으면서 형성되어 국토의 위치 · 기후풍토 · 자연조건이라는 움직이기 어려운 요소가 일본인을 일정 방향으로 인도해 왔다고 말한다. 그리고 일본인 자신은 일본을 작은 나라라고 생각하고 있다고 하고, 인구와 GNP의 크기로 바꿔 그린

---

425) エドウィン O. ライシャワー, 『ザ · ジャパニーズ · トゥデイ』(福島正光 譯, 文藝春秋社, 1990. 1)

지도로 일본의 의외의 크기를 나타내고 있다.

일본인은 어느 분야에서는 구미의 보편적인 규범과 전혀 다른 규범을 가지는 특수한 국민이다. 그런 점에서 가장 중요한 것은 개인을 희생시키더라도 집단에 무게를 두는 경향이다. 의복 · 행동 · 생활 양식이나 사상에서조차 집단의 규범에 따르는 것에 만족하고 있다. 일본에서는 직업을 갖는 것은 수입을 얻기 위한 것뿐만 아니라, 큰 의의 있는 존재와 일체가 되는 만족감을 의미한다. 고용은 퇴직연령까지 계속되는 것이 보통이며, 이것은 안정감과 함께 기업에 소속하는 긍지와 충성심을 가져다 준다. 일본의 인간 관계에서 최대의 미덕은 타인에 대한 협조성 · 사려분별 · 이해력이며, 중요한 가치는 조화이다. 의지결정이란 대화나 위원회의 절차를 거쳐 합의되는 것으로 여겨지고, 날카로운 의견의 대립은 '하라게이(腹藝 : 언행에 나타내지 않고 배짱이나 경험으로 일을 처리하는 것)'나 중개자에 의해서 미연에 회피해 버린다. 집단 지향은 개인적인 자기 표현을 억제하는 경향이 있지만, 일본인은 '다테마에' 라는 일반 원칙에 순응함과 동시에 '혼네' 라는 개인 자신의 내적인 동기를 인정한다. 이러한 내적인 불일치를 스스로 용인하기 때문에 쉽게 모순에 적응한다. 일본인은 대체로 추상적인 윤리 원칙에 의해 생각하기보다도 구체적인 상황과 복잡한 인간 관계에 의해서 생각하는 경향이 강하다. 자질구레한 행동강령을 중시하는 결과로서, 자의식 과잉이 되고 타인이 자기를 어떻게 생각하는가 끊임없이 신경을 쓴다. 집단과 자기 사이에 이미 확립된 접촉에 집착하여 다른 사람들을 모두 다 '타인' 이라는 관계로 몰아낸다. 계층 구조는 일본 사회 전체에 뿌리 깊이 만연되어 있으며, 행정기구 · 기업뿐 아니라 많은 집단에서 연령차의 의식을 통해서 종형(縱型)의 배열이 형성되어 있다. 그러나 실제로는 계층 관계를 중시하는 대부분은 순수하게 추상적인 것으로서, 국가라는 최대의 계층 사회에서 천황의 역할이 그 사실을 나타내 보이고 있다.

일본인의 외국에 대한 태도를 역사적으로 보면 열등감과 우월감 사이를 진자(振子)와 같이 흔들려 왔다고 말할 수가 있다. 근대 일본의 내셔널리즘은 주로 구미를 따라잡는다는 형식으로 표현되어 왔다. 개인도 국가도 구미의 규범에 달해서 구미로부터 인정받고 싶다고 결심했지만, 집단으로부터 인정받고 싶어하는 전통적인 욕망과 겹쳐서 외국인을 대하는 태도를 딱딱하고 불친절한 것으로 만들어 버렸다. 일본인이 지금 직면한 최대의 문제는 타국민과의 관계로서, 그 언어의 장해(障害)와 번영하는 경제 때문에, 안전하게 고립해 온 편안한 생활을 버리고 세계 평화나 국제 경제의 문제를 다루려고 하는, 한층 더 모험적인 방향으로 나아가기는 쉽지가 않다. 지금 아직도 적절한 커뮤니케이션의 능력을 갖지 못하고 강한 격절감을 안고 있다는 사실이 심각하다고 결론내리고 있다.

꽤 오래 된 시대의 것이지만 다음에 드는 저서 두 권은 일본인의 서구인에 대한 강한 열등감을 보여 준다. 전 아르헨티나 대사 가와자키 이치로(河崎一郎)는 『맨 얼굴(素顔)의 일본』[426]을 쓰는 의도에 대해서 패전된 지 20년도 되지 않아서 '세계에서도 가장 역동

426) 河崎一郎, 『素顔の日本』(二見書房, 1969. 5)

적인 공업국' 이 된 일본을 '객관적이고도 양심적으로' 묘사한다고 설명하고 있다. 그 책에서 가장 격렬히 비난받은 것은, "세계의 인종 가운데서, 피그미족과 호텐토트족을 제외하면, 아마도 신체적인 매력이라는 점에서 가장 열등한 것은 일본인일 것이다"라는 한 구절이다. 이것은 인종적 편견의 노골적인 표현이며, 가와자키가 외무성과 인연이 끊어진 이유라고 되어 있다. 가와자키에 따르면 일본인 전체로서 외국인 특히 백색인종에 대한 열등감이 있으며, 그것이 의식의 심층에서 일종의 성벽(性癖)이 되어 일상 생활에 녹아들어 와 있다. 일본에서는 서양적 개념에서의 개인주의가 아직 정착하지 못하였으며, 자기 자신의 확고한 신념이 없기 때문에 군중심리적 행동에 끌려드는 경향이 강하다. 이 밖에 일본인의 특징으로 열거하고 있는 것은 어학력의 부족, 집단 행동을 좋아하는 것, 상습적인 증여벽(贈與癖), 계약에 약한 것, 의례에 구애된다 등이다. "'쭉 뻗었다고는 할 수 없는 짧은 다리에 헐렁헐렁한 바지를 입고, 자신의 키와 맞먹는 큰 골프 백을 어깨에 멘, 일본 신사 골프 코스를 가다' 라는 그림은 너무 우스꽝스러워 필설로 다 형용하기 어렵다"라고 단정하고 있다.

마찬가지로, 외국 재류 경험에 기초해서 일본인의 결점을, 자기 비판적으로 지적하고 있는 것은 과학평론가 다카하시 오사무(高橋敷)의 남미체험기 『보기 흉한 일본인』[427]이다. 다카하시는, 일본인과 세계인의 정신 생활 사이에는 너무나도 큰 단절이 있으며, 그

---

427) 高橋敷, 『みにくい日本人』(原書房, 1970. 4)

주요한 부분은 일본인의 인간 의식의 '후진성' 때문이라고 말한다. 일본인의 성격은 해외의 초대연에서 먹는 방법도 모르는 요리를 향해 앉았을 때에 나타난다. 일본인은 나이프와 포크를 거머쥐고 자기는 알고 있다는 듯한 얼굴로 기다리고 있다. 그리고 누군가가 시작하면 벼락같이 같은 동작을 되풀이한다. 일본인은 선두에는 서지 않지만 타인에게 뒤떨어지지는 않으려고 한다. 창조성 대신에 외형뿐인 모방과 미래에의 계획성 대신에 현재 있는 것에 대한 몰입성이 있다. 일본인이 '의견' 이라고 생각하는 것은 '입장' 이며, '사상' 이라고 생각하고 있었던 것은 '체면' 에 지나지 않았다고 논한다.

국제 교류가 왕성해짐에 따라 두드러지게 눈에 띄게 된 일본인의 해외에서의 부적응 현상을 상세하게 분석한 것은 정신의학자 이나무라 히로시(稻村博)의 『일본인의 해외 부적응』[428]이다. 이나무라에 의하면, 일반적으로 일본인은 해외에 약하고, 부적응의 내용(자살 · 정신장애 · 중독 · 범죄 등)은 어느 나라에서도 공통되어 상당히 독특한 것이라고 말한다. 해외에서 일본인의 행동 패턴은, 일본인끼리 뭉친다는 것, 교육에 열심이라는 것, 비난의 대상(scapegoat)을 만드는 것 등이다. 부적응을 일으키는 내적 요인은, 일반적으로 자기 완결성이 결여되고 상호 의존적으로서 심리적으로 미숙한 것 등이다. 또한 대인소통성(對人疏通性)에 관해서도 일본인끼리라면 화통하게 통하지만, 상대방이 외국인이면 아주 다르

428) 稻村博, 『日本人の海外不適應』(日本放送出版協會, 1980. 11)

다. 근년에는, 현지측이 일본인에 대해서 갖는 오해나 편견이 증대하는 반면, 일본인도 끈질김이 없어지고 과보호 가운데 지나친 응석받이 때문에, 장래에 대한 비전이나 달성 원망이 약해져, 한층 더 적응하기 어려운 조건을 만들고 있다고 기술하고 있다.

국제 문제 연구가 가나야마 노부오(金山宣夫)는 『국제 감각과 일본인』[429]에서, 일본인의 가치 체계의 배후에는 인생이나 인간 관계에 있어서 성실하다고 하는 '성실주의'와 예의범절을 몸에 붙게 하는 시스템으로서의 '시쓰케(예의범절을 가르치는 것) 공동체'가 있다고 말한다. 그리고 이 두 개의 개념을 통해서 일본 문화나 일본적 합리성을 재검토하고, 일본인의 국제 감각은 어떻게 변화해야 하는가를 제언하고 있다.

전후 일본의 '문화와 아이덴티티' 문제를 다시 고쳐 추구한 것은, 문화인류학자 아오키 다모쓰(青木保)의 『'일본 문화론'의 변용—전후 일본의 문화와 아이덴티티』[430]이다. 아오키는, 전후 일본의 '독자성' 신화를 창출한 논의이기도 한 '일본 문화론'(혹은 '일본인론')의 대표적 논문을 다루면서 내용의 변화를 추급하여 검토하고 있다. 우선 전제로서, 루스 베네딕트의 『국화와 칼』의 성격에 언급, 이 저서가 일본인에게 제시하고 오랫동안 논의의 대상이 된 논점은, 일본인의 사회 조직의 원리로서의 '집단주의', 일본인의 정신태도로서의 '부끄러움의 문화', 이 두 가지라고 말한다. 아래

---

429) 金山宣夫, 『國際感覺と日本人』(日本放送出版協會, 1989. 6)

430) 青木保, 『'日本文化論'の變容—戰後日本の文化とアイデンティティー』(1990. 7), 역서 『일본 문화론의 변용』(도서출판 소화, 1997)

에 1945년부터 현재까지의 '일본 문화론'을 다음과 같이 네 시기로 나누어 논하고 있다.

제1기 '부정적 특수성의 인식'(1945~54)

제2기 '역사적 상대성의 인식'(1955~63)

제3기 '긍정적 특수성의 인식' 전기(1964~76), 후기(1977~83)

제4기 '특수성에서 보편성으로'(1984~)

일본의 국제 진출 가운데 나온 '일본 때리기'의 논조는, 제3기의 '긍정적 특수성의 인식'을 기본으로 하는 '일본 문화론'의 역설(逆說)이다. 즉 70년대의 '일본 문화론'의 융성은 같은 논리를 거꾸로 잡은 '일본 비판론'을 낳게 된 것이다. 최후로, 일본 문화의 '독자성'의 주장이 필요한 면도 있으나, 앞으로의 '일본 문화론'은 보다 열린 '보편성'을 지향해야 할 것이라고 결론짓는다.

1970년대 이래, 일본인의 해외 여러 나라로의 진출이 왕성하게 되었으나 그 체험도 거쳐 『○○인과 일본인』이라고 하는 표제의 국제비교론이 속속 출판되었다. 그 책이름만을 들어 보면, 예컨대 미국인과의 비교는 미야키 오토야(宮城音彌) 역저 『아메리카인과 일본인』(山手書房, 1976. 7), 오자키 시게오(尾崎茂雄) 『아메리카인과 일본인』(講談社, 1980. 3), N. 이나모토(N. イナモト) 『일본인 대 아메리카인』(와세다대학 출판부, 1982. 1), NHK방송세론조사소 편 『일본인과 아메리카인』(일본방송출판협회, 1982. 11) 등이 있고, 유럽인에 관해서는, 시노다 유지로(篠田雄次郎) 『일본인과 독일인』(光文社, 1977. 11), 오기노 히로미(荻野弘巳) 『프랑스인과 일본인』(일본방송출판협회 1979. 5), 마스조에 요이치(桝添要一) 『일본인과 프랑스인』(光文社, 1982. 3) 등이 있다. 중국인과의 비교는, 진순신(陳舜臣) 『일본인과 중국인』(祥傳社, 1971. 8), 가나야마 노부오(金山宣夫) 『일본인과 중국인』(三省堂, 1978. 11), 마쓰모토 가즈오(松本一男) 『중국인과 일본인』(サイマル出版, 1987. 4), 구영한(邱永漢) 『중국인과 일본인』(中央公論社, 1993. 3)이 있으며 한국인에 관해서는, 김용운(金容雲) 『한국인과 일본인』(サイマル出版, 1983. 7), 김양기(金兩基) 『한국인인가 일본인인가』(サイマル出版, 1986. 10) 등이 있다. 그 밖에 인타라타이 가쓰요(インタラタイ かつ代) 『'얼굴' 이 안 좋은 일본인—타이 사람이 본 일본인』(學生社, 1985. 12) 등 다른 외국인과의 비교론이 나와 있다.

9. 천황제와 쇼와(昭和)의 종언

일본인의 국민성에 대해서 고찰할 경우, 국민의 천황에 대한 의식이 가장 중요한 점이 된다. 그러나 패전으로 천황은 신격을 잃고 '인간천황' 이 되어 버렸지만, 현재도 아직 천황제에 대해서 자유롭게 논하는 것은 허용되지 않고 있다. 쇼와 천황의 죽음을 계기로, 천황제 본연의 모습을 둘러싸고 다시금 논의가 일어났지만, 충분한 것이었다고는 할 수 없었다. 여기에서는 민중의 천황관을 논한 저작을 중심으로 다루면서, 천황제와 표리 관계에 있는 기독교인 · 피차별 부락으로부터의 천황제론도 언급하기로 한다.

천황제 국가가 확립되어 가는 과정에서 메이지 국가가 민중의 '영령' 숭배 의식을 조작한 사실을 지적한 것은, 역사학자 오하마

데쓰야(大浜徹也)의 논문 「'영령' 숭배와 천황제」[431]이다.

메이지 국가는 천황 중심의 국가 질서를 확립하기 위하여 전사자의 원령(怨靈)을 천황신앙에 끌어다 붙임으로써, '충혼'에서 '영령'으로까지 승화시켜 나갔다. 그것으로 야스쿠니 신사(靖國神社)를 둘러싼 심정(心情) 체계가 정착되고, 천황제 국가의 지배 원리가 관철되어 간다. 천황을 신성시하여 신앙하는 것은, 천황의 실체를 인식해야 비로소 성립된다. 메이지 천황의 백여 차례에 미치는 행행(幸行)은 그 역할을 해냈다. 민중의 '천황신앙'은 극히 토속적인 것이었다. 예컨대, 메이지 5년의 가고시마(鹿兒島) 행행 때, 국학자 고레에다 고자에몬(是枝幸左衛門)은 배령(拜令)한 '오미쿠소오카와야바코'(大御屎御厠箱)를 신체(神體)로 하여 마루 위에 안치하고, '오카와야노미카미'(大御厠之御神)로서 조석으로 예배했다. 전사자는 야스쿠니 신사에 묻혔으므로 유족은 신사를 숭배하는 것이 육친과 대면하는 유일한 방법이 되었다. 이리하여 국가는 전사자를 매개로 하여 민심을 야스쿠니 신사로 향하게 했다. 출정 병사가 군대 저금통장을 양친에게 건네줬다는 것 등을 생각할 때, '영령'이 되는 동기는 '천황폐하를 위하여 한 몸을 희생으로 봉공(奉公)' 함으로써, 한 집안의 생활을 조금이나마 돕는 효행을 기대했기 때문이다. 천황제란 이러한 절망적 상황으로 지탱된 질서로서, 민중은 '영령' 숭배의 이름을 빌려 절망으로부터의 탈출을 도모했다.

431) 大浜徹也, 「'英靈' 崇拜と天皇制」(田丸德善 他 編, 『日本人の宗教 3 近代との邂逅』, 佼成出版社, 1973. 4)

'천황폐하 만세' 라는 말에는 병사들의 울분이 가득 차 있었다고 말한다.

일본 패전을 전후로 하여 연합국 사이에서 서로 다른 천황관의 격렬한 상극이 있었다는 사실을 밝힌 것은, 근대일본사상사가 다케다 기요코(武田清子)의 『천황관의 상극—1945년 전후』[432]이다. 다케다에 의하면, 천황제의 폐지냐 보존이냐, 천황은 전범이냐 무죄냐, 천황 히로히토는 퇴위냐 아니냐 등의 문제가 연합국 내부에서 1943~44년 무렵부터 활발하게 논의되고 있었다. 그것은 예상되는 일본 항복 후의 민주화 정책을 추진하는 데에 천황 내지 천황제가 관건이 되는 중요 문제였기 때문이다. 당시의 여러 외국의 '거울' 에 비친 천황관은, 일본인의 사상과 행동의 특질을 나타내는 '일본인상(日本人像)' 이기도 했다. 메이지 유신으로부터 오늘까지 천황관에는 두 가지 이미지가 중첩되어 왔다. 신화적 · 절대주의적 · 대권주의적 천황관과, 헌법의 제한 아래에서 군주권을 행사하는 '민주주의적' 천황관이다. 양자가 어느 때는 유능한 마부의 교묘한 고삐 잡기로 긴장, 균형 · 조화를 이루면서 작용했으나, 다른 때는 분열 · 상극한다든가, 한쪽이 다른 쪽을 힘으로 굴복시킨다든가 했다. 종전할 때, 연합군에서는 압도적으로 강한 주장으로서 '천황제폐지론' 이 있었으나, 그럼에도 불구하고 '천황' 을 전면적으로 부정하는 길을 택하지 않고, 군국주의 · 제국주의의 철저한 제거, 그것을 받쳐 준 여러 제도의 개혁에 한정하고, '천황' 을 가

432) 武田清子, 『天皇觀の相剋—1945年前後』(岩波書店, 1978. 7)

능한 한 공동화(空洞化)하여 '민주화'의 방향으로 유도할 수 있는 요소는 남겨 놓았다. 전쟁 직후의 상황에서 천황에 대한 급격한 처치가 취해졌더라면 국민 사이에 혼란을 불러일으켜, 오히려 반동을 불렀을지도 모른다. 혹은 천황제 보존에 '토착적 민주화'의 꿈을 의탁했더라면 민주화의 물결은 일어나지 않고 과격한 혁명을 필요로 했을지도 모른다. 어느쪽이건 간에 패전시에, 천황제의 문제는, 특정한 목적 의식을 갖고 적극적으로 전통 문화의 변혁을 시도한 하나의 실험이었다고 말한다.

천황제에 관한 의식조사를 행하고 그 결과를 분석한 것은, 사회심리학자 사이토 데쓰오(齋藤哲雄)의 『천황의 사회심리학—사회조사에서 보는 민중의 정신 구조』[433]이다. 저자는 1977~78년에 도쿄도(東京都) 23구의 유권자를 대상으로 권위주의적 퍼스낼리티와 천황제에 대한 태도에 관해서 조사를 행했다. 권위주의적 퍼스낼리티에 관한 결과는 다음과 같이 요약된다. (1) 성별 : 여성은 남성보다 권위주의가 강한 듯이 보이지만, 단정할 수는 없다. (2) 연령 : 50대를 제외하고 연령이 높을수록 권위주의적이 된다. (3) 학력 : 학력이 낮을수록 강해진다. (4) 직업 : 무직 · 자영업 · 소기업주가 강하고, 대기업 · 대단체보다 소기업 · 소단체에 근무하고 있는 사람이 강하다. 가족 제도적인 의제(擬制)가 남아 있는 직업일수록 경영자 · 노동자를 불문하고 강하다. (5) 지지 정당 : 자민당

433) 齋藤哲雄, 『天皇の社會心理學—社會調査にみる民衆の精神構造』(溪流社, 1983. 6)

지지층이 강하다. (6) 신앙 : '신불(神佛)을 동시에 믿는 사람' 은 '신불 이외를 믿는 사람' 또는 '무신앙자' 보다도 강하다. (7) 신분 · 지위에 관한 가치관 : 비합리적인 가치관의 소유자일수록 강하다. (8) 민족주의적인 우월감이 강한 사람일수록 강한 경향이 있다.

「천황 지지와 권위주의의 퍼스낼리티와의 관계에 관해서」에서는 다음과 같은 결과가 보인다. (1) 천황 지지율이 큰 집단, 특히 '정치적 또는 도덕적 심벌로서의 천황' 지지율이 큰 집단과, 권위주의적 퍼스낼리티가 강한 집단은 완전히 일치한다. (2) 천황 지지도가 강해짐에 따라서 권위주의도 강해진다. (3) 천황 지지자 가운데에서도 특히 '정치적 또는 도덕적 심벌로서의 천황' 지지자들은 권위주의가 강했다. 강력한 권위주의자는, 권위주의적 억압을 감수하는 경향이 강하다. 권위로부터의 명령은 순전히 수행에만 전념하고, 그 행동의 좋고 나쁨에 관해서는 그다지 관심을 보이지 않는다. 자기를 권위의 대리로 생각하기 때문에, 자기의 행동에 대해서 책임을 지지 않는 '무책임성' 이 흐르고 있기 때문이다. 천황제 파시즘 아래의 군국주의자의 '무책임성' 도 이와 관련이 있다고 생각된다. 자율성의 결여는 전통 · 습속 등에 대한 과도한 의존적 경향을 낳고, 권위를 침해하는 것에 대한 극도의 '권위주의적 공격성' 을 나타낸다. 천황 파시즘의 신봉자에게서 볼 수 있는 하나의 정신 경향으로서, '건설을 전제로 하지 않는 파괴성' 이 지적된다. '상징천황 지지' 는 현재적인 지지 형태이며 '정치적 또는 도덕적 심벌로서의 천황 지지' 는 전전의 잔존적 지지 형태이다. '상징천황 지지자' 보다도 '천황제 지지자' 가 보다 권위주의적이다. 천황제가 존속하고 있는 것은 민중 사이에 있는 권위주의적 퍼스낼리티 때문일 것이라고 기술하고 있다.

'천황제 국가와 민중' 이라는 테마를 계속 추적해 온 고도 소이치로(後藤總一郎)는 『천황제 국가의 형성과 민중』[434]에서, 메이지 근대국가의 정치과정은 천황신학 개념의 세속화였다고 말한다. 막말 유신기에는 부정형(不定形)이었던 천황신학 개념을, 메이지 권력 스스로가 체계적으로 정리하고 관념으로서의 정당성을 창출하는 작업을 행했다. 그것이 가능하게 된 것은, '상민' (常民)에 계속 기생(寄生)해 온 곡령신앙(穀靈信仰)을 통한 환상의 천황신앙이 존재했기 때문이다. 또 하나 천황 신앙의 제도를 가능케 한 요소는 일본의 고유신앙에서 '신의 이중 구조' 이다. 죽은 사람이 부처님이 되어 33년이 지나면 선조(先祖) 혹은 신이 된다. 부처님에서 신으로, 가(家)의 선조에서 공동체의 수호신으로라는 전위를 승인하는 신앙 감정 가운데에 '신의 이중 구조' 가 있다. '상민' 의 생활 원리의 기축이 되어 있던 것은 가(家)에서는 조상 숭배이며 촌(村)에서는 우지가미(氏神)신앙의 신앙 체계였다. 작위로서의 천황제 신앙 체계에 '상민' 이 얼굴을 그쪽으로 향하고 있었던 것은 정치(精緻)한 권력장치를 무서워하고 있었기 때문이며 권력이 외쳐 대는 입신출세주의에 '상민' 자신의 선인(善人)으로서의 에고이즘이 그것에 편승했기 때문이기도 하다. 근원적으로는 조상에게 치욕을 끼치지 않는, 가(家)를 위해서 출세를 지향하는 조상 숭배를 기축

---

434) 後藤總一郎, 『天皇制國家の形成と民衆』(恒文社, 1988. 4)

으로 한 행동 원리였다. 점령하에서 묵묵히 싱싱하게 뻗어 나가려고 한 '상민'의 저력을 지탱해 준 것은 '가'(家)의 단결이며 '공동체'의 단결이었다. 실로 일본의 고유신앙이 길러 낸 '무사'(無私)의 감정 체계야말로 근대 일본 천황제와 그 신앙을 근저로부터 받쳐 온 것이라고 기술했다.

역사학자 아라키 모리아키(安良城盛昭)는 논문집 『천황 · 천황제 · 백성 · 오키나와』[435] 가운데서, 매스컴의 조사결과를 분석하여 다음과 같이 기술하고 있다. 1978년의 NHK의 「전국현민의식조사」에 의하면, 전체의 25.1%는 "천황은 존경해야 할 존재라고는 생각하지 않는다"라고 하고, "존경해야 할 존재라고 생각한다"는 55.7%에 지나지 않는다. 특히 오키나와에서는 천황을 존경하지 않는 자가 존경하는 자를 능가하고 있다. 또, 1986년의 2대 신문의 세론조사에서는 천황에 대해서 "존경하고 있다 · 친근감을 느끼고 있다"는 『요미우리』에서 57.6%, 『아사히』에서 55%였으며 천황에 대해서 "아무것도 느끼지 않는다, 무관심"은 『요미우리』에서 32.8%, 『아사히』에서 40%나 된다. 현행의 상징천황제의 지지율이 『요미우리』 72.4%, 『아사히』 84%로 극히 높은 것이 주목된다. 같은 해의 지지(時事)통신사의 세론조사에 의하면, 과반수에 가까운 국민은 천황의 전쟁 책임을 확인하고 있다.

역사상, 천황은 지배 계급에게는 이용가치가 있었으나, 국민이나 서민을 대표하는 천황의 언동은 일절 없었다. 천황 소멸의 가능

435) 安良城盛昭, 『天皇 · 天皇制 · 百姓 · 沖繩』(吉川弘文館, 1989. 4)

성이 전국기의 오다(織田) 정권하에서와, 패전 후 점령 체제하, 이렇게 두 번 있었다. 천황제가 장기적으로 존속한 것은, 인민(人民) 쪽에 질서 · 보수 · 지배 계급의 상징으로서 천황을 받아들이는 내재적 요인이 있었기 때문이다. 오키나와는 원래부터 천황제와는 인연이 없는 지역이었다. 본토 마을들의 우지가미(氏神)가 어떠한 형태로 기기신화(記紀神話)와 결부되고 황실 아래에 계열화되었는데 대해, 오키나와의 고유신앙의 대상인 니라이 · 가나이는 천황과 전혀 인연(緣)이 없다. 메이지 유신기의 '류큐처분'(琉球處分) 이후에 겨우 천황제와 관계되는 것이며, 미군 점령기를 제외하면 겨우 80년의 관계에 지나지 않는다고 기술하고 있다.

역사학자들에 의한 토론을 중심으로 엮은 이로가와 다이키치(色川大吉) · 아미노 요시히코(網野善彦) · 야스마루 요시오(安丸良夫) · 아카사카 노리오(赤坂憲雄) 편의 『천황제—역사 · 왕권 · 대상제(大嘗祭)』[436]는 역사적, 종교적, 민속적 관점에서 다각적으로 천황제의 의미를 다시 묻는 시도이다. 쇼와 천황의 죽음을 계기로 고대 천황제의 성립을, 천황호(天皇號), 신화와 왕권, 천황제의 정치사, 즉위와 대상제 등에 대해서, 역사적으로 탐구하고 현대 천황제에 대해서 의문을 던지고 있다.

일본 기독교인과 천황제와의 관계를 생각한 것은 이누마 지로

436) 色川大吉 · 網野善彦 · 安丸良夫 · 赤坂憲雄 編, 『天皇制—歷史 · 王權 · 大嘗祭』(別冊 『文藝』, 河出書房新社, 1990. 11)

(飯沼二郎)의 『천황제와 기독교인』[437]이다. 이누마는 「서문」에서, "메이지 이래, 국민 통합의 기초가 되어 온 천황제의 근본 사상은 민족 에고이즘이다 … 점점 국제화가 진행되려 하고 있는 세계의 현상 가운데서, 민족 에고이즘의 강화 앞에 일본의 장래는 없다 … 기독교의 정신이 민족 에고이즘의 부정과 기본적 인권의 존중에 있다는 것을 생각한다면, 천황제, 즉 민족 에고이즘의 부정이야말로 기독교를 진정한 기독교이게 하는 길이다"라고 잘라 말하고 있다.

또한, 현재도 남아 있는 부락 차별이 천황제와 깊이 관련되어 있다는 것을 논한 것으로서, 평론가 간 다카유키(菅孝行)의 『현대의 부락 차별과 천황제―국가권력과 차별 구조』, 역사학자 이노우에 기요시(井上清)의 『천황제와 부락 차별―방해하지 않는 신에게 재앙이 있을지어다』, 우에스기 아키라(上杉聰)의 『천황제와 부락 차별―부락 차별은 지금 왜 있는가』[438] 등이 있다. 예컨대 간(菅)은, 행정권력에 의해서 조직되어 있는 사회 구조와, 그것을 안쪽에서 받쳐 주는 습관화된 의식의 양면에서, 부락 차별과 천황제가 일체가 되어 지속되어 왔다고 지적하였다.

---

437) 飯沼二郎, 『天皇制とキリスト者』(日本基督教團出版部, 1991. 6)

438) 菅孝行, 『現代の部落差別と天皇制―國家權力과 差別構造』(明石書店, 1978. 12) ; 井上清, 『天皇制と部落差別―さわらぬ神にたたりあり』(明石書店, 1988. 4) ; 上杉聰, 『天皇制と部落差別―部落差別は今なぜあるのか』(三一書房, 1990. 11)

결어

이상에서 보아 온 바와 같이, 일본인론은 메이지 이래로 큰 사회적 변동, 특히 외국과 국제적인 문제가 생길 때마다, 일본인의 외국에 대한 자국 의식이 높아짐에 따라 현저하게 나타났다.

메이지 유신 이후, 선진 제국을 따라잡아 추월하려고 하는 근대화로의 지향이, 서양 여러 나라와 비교한 일본 국가 · 일본 국민의 자기 의식과 자기 반성을 낳았다. 그것이 한편에서는 메이지 초기의 양화(洋化)주의가 되고, 그와는 반대로 국가주의에 대한 자부심도 생겨났다.

메이지(明治) 시대의 전반(前半)에는 일본인 열등설, 후반에는 일본인 우수설이 대조적으로 나타났다. 이에 이어지는 다이쇼(大正) 시대에는, 일본의 국제적인 지위의 향상에 따라, 여러 외국과의 우열보다도, 보다 객관적으로 일본인을 파악하는 국제주의가 보이기 시작했다. 그러나 쇼와(전전)기가 되면, 한층 더 정밀하게 일본의 풍토나 문화와의 관련에서 일본인이 논해지고, 다시 중일 전쟁으로부터 제2차 세계대전중에는, 일본 정신론을 중심으로 하는 파시즘 일본인론이 왕성해졌다.

제2차 세계대전의 결과가 불러 온 패전 후의 점령기에는, 패전 전으로부터 180도 방향을 전환한 일본인의 반성과 새로운 국민성으로의 전망이 시도된다.

위와 같은 일본인론의 흐름을 총괄해 보면 대체로 다음과 같은 입장과 고찰로 정리할 수 있다.

(1) 일본은 본래 다민족 사회이지만, 천황제를 성립시킨 고대 왕권의 출현 이래로, 아이누나 류큐(琉球)와 같이 다른 민족성을 갖는 민족은 있다고 해도, 대개 중앙 권력 아래에서 일본 국민성의 테두리 안으로 강제적으로 짜여 들어 왔다. 특히, 메이지 이후 일본인의 자의식 · 국민성은 차츰 통일되어 가서, 이렇게 국민성은 역사적으로 만들어졌다.

(2) 우선 일본의 자연적 지리 조건이, 특유의 섬나라 근성(島國性) · 폐쇄성이라는 국민성의 일부를 낳고 특히 에도 시대 3백 년의 쇄국이 그 경향을 강화하고 외국인을 '이인'(異人)으로 여기는 배외 의식이 생겨났다.

(3) 고대로부터의 국민성에, 메이지 이래, 구미 여러 나라 · 중국을 비롯 여러 외국의 문명이나 문화의 정신적인 면이 차차로 부가되어, 그것이 현대의 복잡한 국민성으로까지 '결정화'(結晶化)되었다고 생각된다.

(4) '결정화'는, 국민성의 이중 구조 혹은 다중 구조를 낳았다(예컨대 다테마에와 혼네, 서양 숭배와 배외주의 등).

(5) 그와 같은 결정화된 국민성 가운데, 시대에 따라서, 또 사회적 변동에 따라서, 어느 한 가지 면이 돌출되는 경우가 있다. 때로는, 그 면이 국민성의 중핵인 것처럼 보이는 경우도 있다(예컨대, 메이지 초년의 서양 숭배, 파시즘 시대의 일본 정신).

(6) 일본인의 국민성이라는 결정체의 심리적 중핵에 있는 것은,

자아불확실감이다. 그 표현인 자아의 미숙, 자기 주장의 결여, 복종적 심성이, 권력을 두려워하는 한편으로 권위주의적 경향과 깊이 결부되어 있다. 권위주의는 일본에 독특한 이에모토제(家元制) · 천황제를 존속시키고, 또 서양 숭배와도 연결된다.

(7) 인간 관계에서는 상대방의 입장이나 태도를 존중하여 혼네보다도 다테마에로써 표면적으로 상대방의 입장을 세워 주는 경향이 강하다. 그것이 집단 내에서는 같은 성원들 사이에 대립이나 마찰이 일어나지 않도록 타협 · 대화 · 부화뇌동 · 다마무시이로(玉蟲色 : 광선의 비춤에 따라 녹색이나 자주색으로 보이는 빛깔)적 해결 · 애매한 표현 등을 염두에 두는 집단주의를 오늘에도 지속시키고 있다.

(8) 지금, 일본인론이 특히 중요시되는 것은 경제마찰 · 문화마찰을 포함한 갖가지 국제마찰의 원인으로서, 일본인 불가해설(不可解說)이 외국인 사이에 널리 퍼져 있다는 사실 때문이다. 일본인 자신 "이 점은 외국인에게는 설명할 수 없다, 알아듣지를 못한다"라는 생각이 강하다. 이렇게 생겨나는 커뮤니케이션상의 곤란을 어떻게 하면 해결할 수 있는가, 그 때문에도 일본인론이 국제적으로 중요한 테마가 되어 있다.

이 책에 수록된 다양한 견해가, 국민성이라는 심리적인 결정체의 어떤 측면에 주목하여 제시되고 있는가에 대해서는, 개개의 논저에 관해서 본다면 스스로 명백하게 되리라 믿는다.

아무튼 저자의 의도는 국민성을 어떠한 형태로든 반영하고 표현한 다양한 일본인론의 검토를 통해서, 국민성 그 자체를 추구하는 데에 있다.

역자의 말

미나미 히로시(南博) 박사의 『일본인론』을 번역해 보겠느냐고 처음 부탁받았을 때는 책 내용이 마음에 들어 그렇게 하겠다고 선뜻 대답했는데, 정작 해 나가다가 보니 물론 대단한 책이었지만 너무 복잡하고 어려워 역자 정도의 실력으로는 감당하기 어려웠다. 그래서 시간도 많이 걸리고 말았다. 일본인이 자기들 일본인의 국민성을 논하는 것이어서, 우리로서는 난해한 역사 · 풍속 · 고유어도 많고, 발음이 복잡한 일본 인명에 너무 많이 봉착하는 등등이 그 이유였다. 역자는 평소부터 일본 사람이 우리나라 사람보다 타국에 대해서 호기심과 연구심이 강하다는 것은 익히 알고 있었지만, 자기 자신이 누구인가에 대해서 이토록 깊이 파고든 지가 백년도 넘었다는 사실에 첫째 놀랐고, 두번째로는 그 연구서나 논문 등의 수량에 질려 버릴 정도였다. 아무튼 서문에서도 말하고 있지만 일본인만큼 자기들의 국민성에 관심이 많은 국민은 없을 것이다.

우리 한국인이 자기의 국민성을 논한 책을 한두 권밖에 보지 못한 역자로서는 그저 신기하고 놀라울 따름이다. 오랫동안 섬에 갇혀 천혜(자기들은 그렇게 자랑한다)의 자연 속에서 아름다운 성품을 유지하면서 자기들이 제일인 줄 알고 생을 구가하던 일본인은, 메이지 개화로 외국을 본격적으로 접하고부터는 부쩍 자기 자신이 열등하고 왜소해 보인 모양이다. 그러다가 자기 나라의 기후풍토와 예민한 감성, 의리인정 등 장점을 자꾸 다시 생각하면서 일본인 우수설을 쏟아 내어놓는다. 정치 · 경제 · 문화 · 교육 · 자연 · 사회… 등등 미치지 않는 구석이 없이, 각계의 학자 · 전문가들의 정치(情致)를 극(極) 한 글과 글로 구성된 이 일본인론을 일부러 정독할 틈이 없어 열심히 번역만 하였으나, 머리에 인상지어진 것을 한마디로 말하라고 한다면 다음과 같다.

거울을 너무 자주 보는 것은, 잘생긴 아이가 자기의 잘난 모습을 자꾸 보고 싶어서 그런 경우도 있겠지만, 대개는 키가 너무 작거나, 인물이 못났거나, 어디엔가 무슨 까닭이 있어서 그럴 것이다. 일본인은 마치 잘난 이웃 아이를 보고는 집으로 쫓아 들어가, 거울로 자기 얼굴을 보고 절망하는 아이와 같다. 그러나 곧 다시 본다. 그리고는 "이만 하면 괜찮은데" 하다가 다시 또 보고는 "아니 내가 이래도 인격이나 재주나 마음은 저들보다 더 나은데 뭐" 그러다가 "아니야 역시 나는 못난이야" 하면서 혼자 무척이나 골똘히 생각하는 사내아이나 계집아이와 같다.

그러니까 자연히 외국 사람이 일본인을 어떻게 평가하는가에 대해서는 엄청난 신경을 쓴다. 몇 권이 채 되지 않는 외국인의 일본 평가, 예컨대 루스 베네딕트의 『국화와 칼』에 대해서 일본인은 야단법석을 떠는데, 그것이 그 예의 하나이다. 오래 전 역자가 일본에 있을 때 이어령 교수의 『축소 지향의 일본인』 신문 기사를 들고 무슨 신기한 대사건이나 난 듯이 나에게 뛰어와서 보여 주던 일본인 교수가 생각난다.

일본인들은 자기 자신이 겉다르고 속다르다는 것을 의미하는

"다테마에와 혼네" 이야기를 자꾸만 하면서 그야말로 간바루(頑張る : 힘껏 분발)하고 있다. "나는 누구냐? 우리는 누구냐? 남보다 못한 것인가, 아니면 훨씬 뛰어난 것인가?" 묻고 묻고 또 묻는다. "남들이나 자기들이나 다 같은 사람이지 다르긴 무엇이 달라" 이런 생각은 하지 않는다. 아니, 할 줄을 모른다. 그러나 역자가 보기에는, 이렇게 자기들의 국민성을 알려고 파고드는 일본인의 국민성이 일본을 발전시키고 있는 것 같다. 경제 위기를 비롯하여 여러 가지 어려운 문제가 계속 터지는 요즈음, 우리들도 자꾸 나라가 잘 안 되어 간다고 걱정하고 흥분만 하고 있을 게 아니라, 왜 이런 모양이 되어가고 있는지, 우리의 본질을 좀 연구하기 시작하여야 할 것 같다. 시작이 반이며 어차피 필요한 작업일 것 같다. 일본인들의 이런 노력은 벌써 백년이 넘었다.

무조건 일본을 싫어해서는 안 된다. 그럴 필요도 실익도 없다. 우리는 자신도 모르고 남도 모르지 않는가. 자기를 알고 저편을 알면 백 번 싸워도 패하지 않는 법이다. 세계가 하나인 지금 꼭 백전백승할 필요야 없지만 말이다.

1997년 8월 8일

이관기

저자 : 미나미 히로시(南博, 1914~2001)
1914년 도쿄 출생
1940년 교토대학 졸업
1943년 코넬대학 대학원 졸업
히토쓰바시대학 명예교수, 일본심리센터소장 역임
저서 : 『일본인의 심리』, 『일본인의 심리와 생활』, 『일본인의 예술과 문화』, 『일본인론의 계보』, 『일본적 자아』, 『가족내 성애(性愛)』, 『체계사회심리학』, 『행동이론사』, 『인간행동학』 등
편저서 : 『근대서민생활지(誌)』(전20권)

역자 : 이관기(李寬基)
1935년 경북 안동 출생
서울대 법대 졸업, 서울대 신문대학원 졸업
일본 조치(上智)대 대학원 박사전기과정 수학
한양대학교 문학박사
동아일보 재직, 한양대 언론문화연구소 상임연구원, 한국신문윤리위원회 심사위원 역임
저서 : 『정보화시대의 신문기사정보은행』, 『알 권리와 프라이버시』, 『신문제국의 흥망(역서)』

한림신서 일본학총서 발간에 즈음하여

1995년은 제2차 세계대전이 끝나고 우리나라가 일본 식민지에서 해방된 지 50년이 되는 해이며, 한 · 일간에 국교정상화가 이루어진 지 30년을 헤아리는 해이다. 한일 양국은 이러한 역사를 되돌아보면서 앞으로 크게 변화될 세계사 속에서 동북아시아의 평화와 번영을 추구해야 하리라고 생각한다.

한림대학교 한림과학원 일본학연구소는 이러한 역사의 앞날을 전망하면서 1994년 3월에 출범하였다. 무엇보다도 일본을 바르게 알고 한국과 일본을 비교하면서 학문적, 문화적인 교류를 모색할 생각이다.

본 연구소는 일본학에 관한 자료를 수집하고 제반 과제를 한 · 일간에 공동으로 조사 연구하며 그 결과가 실제로 한 · 일관계 발전에 이바지할 수 있도록 노력하고자 한다. 그러한 사업의 일환으로 여기에 일본에 관한 기본적인 도서를 엄선하여 번역 출판하기로 했다. 아직 우리나라에는 일본에 관한 양서가 충분히 소개되지 못했다고 느껴지기 때문이다.

본 연구소는 조사와 연구, 기타 사업이 한국 전체를 위해야 한다고 생각하며 한 · 일 양국만이 아니라 다른 여러 나라의 연구자나 연구기관과 유대를 가지고 세계적인 시야에서 일을 추진해 나갈 것이다. 그러므로 누구나 열린 마음으로 본 연구소가 뜻하는 일에 참여해 주기를 바란다.

한림신서 일본학총서가 우리 문화에 기여하고 21세기를 향한 동북아시아의 상호 이해를 더하며 평화와 번영을 증진시키는 데 보탬이 되기를 바란다. 많은 분들의 성원을 기대해 마지않는다.

1995년 5월

한림대학교 한림과학원 일본학연구소

한림신서 일본학총서

29. 일본인의 집단(나카마) 의식
요네야마 도시나오 지음/김필동 옮김

30. 일본 문화론의 변용
아오키 다모쓰 지음/최경국 옮김

31. 철학입문
미키 기요시 지음/지명관 옮김

32. 사상사의 방법과 대상
마루야마 마사오 외 지음/고재석 옮김

33. 일본의 포스트 대기업 체제
이하라 데쓰오 지음/양기호 옮김

34. 일본 私小說의 이해
이토 세이 외 지음/유은경 옮김

35. 일본어의 근원
오노 스스무 지음/윤행순 옮김

36. 상대화의 시대
사카모토 요시카즈 지음/양기웅 옮김

37. 중세 왜인의 세계
무라이 쇼스케 지음/이 영 옮김

38. 전후 일본의 과학기술
나카야마 시게루 지음/오동훈 옮김

39. 일본군 군대위안부
요시미 요시아키 지음/이규태 옮김

40. 일본인론(上)
미나미 히로시 지음/이관기 옮김

41. 일본인론(下)
미나미 히로시 지음/이관기 옮김

42. 일본사회의 역사(上)
아미노 요시히코 지음/이근우 옮김

43. 일본어(下)
긴다이치 하루히코 지음/황광길 옮김

44. 일본 고전에 나타난 미적 이념
오가와 마사쓰구 지음/김학현 옮김

45. 일본과 세계의 만남
마리우스 B. 잰슨 지음/장화경 옮김

46. 칼럼으로 본 일본 사회
야스에 료스케 지음/지명관 옮김

47. 도쿄의 미학
아시하라 요시노부 지음/민주식 옮김

48. 전후 일본의 정치 · 행정 구조
마쓰시타 게이이치 지음/최은봉 옮김

49. 지방분권과 일본의 의회
이가라시 다카요시 · 오가와 아키오 지음
/윤재선 옮김

50. 재일 한국 · 조선인 – 역사와 전망
강재언 · 김동훈 지음/하우봉 · 홍성덕 옮김

51. 행정개혁, 시민이 한다
이가라시 다카요시 · 오가와 아키오 지음
/김영명 옮김

52. 일본의 사회보장
히로이 요시노리 지음/장인협 옮김

53. 일본의 동양 의학
오쓰카 야스오 지음/이광준 옮김

54. 일본의 경제 격차
다치바나키 도시아키 지음/이병진 옮김

55. 쌀의 인류학
오누키 에미코 지음/박동성 옮김

한림신서 일본학총서

56. 야스쿠니신사(靖國神社)
오에 시노부 지음/양현혜 · 이규태 옮김

57. 일본인의 행동패턴
루스 베네딕트 지음/서정완 옮김

58. 가족이라는 관계
긴조 기요코 지음/지명관 옮김

59. 일본의 현대 연극
센다 아키히코 지음/서연호 옮김

60. 일본인의 사랑과 성
데루오카 야스타카 지음/정형 옮김

61. 전쟁론
다키 고지 지음/지명관 옮김

62. 일본 사회의 역사(中)
아미노 요시히코 지음/남기학 옮김

63. 일본 사회의 역사(下)
아미노 요시히코 지음/이계황 옮김

64. 전환기의 러시아 시민
나카무라 이쓰로 지음/정정숙 옮김

65. 현대 중국 문화 탐험
후지이 쇼조 지음/백영길 옮김

66. 경영혁명
요네쿠라 세이이치로 지음/양기호 옮김

67. 천황제 국가의 성립과 종교변혁
야스마루 요시오 지음/이원범 옮김

68. 소일본주의
다나카 아키라 지음/강진아 옮김

68. 일본과 동아시아 이웃 나라들
마리우스 B. 잰슨 지음 지음/지명관 옮김

한림과학원총서

한림과학원총서

60. 사회복지 전문직과 교육제도 김태성 외
61. 합리와 비합리의 한국 정치사회 김재한
62. 포스트모던시대의 사회윤리 고범서
63. 북한 체제의 변화와 통합한국 김재한 편
64. 한반도 비핵지대화와 국제법 김명기 외
65. DMZ – 발전적 이용과 해체 김인영 · 김재한 편
66. 사회복지제도의 쟁점과 과제 한림과학원 편
67. 윌러 캐더(Willa Cather)의 문학세계 현광식
68. 동아시아 협력의 역사 · 이론 · 전략 양기웅 편
69. 미국의 전자상거래 추진전략 조남재 외
70. 비리와 합리의 한국 사회 김인영 외
71. 한국에서의 서양 연극 신현숙 외
72. 한국 교육의 쟁점에 관한 연구 권균 편
73. 국제 중재의 기본 문제 강병근
74. 의미구조의 표상과 실현 이정민 외
75. 21세기 한국 금융의 경쟁전략 권영준 · 한실
76. DMZ II – 횡적 분단에서 종적 연결로 김재한 편
77. The Korean DMZ – Reverting beyond Division 김재한 편
78. 과학적 지식과 인간다운 삶 강영안 외
79. 한국 노년의 건강 이충일 외
80. 역사 교육, 무엇을 어떻게 가르칠까 이기백 외
81. 고령화 사회의 장기요양보호 차흥봉 외
82. 분열의 민주주의 김재한 편
83. 한국의 대중문학 정덕준 외
84. JSA – 판문점(1953~1994) 이문항
85. 재벌의 효율성 장대홍 외
86. DMZ III – 접경지역의 화해 · 협력 김재한 외
87. 한국 사회 신뢰와 불신의 구조 – 거시적 접근 김인영 편
88. 한국 사회 신뢰와 불신의 구조 – 미시적 접근 김우택 · 김지희 편
89. 한국의 아동복지법 허남순 외
90. 경제 발전과 산업민주주의 박준식
91. 자기와 자기의식 이만갑
92. 북한 경제체제전환 분석 신용도 외
93. 세금과 부패 변용환 · 전태영
94. 신동북아 국제 운송체계 김종식 · 조규진 · 정이근
95. 파워 – 힘에 대한 연구 고범서
96. 허사 총론 김영화 외